エラスムスとルター

一六世紀宗教改革の二つの道

金子晴勇

聖学院大学研究叢書 3

聖学院大学
出版会

はしがき

ヨーロッパ一六世紀の初頭は、一般に近代史の始まる時期であるとみなされており、二世紀にわたって少しずつ興隆してきたルネサンス運動も成熟段階に入り、この頃から宗教改革の機運が次第に醸成されるに至った。オランダ人のエラスムスがイタリアに始まったヒューマニズム運動の完成者であるとしたら、ドイツ人のルターは永きにわたって続けられてきた教会改革の完成者であった。この二人は教養においても気質においても相反していたが、一五二〇年のヴォルムスの帝国議会に至るまでは協力して宗教改革運動を促進してきた。しかし、神の恩恵と人間の自由意志との関係で決定的に対立するようになり、両者は激しく論争することになった。こうしてヒューマニズムの運動は宗教改革運動と袂を分かってそれぞれ別の歩みをすることになった。

わたしはエラスムスとルターの間に生じた思想の相違と両者の論争に関心をもち、最初は『宗教改革の精神――ルターとエラスムスの思想対決――』(一九七七年、中央公論社、二〇〇一年、講談社学術文庫)で展開させたように、歴史的な事件を中心にして両者を比較した。次にはルターの『奴隷意志論』とエラスムスの『自由意志論』の書物としての成立過程を学問的に研究し、『近代自由思想の源流――一六世紀自由意志学説の研究――』(一九八七年、創文社)を完成させた。

その後、わたしは両者の思想的な対立はそれぞれの問いの立て方の相違にあることに気づいた。すなわちエラスムスは「わたしたちは恩恵によって何をなすことができるか」と問い、ルターは「わたしたちは恩恵なしには何ができないか」と問うている。ヒューマニストは意志の自由がどんなに縮減されていても人は恩恵を得ることによって自立できると考える。それに反して宗教改革者は恩恵により新生して初めて人は自立できると考える。またアウグスティヌス以来使われてきた「自由意志」(liberum arbitrium)の概念はカント以後になると「自律」(Autonomie)でもって言い表されている。そこで神の恩恵によって生まれ変わった意志規定を「神律」(Theonomie)で表すと、エラスムスは自律を通して自己超越的に神律に至り、ルターは神律の中にある自律の契機を重んじている。したがって両者ともに「神律」の立場に立っているが、前者は主体的な自律に含まれる神律の契機を、後者は神律に含まれる自律の契機を、それぞれ主張しているといえよう。

このような視点に立ってわたしはエラスムスとルターの研究を推し進めてきた。本書は『近代自由思想の源流』の出版後に学術雑誌や共著などに発表した論文類から主として構成されている。その中にはエラスムスの『対話集』に掲載されている小品「エピクロス派」の翻訳が解説を付して加えられている。これは『対話集』に入れられている「宗教的饗宴」と一緒に翻訳して加えたかったのであるが、それがかなりの長編であるため出版に間に合わず割愛せざるを得なかった。

本書は当初の予定を早めて「聖学院大学研究叢書」の一冊として出版することになった。出版にさいしては聖学院大学出版会の方々からお世話になったことを感謝したい。

二〇〇一年一二月一〇日

金子晴勇

目次

序章

第一章　一六世紀宗教改革の二つの道

（1）ルネサンス・ヒューマニズムとその源泉

ルネサンスは最初一四世紀後半のイタリアに始まり、一六世紀の頃まで続いた文化運動である。そのさい中世との関係が絶えず問題になってきており、なかにはルネサンスと中世との断絶を求める余りに歴史の真実を歪めることになりかねない解釈も見られる。とりわけブルクハルトの影響によって「世界と人間の発見」が新しい時代を生みだしたものとして一般に支持され、ルネサンス思想は人間中心的に捉えられてきている。つまりルネサンスとそれ以前の時期との間の相違がとくに強調され、中世の思想が神の中にその中心をもっていたのに対し、ルネサンスの思想は人間の中にその中心をもっていると主張された。こうしてルネサンスはヒューマニズムによって高く評価され、この観点から近代の啓蒙主義や主観主義の世界観が誕生してきたと説かれた。したがってジルソンが批判しているように、「ルネサンスは中世から神を引いたものである」といった極端な学説がまかりとおった[1]。これに対する批判は早くはトレルチの『ルネサンスと宗教改革』やホイジンガの『中世の秋』以来続けられてきており、中世と近代初期との連続面が強調された。

近代ヒューマニズムの源泉は古典期のヒューマニストであるキケロやセネカであるが、彼らの人間観は、ギリシア悲劇時代の人間観およびキリスト教思想と比較すると、人間存在の悲劇性や罪性を十分とらえているとはいえない。そこにはむしろ人間性を肯定する傾向が強く示されており、「ヒューマニズム」という言葉のなかには明らかに「フマニタス」(人間性) を肯定する意味がふくまれている。これはギリシア語のパイデイアに当たることばで精神的教養を意味する。ここでいう「教養」とはフマニタスであり、人間にふさわしい優れた素養の啓発と訓育を意味している。この言葉には人間の尊厳という思想がふくまれていた。ルネサンス時代のヒューマニズムはこのフマニタスを再認識すること、つまり中世をとおって人間の本性が罪に深く染まり堕落しているとみる考え方をしりぞけて、堕落しない神聖なる人間の原型、キケロのいう「死すべき神」としての人間の尊厳に対する認識を確立しようとしたのである。

それゆえルネサンス時代のヒューマニストたちはこのような人間性を古代ギリシア・ローマ文化への沈潜によって発見し習得しようとする。そこには「もっと人間的な学問」(litterae humaniores)と呼ばれている学問の復興がめざされていた。このようなヒューマニズムの精神は「人間は、人間的なものを超えて出ることがないとしたら、なんと軽蔑すべきものであろう」というセネカの根本命題にもっともよく表われている。人間は「より人間的なもの」(フマニォラ)となってゆく自己形成と薫陶にたずさわり、絶えず自己を超越することによる自己育成をなしてこそ、はじめて人間たり得る。ここに教養を身につけることによって人間性を開発することになり、フマニタスは「教養」から「人間性」を意味するように移っている。ルネサンスのヒューマニズムはキケロやセネカにより代表される古典的ヒューマニズムと比較すると、それはまず古典文献の復興として起こってきたがゆえに、「人文主義」とも訳されるような特質、つまり人文学の復興という性格をもっている。したがってギリシア・ラテンの古典文学の教師や学徒が古くからイタリア語で「フマニスタ」(humanista) と呼ばれていた。彼らは教師や秘書として活躍し、古代の文芸や哲学の再興の上に立って独自の思想を形成したのである。

こうして古典文学と直接結びついた形でその思想は出発し、ラテン語の文体、思想表現に見られる典雅・適切・単純・明晰が尊重され、自己開発の教育によって円満な人格・調和の精神・協力と平和を愛好する精神などが倫理の理想として説かれた。

ルネサンスにおける自己形成は最終的には神に似た「尊厳」にまで達するものと考えられていた。たとえばルネサンス時代のキリスト教的なヒューマニストであるピコ・デッラ・ミランドラはその著作『人間の尊厳についての演説』の中で主張する。神がアダムに語りかけていうに、「汝は自己の精神の判断によって神的なより高いものへと新生しうる。……人間はみずから欲するものになりうる[2]」と。つまり人間は自己の現在を超越して神的存在に達することができると彼は主張している。ルネサンスを形成している重要な契機の一つとしてこのヒューマニズムの精神を問題にすることができる。

さて、この「ルネサンス」という言葉自体はキリスト教的「復活」や「再生」という宗教的意味をもっている。この点でブールダッハが詳論しているとおりである。しかしながら、その内容をよく検討してみると、宗教的であるよりもむしろ自然主義的要素をもっていることがわかる。それは単純な意味での「再生」、自分の力によってもう一度生まれ変わること、しかもそこには、ワインシュトックが説いているようにヴェルギリウスの夢見た黄金時代の再来を示す循環的に回帰してくる再生の思想があるというべきであろう。ルネサンスは黄金時代がめぐってくるという期待に満ちており、宗教的な復活をもこのことに合わせて理解しているといえよう[3]。

たとえばエラスムスの「キリストの哲学」の主張も、宗教的色彩をもって着色されてはいるが、ルネサンスは「自然の回復」という意味で考えられている。彼は『新約聖書への序言』の中の「呼びかけ」において次のように語っている。「キリストの哲学とは良きものとして造られた自然の回復――キリスト自身これを復活（renascentia）と呼ぶ――にあらずして何であるのか。したがって、キリスト以上にだれも決定的に効果的にこれを伝えたものはなかったが、また異教の書物にもこの教えに一致する多くの事がらをわれわれは見いだす」[4]。ここにエラスムスは「自然の回復」とキリスト教の「復活」とを同一視し、宗教的要素と異教の文芸との一致を語って、それが「キリストの哲学」であるという。このような二つの要素を総合するところに彼の「キリスト教的ヒューマニズム」の実質がよくあらわれている[5]。

事実、アルプス以北のヒューマニズム運動は倫理的・宗教的性格が強く、文芸の復興から新しい神学の形成へ向かう方向転換が生じ、ヒューマニズムは宗教改革と結びついて発展してゆくことになる。ここでの特色は聖書文献学に結実し、すでにロレンゾ・ヴァッラの著作『新約聖書注解』（エラスムスにより一五〇五年に出版）によって開始されていたこの分野での研究が著しく発展するにいたった。それはフランスのルフェーブル・デタープル、イギリスのジョン・コレット、ドイツのロイヒリン、オランダのエラスムスなどの著作にあらわれ、その成果は宗教改革者たちの聖書神学に決定的な影響を与えたのである。その特質は「キリスト教的ヒューマニズム」であって、キリスト教が新しい学問の精神により再生することが求められた。

しかし、わたしたちは現代的視点で歴史を考察せざるをえないため、今日の一般的な理解にしたがってヒューマニズムを人間中心主義的にしか捉えることができない。つまりヨーロッパのヒューマニズムがカントやゲーテまたフンボルトなどの近代ヒューマニズムからコントの人類教を経てサルトルの無神論的ヒューマニズムにいたる傾向によって理解するように影響を受けているがゆえに、ヒューマニズムとキリスト教とを何か異質なものとみる習慣が身についてしまった。このような現代のヒューマニズム観に対するベルジャーエフやワインツュトックの批判は正しいといえよう。すなわち、前者はヒューマニズムの中に「自己破壊的弁証法」[6]を見ており、後者は「楽観的ヒューマニズムに内在する悲劇」[7]を捉えている。両者とも近現代にみられる自律化したヒューマニズムの問題性を指摘している点では正しくとも、ルネサンス時代のヒューマニズムにはこれらの批判は必ずしも的中しないのではなかろうか。

それゆえ、これまでのルネサンス研究で支配的であった基本傾向は現代的な色彩を一般的に帯びており、ヒューマニズムの統一的理念を「人間の尊厳」に求め、そこには「堕罪以前の人間の神聖な原型」が現実の人間の内に求められている。この人間の尊厳が人間における神的なものとして求められ、人間の神性が説かれていた。この傾向を代表する研究はディルタイの『一五・六世紀における人間の把握と分析』であって、彼は人間の神性が「宗教的普遍主義的有神論」として説かれていたと主張している。

「わたしはこの宗教的普遍主義的有神論を、神性はさまざまな宗教や哲学のなかで同じように働いており、今日もなお働いているという確信であると解する。これは神性が全自然をつうじて、またあらゆる人間の意識の中で全く普遍的に作用しているという理念を前提する命題である。こうしてこの命題は、通例は世界秩序に関する汎神論的もしくは万有内在神的把握に結びつけられている。こうした把握は、当時、唯名論とならんで、プラトン主義やキリスト教神秘主義に依存して非常に弘布されていた」[8]。

ディルタイはこの有神論がやがて一七世紀に人間の自律の思想として発展し、さらにカントやシュライアーマッハーによって完成されたと説いている。彼の主張を簡単に要約すれば、人間における神性の意識が近代の主体性、つまり自律の根源である、ということになろう。ヨーロッパ精神史をこの観点から捉えようとする彼の学説は優れたものであることに疑いの余地はないにしても、神性の意識と自律との関連はルネサンス・ヒューマニストたちにおいても一様な特質を示していない。そこにはある種の発展が認められる。この点を考慮して思想的展開を明らかにしてみたい。

そのさい、この時代にはカントの哲学によって確立された自律（Autonomie）の思想は未だ純粋な形では説かれてはいなかったのであって、信仰を排除しない形で自覚されているがゆえに、自律は萌芽として認められるに過ぎない。つまり自律を尊重すべく説かれた「人間の尊厳」にもキリスト教的な信仰が包含された仕方で総合されており、自律がそれ自身を超えて神に向かう「神律」（Theonomie）となっている。ここでいう「神律」とは宗教的な新生による意志の規定であって、進んで神の意志を実現しようとする倫理の立場をいう。この神律にも自律が神の恩恵の援助を得て自己超越的に神律を形成する場合と、自律が全面的に挫折した後ただ信仰によって新生する場合とがあって、前者の代表がエラスムスであり、後者の代表がルターであるといえよう(9)。わたしたちはこの点を考慮しながらエラスムスとルターの思想の類似点と相違点とを解明していきたい。

(2) ルネサンス・ヒューマニズムの思想的展開

ルネサンスと宗教改革の時代は中世から近代への過渡期で、ヨーロッパ世界の全体的変革期であった。エラスムス（Desiderius Erasmus, 1466-1536）はこの時代にヒューマニストの王者として精神・文化・知識の、つまり思想の「若返り」としての「再生」を説いている。「再生」を意味するこのルネサンスは古化文化の復興というかたちでイタリアで起こり、中世世界を解体し、新しい近代的世界像を形成してゆくのに対し、アルプス以北のヨーロッパでは新約聖書に立ち返って中世の教権組織と対決し、キリスト教自体の刷新に向かう宗教改革の運動が新しい時代への転換をもたらした。宗教改革もキリスト教自体のルネサンスであった。だからルネサンスは異教文化を尊重したとはいえ、全体的にみるならば、宗教的性格を保持していたといえよう。この時代の思想的特徴を人間観を中心にして考えてみよう。

(1) イタリアのルネサンス・ヒューマニズム――ペトラルカ、フィチーノ、ピコ

ルネサンス・ヒューマニズムの最大の特質は新しい学問の復興であって、ヒューマニズムが人文学と人文主義として起こってきたことにある。この時代にキケロやセネカの古典的ヒューマニズムの復興として発展した古典文献学は、ギリシア・ラテンの古典文学の教師や学徒から起こっている。とりわけ「ヒューマニズム」(humanism) という表現の中にはラテン語のフマニタス (humanitas 教養、人間性) が含まれており中世をとおって培われてきた罪深い存在としての人間ではなく、「より人間的なもの」を、ギリシア・ローマの古典の「より人間的な文芸」(litterae humaniores) の研究を通して求めかつ形成し、人間の尊厳を確立することが、共通の思想的主題となっている。

I　ペトラルカのヒューマニズム

一四世紀の中葉に活躍した桂冠詩人ペトラルカ (Francesco Petrarca. 1304-74) においてわたしたちは初期イタリア・ルネサンスの代表的思想家を見いだす。ダンテ (Dante, 1265-1321) が思想的にトマスに依存し神学的であったのに対し、桂冠詩人ペトラルカは、その恋人ラウラへの愛をみても分かるように、いっそう世俗的で人間的となっている。彼は人間的なものを激しく願望し、探求しているが、それによっては決して満たされず、深い憂愁に

陥り、やがて宗教を求めはじめる。そのためフマニタスは高まるに応じて宗教性を深めてゆくのである。つまり自律が自己超越的に神律に向かっていく。したがって彼は自分の苦悩の解決を求めて、古典作家キケロやセネカのみならず、キリスト教的なアウグスティヌスの思想にも向かってゆく。しかし、ストア主義の説く知恵にもアウグスティヌスの力説する恩恵にも満足しないで、自己の苦悩に没頭しながら、苦悩する魂の中に新しい自立と充実と豊かな生を見いだし、自己のうちに深まりながら自分を超え出ることなく、叙情的にかつドラマチックに自分の心の状況を『わが心の秘めたる葛藤について』の中で述べている。[10] このような自己の体験に基づいてキリスト教信仰が新たに受容されてくる。『宗教的閑暇』で次のようにこの間の事情は述べられている。「神はたしかに最善のかたである。だが、わたしは最悪のものである。こんなに大きな矛盾するもののあいだでどんな釣合があろうか。最善のあのかたからは嫉妬が全く遠のいているのを、教会の権威のみならず。プラトンの主張によっても、わたしは知っている。それに反し不義がいかに固くわたしを拘束しているかもわかっている。……神には不可能なことがないのに、わたしはかくも大きな罪の重みに制圧されて立ち上がることができない。神には救う力があるというのに、わたしは救われえないのである」[11]。

このような自己の深淵的状況から神の恩恵が深淵的に理解され、この基盤に立って異教文化の精華が摂取され、「真の文学」が創造される。ここにキリスト教的ヒューマニズムのすべての特質が次のようにそなわるにいたる。「この福音を真の文学の唯一不動の基礎として、その上に着実に人間的努力によって建て増してゆき、また、この福音に反しないような他のもろもろの教説を積みあげてゆくならば、いささかも非難されるいわれはないであろう」[12]。したがって「フマニタスはペトラルカの考えでは、質的に高められるほど、ますます宗教性を深めてゆくはずである」と言われている。[13] フマニタスはペトラルカにおいてはフェリタス（獣性）と戦いながら、キリスト教と異教文学の助けをえて、神性を志向している。この戦いはアウグスティヌス的「内的人間と外的人間」の葛藤と同質であり、本質的にキリスト教的発想を基盤にしている。このようなキリスト教的基盤の上に異教文化の精華が摂取され、「真の文学」の創造により、ペトラルカはヒューマニストとしての自己形成を試みている。したがって彼の思想はエラスムスによって完成される「キリスト教的ヒューマニズム」のすべての特質をそなえもつことになる。彼の書簡の一節はそれを次のように述べている。

「神の真の知恵はキリストにほかなりません。わたしたちが真に哲学するためには、まず第一に、キリストを愛し、あがめるべきなのです。わたしたちは、すべてに、なによりもまずキリスト者であるように心がけたいものです。心の耳にいつもキリストの福音が鳴りひびいているようなしかたで、哲学書や詩や歴史書を読むべきでしょう。……この福音をいわば真理の最高の砦とみなし、すべてをこれへと収斂させなければなりません」[14]。

フマニタスが神性を志向することがルネサンス・ヒューマニズムにおいて一般に説かれているとしても、そのことが成立するためには宗教的基盤がなければ不可能である。このようなペトラルカの自覚はアウグスティヌスをいわば自己の「良心」となし、それと対話的に関わりながら実存的な罪責の体験にいたることによって成立している[15]。このフマニタスは、フェリタスと対立し、これを乗り越えてゆく超越をその根源的志向性としてもっている。このことをすでにセネカも説いていた。「人間は、人間的なものを超え出ることがないとしたら、なんと軽蔑すべきものであろう」と。したがって人間性は「より人間的なもの」（フマニオラ）となってゆく超越によってはじめて自己形成を実現している。しかし、この超越は人間自身をも超える自己超越となり、ピコ・デッラ・ミランドラで説かれたように最終的には神性にまで達する志向をそなえている。ところがペトラルカにおいてはフマニタスの自己超越は宗教性を深めこそすれ、神性に向かう自己神化とはなっていない。

ペトラルカのキリスト教的ヒューマニズムの思想はその後ヴァッラやフィチーノ、ピコ・デッラ・ミランドラ、エラスムスに継承され、発展している。

Ⅱ　フィチーノのプラトン主義

次にルネサンスにおける古典哲学の復興について考えてみよう。その中でも代表的な例を一五世紀後半に活躍したフィレンツェのプラトン主義者フィチーノ（Marsilio Ficino, 1433-99）を例にとって考察してみたい。彼はプラトンの全著作をラテン語に訳し、『饗宴』と『ピレボス』の注解書を書き、大作『プラトン神学』を完成させている。彼はプラトン主義の形而上学、とりわけ新プラトン主義の存在段階説に立って、宇宙における人間の地位を確定した上で、ルネサンス的人間の尊厳という主題を追求している。人間は身体と霊魂とから成り、物体界と知性界との中間に位置を占め、神や天使の下にあっても、質料や物体の上に立っている。人間の霊魂は上なる知性界に関わり、神との類似性をもち、神にいたろうとし、善をすべて達成しようとする。霊魂の働きの中で意志に対し知性の優位を説くところにプラトン主義の特質が示されている。「知性は自分の観念により、それ自体では分別を欠いた意志を動かしている。だから意志よりも知性に究極目的は一致している。なぜなら、各自が自分の好みにより働くなら、知性は自己の善に向けて意志を動かし、意志の方は奴隷的で不分明であるため、知性に従属しているからである」[16]。自己の善から逸脱して奴隷状態に陥っている意志に対するこのような洞察は、同時に、そこからの自由を真剣に考察するように彼を導いている。人間の知性や理性は身体や物体に依存しないで知性界に向かい、神の無限の完全性に近づくことができる。ここに人間の尊厳があるとしても、実はこの最も高い頂において自分の不完全性を人は知るにいたる。それは人間が自由意志により自然の秩序に違反し、意志の混乱が生じたためである。しかし、神学者たちがいうように神の力は霊魂を神の方へと動かしている。「それゆえ、霊魂をもっぱら無限へと向けて動かすもの自体は、ただ無限な力にほかならない。その力は意志の自由な本性に応じて選択されるべき道へ向かって、最大限に自由な仕方で、精神を運動させる」[17]。だが、霊魂は虚弱な身体にとどまるかぎり、あらゆる事物を必要としており、そのため精神は不安で悲惨であり、天上の身体における幸福を願望しているが、これを満たすのはキリスト教の宗教である。それゆえ哲学と宗教は二つとも神の賜物であって、両者のあいだには一致がある、と彼は説いている。

Ⅲ　ピコの「人間の尊厳」

このようなフィチーノの思想は同時代人のピコ・デッラ・ミランドラ（Pico della Mirandola, 1463-94）においてさらに発展する。ピコはギリシア哲学のみならず、ヘブライ語で旧約聖書に親しみ、スコラ哲学をも修得し、キリスト教とギリシア哲学とを知的に調和しようと試み、意志の理解においてプラトン主義にとどまったフィチーノを超えて無制限な自由のなかに生の最高の可能性を実現しうる「人間の尊厳」を説いている。彼は人間の自由を力説する。人間は他の存在者が現実にもっているものを先ず可能性としてもち、それを自己の意志によって実現する。だから、善と悪の間ばかりでなく、自己の最高の可能性と最低の可能性との間で決断し、自らを高めて創造することが、堕落の危険を賭けて、遂行される。したがって人間の尊厳は自己の最高の可能性が選択される時にのみ実現される。ピコは『人間の尊厳についての演説』の中で最初の人アダムが天と地、死すべき者と不死の者との中間におかれ、自己の自由意志により自己を形成し得ると主張し、神がアダムに次のように語ったという。

「汝はいかなる制約によっても抑制されないで、わたしが汝をその手中においた自由意志にしたがって自己を決定するのだ。わたしは世界の真中に汝をおいた。それは世界の中にあるすべてのものをそこからいっそう容易に考察するためである。わたしは汝を天のものとも地のものとも、死すべきものとも、不死なるものとも造らなかった。

それは汝が自由で名誉ある造り主また形成者のように、自分が選んだどのような形にでも汝自身を造りだすためである。汝は堕ちて獣の世界である低次のものとなることも、神的なものである高次のものに自分の心の判断により再生されることもできる[18]」。

「人間の尊厳」は、フィチーノが説いたように、その置かれた宇宙における位置にあるのでも、自然本性にあるのでもなく、自由な意志により道徳的知的な生の最高形式を選択し自己を実現することにある。つまり自由意志による自己創造をなす主体性のうちにある。「人間は自分の欲するものとなることができる」。このような自己創造者としての自律的人間像のなかに近代的人間の基本的特質が明白に表明されている。もちろんピコは自己形成者として人間を造った神の創造の恵みについて語り、この恩恵に正しく対処し、聖なる大望をもって神と合一すべきことを次のように説いている。「御父のこの上なく慈悲深い寛大さに乗じて、御父がわれわれに与えた自由な選択を、われわれにとって有益なものとする代わりに、有害なものとすることのないように[19]」と。さらに神の恩恵にむくいて現世を軽蔑し、神に最も近いところへ超越するように勧め、この超越をプラトンの『パイドロス』にある「ソクラテス的熱狂」と呼んで次のように語っている。

「その熱狂は、われわれの心とわれわれ自身を神の中に置くほど、われわれを心の外に置くだろう。もしわれわれ自身の中にあることをまずわれわれが実現したならば、確かにその熱狂によってわれわれは駆り立てられるだろう。……最後に愛によりかきたてられ、われわれの外に置かれ、神霊によって満たされて、われわれはもはやわれわれ自身ではなくて、われわれを造った方御自身となるであろう[20]」。

ピコにおける超越は、自己の心をも脱自的に超えて神霊にみたされ合一する神化にまで達すべきものと考えられている。そこに至るのを阻げている内なる心の不和にも触れ、それは道徳哲学や神学により鎮圧されると楽観的にみている。また異教の哲学とキリスト教および諸宗教がこの超越に対し備えられている、と述べて、一種の折衷主義に陥っているため、ペトラルカで確立されたキリスト教的基盤はゆるみ、キリスト教を諸宗教と同等視する相対化のゆえにキリスト教ヒューマニズムも変貌してくる。

ウォルター・ペイター（Walter Pater. 1839-94）はかつて名著『ルネサンス』において「一五世紀のルネサンスは、多くの点において、達成したものよりも、企図したものによって偉大であった」[21]と語ったが、このことは早世したピコに最も妥当している。実際、ルネサンス・ヒューマニズムは人間の尊厳を追求して止まなかったが、その価値は追求された目的の実現よりも、目的を高くかかげて努力することに移っている。この意味で古典文献やプラトン主義も、人間の尊厳を無限に追求し明確にするため、導入されたものにすぎなかったのである。したがって「古代文学の媒体により色づけられ規定されていても、認識の力は時代と国民の中にあったのである」[22]（ブルクハルト）といえよう。したがって、この「人間の尊厳」のなかに自律の思想はその高まりを示しているが、それでも神の恩恵を受け入れているがゆえに、自律は自己超越的に神律に向かっていたと言うべきである。

（2）北方ルネサンスのヒューマニズム——クザーヌスとエラスムス

次にアルプス以北のヒューマニズムに目を向けてみよう　華やかに開花したイタリア・ルネサンスの宮廷からアルプスを越えたドイツ、オランダ、またフランスに目を移すと、後期ゴティック様式の巨大な諸聖堂の下に激しい信心の世界が開けている。ここでのヒューマニズム運動は倫理的で宗教的な性格を堅持し、学芸の復興や教育の発展にたずさわっただけでなく、神秘主義的な特質をもつ神学研究が熱心に探求された。このような方向転換を促したのは「新しい敬虔」（devotio moderna）の運動であった。それは一四世紀の終りに創始者グローテ（Gerhard Groote,

1340-84）により霊的生活の復興を目指して開始され、主として一般信徒の交わりからなる「共同生活兄弟団」を結成し、修道士風の共同生活を営みながら、学校教育、病人看護、慈善事業、書物の筆写等にたずさわり、ヒューマニズム運動を発展させた。ここからリュースブルク（Jan van Ruysbroeck, 1293-1381）やトマス・ア・ケンピス（Thomas á Kempis, ca. 1381-1471）の神秘主義も生まれ、後者の『キリストに倣いて』はこの「新しい敬虔」の精神に古典的表現を与えており、何よりも個人の内面生活を強調し、キリストの生涯を黙想し、彼を模範とすべきことを説き勧めている。

この「新しい敬虔」の流れから「ドイツのペトラルカ」と呼ばれたアグリコラ（Agricola, 1494-1555）が登場し、ヒューマニズムとキリスト教神学とを調和させようとする基本的態度を提示した。この時代には古代思想が復興されたため、多様な世界観の対立が生じ、また教会政治と国家権力とが激しく衝突し、戦争が絶えない激動の様相を帯びていた。こうした対立と抗争とを調和させようとする新しい哲学が「新しい敬虔」の教育を受けた人たちのあいだから起こってきた。そのなかで最も有名な二人の思想家をとくに考察してみよう。

I　ニコラウス・クザーヌスの哲学

ニコラウス・クザーヌス（Nicolaus Cusanus, 1401-64）は後に述べるエラスムスと同様オランダのデヴェンターの聖レブイヌス参事会の名門校で「新しい敬虔」の教育を受け、この時代の最大の問題であった東西両教会の統一や教育改革に枢機卿や司教として尽力し、対立を調和させる哲学思想を樹立している。ニコラウス・クザーヌスの思想は「中世哲学の決算書」とも「近代哲学の先駆的世界観」ともいわれているように、中世と近代との狭間に立つ一五世紀を代表する真に独創的なものである。彼の思想のなかで最も有名な「反対の一致」（coincidentia oppositorum）と「知ある無知」（docta ignorantia）とをまず考えてみよう。

世界の事物は多種多様であり、差異・反対・矛盾の相により対立していても、それらは根源的な一つの単純存在へ還元されうる。これは極限への思考によって行なわれる。すなわち、有限的なものの対立は無限性の見地からすると同一のものである。たとえば円と直線の対立は、円の曲線を極限まで進めると直線に一致するし、回転している独楽（コマ）は静止しているように見えるのみならず、運動が無限に緩慢になると、静止と一つになる。だから有限な個体の多様性は無限性の下に統一される。このような「反対の一致」をとらえるのは、感覚や悟性による認識ではなく、直観的で思弁的な知性であって、それは形式論理学を超えているため、悟性にとっては「無知」なものであるが、そのこと自体を自覚しているから、つまり無知であることを知っているから、「知ある無知」と呼ばれる。次にニコラウス・クザーヌスは有限な事物の多と無限性における一とを世界と神との関係として反省している。世界における多様な事物は神の展開であり、個体的な事物は神的一者が多様化したもので、絶対的に単純で無限に豊かな絶対者が特殊な「縮限」(contractum)をなしたものである。そこに個体の特殊性と独自性とがあり、論理的な類概念に従属しない個性がある。被造物は自己のこの特殊性を神から賜物として受け、愛し、保存し、完成させようと努めている。個体のなかでも人間は神性の自画像であり、生ける像であるため、自己を超越して原像に無限に近づこうとする。このような人間のうちなる無限の追求は神の無限性の現われである。もちろん、神は人間と異質で彼岸にある存在であるから、人間は自己の存在と能力により自己形成をなさざるを得ないが、精神自身とその法則のうちに神的なものが現われている。とりわけキリストの中に全世界は完成した姿を見いだす。『知ある無知』の中で彼は次のように語っている。

「神のつくったすべてのもの〈被造物〉の上に高められ、天使よりもほんの僅かしか劣っておらず、知性的な本性と感覚的な本性とを包含し、それ自身の内部に〈宇宙内の万物〉を包んでいるのは、人間の本性である。昔の人たちが、その本性を正当にも小宇宙つまり小さな世界と呼んでいたとおりである。したがって、人間の本性は、もし最大性との合一へと高められたならば、宇宙と個々のものとのもつあらゆる完全性の充実として現存するであろうものである。このようにして、万物は、まさにこの人間性において最上の段階に到達するであろう。ところで、人間性は〈これ〉〔この人間〕あるいは〈あれ〉〔あの人間〕において縮限された仕方でしか存在しない。それゆえ、ただ一人のまことの人間〔キリスト〕ではなくてそれより多くの人たちが最大性との合一へと上昇しうるということは有りえないであろう。そして、この人はたしかに、神であるという仕方で人であり、人であるという仕方で神であり、宇宙の完成である。……そして縮限されているかぎりのあらゆる事物は、それらの完成としてのかれのうちに安らうであろう[23]」。

このようにニコラウス・クザーヌスの思想は無限の思考と個体の完全性への熱望によって導かれているが、このテキストの終わりにあるようなキリスト教的神秘主義の思想は諸教派に対する寛容な態度を生み出し、カトリック教会の普遍性に立って信仰の和合を求め、彼自身教皇の側近でありながら教会の改革を説くことを可能にした。ここにわたしたちは「調和の哲学」というルネサンスの思想を見ることができる。

Ⅱ　エラスムスの「キリストの哲学」

オランダのロッテルダムの人、エラスムスはイギリスのジョン・コレット（John Colet, 1466-1519）を通して聖書批判の原理とキリスト教ヒューマニズムを学び、一七世紀を代表するヒューマニズムの思想を完成する。彼は言語、表現、文体を愛好し、古代的人間の叡知が彼の言葉により再生し、ルネサンスが彼において〈言葉の出来事〉となって出現している。それは『対話集』や『痴愚神礼讃』のような文学作品のみならず、初期の哲学的代表作『エンキリディオン』においても明らかである。わたしたちは彼の思想上の持色を「キリストの哲学」（philosophia

Christi）により理解できる。彼はコレットを通して知ったフィレンツェのプラトン主義の影響の下に、哲学とキリスト教とを総合的に捉える方法を確立し、その思想を「キリストの哲学」として提起している。『エンキリディオン』（詳しくは『キリスト教戦士必携』）の冒頭には「主にあって敬愛する兄弟よ、あなたは大変熱心に、あなたがキリストにふさわしい精神に達しうる準備となるような生活の方法を述べた要約をわたしが示すよう切望なさっておられます[24]」とあって、これに答えて実践的指針が具体的に二二の規則としてあげられている。そのなかで基本法則は「不可視なものへと可視的なものを整序すること」におかれ、次のように勧められている。「わたしたちは第五の規則を加えたい。あなたがいつも可視的事物から、それはほとんど不完全であるか、中間的なものであるが、不可視なものへ向かって前述の人間の区分にしたがって前進しようと試みるなら、この唯一の規則によって完全な敬虔をあなたが確立するためである[25]」。ここにある人間の区分というのはプラトンの魂と身体との区分であり、同じくプラトンにより世界も感覚的世界と知性的世界とに分け、前者から後者への超越を人間の目的となし、これを実行するためにはキリスト教の力に依らなければならないと説いている。この書物ではプラトン主義とキリスト教とが総合的に把握され、キリスト教の真理はプラトン哲学との同一視の上に立てられている。そこから「キリストの哲学」が次のように要約的に示されている。

「この哲学は三段論法の中よりも心情の中にあり、論争ではなく生活であり、博識ではなく霊感であり、理性よりも生の変革である。……さらに最も自然にふさわしいことは、すべての人の心の中に容易に入って行く。キリストが〈再生〉（renascentia）と呼びたもうた〈キリストの哲学〉とは良いものとして造られた〈自然の回復〉にあらずして何であろうか。したがってキリスト以上に誰も決定的にかつ効果的にこれを伝えた者はいなかった。しかし異教徒の書物のなかにもこの教えに合致する多くのものを見いだすことができる[26]」。

キリストの哲学の特質が、「理性よりも生の変革である」点と「良いものとして造られた自然の回復」——そこでの「再生」（レナスケンティア）は後にルネサンスと呼ばれた名称の一つの源泉となっている——とに要約して示されている。

またピコが語ったソクラテス的熱狂の超越についてもエラスムスは『痴愚神礼讃』の終りの辺でキリストを信じる者に固有の超越的な狂気として語っている。

「ミサは、キリストの死を表わしたものであり、信者たるものは、新しい生命に甦り、だれもかれもいっしょに、主キリストとひたすら合一するため、肉体のもろもろの情念をいわば埋没せしめ、消え去らしめ、これを抑圧しながら、キリストの死を、おのおののうちに再現せねばならないのです。……それに精神は精神で、無限に強い力を持っているあの至高の知恵のなかに吸収されてしまいます。このようにして、人間全体が自分自身の外に出てしまい、もはや自分が自分でなくなること、いっさいを自分に引き寄せる至高の善に従うこと以外には、幸福はないということになります。これこそ、この世からあの世へ移っても取り去られることなく、かえって完璧なものとなる、あの痴愚狂気というものです[27]」。

エラスムスにおいては超越が宗教性を深めており、神の恩恵によって支えられて実現している。したがって異教の哲学も聖書と一致するかぎりで採用されている。彼は言う、「たとえ同じ言葉ではないとしても、同じ事柄がすべて聖書のなかに指示されていないならば、哲学者の権威はすでに低くなっているであろう[28]」と。

さらに彼は政治の主権者が権力に訴えて戦争を起こしている時代の狂気に対してもたえず警告を発し続け、『キリスト教君主論』や『平和の訴え』を著わして、対立抗争し合う国家間に人道主義の立場から平和と調和とを説いた。これに対し君主も教皇も彼の発言に耳を傾けたため、一六世紀の前半は「エラスムスの世紀」ともいわれるようになった。こうして哲学が時代に内在する対立を調和にもたらした稀なる時代が出現したのであった。

わたしたちはペトラルカ、ピコ、クザーヌス、エラスムスにおけるルネサンス・ヒューマニズムの特質を考察してみたが、終りに神性の意識と自律との関係について結論を下さなければならない。ディルタイが考えたように自律の思想は神性の意識から生まれてきたのであろうか。フマニタスはフェリタスとの対立の状況にあるため、自律は根源的制約の下に立っている。またピコのように自律が自由意志とともに始源的に与えられているという見方が現われてきているとはいえ、心身の分裂という実存状況の制約を受けて再びエラスムスにより宗教性が深められてきている。しかしエラスムスはルターとの論争では宗教性によって制限されていても、最小限度の主体性を残そうとしたところに、ピコの自律の見方への接近が見られる。つまり人間の尊厳を宗教性の中でも保とうと試みている。

もし自律が自己の実存状況のうちに深まって行って自己を超出し、「その神的根拠を知っている自律が神律である」（ティリッヒ）[29]とするならば、ヒューマニズムはその源泉において神律的であったといえよう。「しかし、神律的次元なき自律は単なるヒューマニズムに堕落する」（ティリッヒ）[30]としたら、ヒューマニズムに対するベルジャーエフやワインシュトックの批判、つまりヒューマニズムは自己の内に「自己破壊的な弁証法」をもっているという批判は妥当する。このことは、ヴェーバーが説いている価値合理性を失った単なる目的合理性と同じく、現代の悲劇を招来することにならざるをえないであろう。

（3）エラスムスとルターの思想的対決

（1）エラスムスの基本思想

エラスムスはピコよりわずかに三歳若かったにすぎないけれども、彼のうちにルネサンス・ヒューマニズムの思想が完全な成熟段階に達している。彼は言語、表現、文体を愛し、古代的人間の叡知が彼のことばにより再生し、古典の精神が新しいヒューマニズムの装いにおいて輝きでている。それは『対話集』や『痴愚神礼讃』のような文学的作品の中のみならず、初期の哲学的、神学的著作『エンキリディオン』や完成期の『評論・自由意志』においても明らかである。

『エンキリディオン』においてエラスムスはプラトンによって人間を魂と身体とに分け、世界をも感覚的世界と知性的世界とに分け、前者から後者への超越を倫理の目的となし、これを実行するためにはキリスト教の力によらなければならないと説いている。だからキリスト者の武器として「祈りと知識」をあげ、次のように言う。「この二つの武器とは祈りと知識である。パウロはたえず祈るように命じて、わたしたちがいつも武装しているように願っている。純粋な祈りは、敵が近づくことのできない山頂へ向けるように、わたしたちの心情を天へ引きあげるのである。知識は救いに役立つ意見でもって知性を強固にする。だから二つのうちどちらも他を欠いてはならない[31]」と。このようにプラトン主義とキリスト教が総合的に把握され、彼の思想が「キリスト教的プラトン主義」として形成されており、キリスト教的ヒューマニズムの性格を最初からもっていることが知られる。

なお、『エンキリディオン』の中にはエラスムスの教会批判が含まれていて、当時の教会が外形的儀式を重んじ、断食したり、聖人の骨を崇拝したり、贖宥状（免罪符）を買い求めさせたりして、救いを外的形式におく信仰態度が批判されている。礼拝儀式や教会法規はそれ自体では価値はなく、善く生きるためにはイエスの山上の説教と古典とに帰り、単純明快な精神に生きなければならない。そのため「軍事訓練の規則をつくる人の方法にしたがってわたしは敬虔の技術を教えようとしたのである」と彼は語っている。このようなエラスムスの倫理思想の全体的特質は先の「キリストの哲学」の中に要約的に示されている。

『エンキリディオン』出版後八年してヨーロッパ全土を爆笑の渦にまきこんだ不朽の名著『痴愚神礼讃』が現われ、古典的で元来文学的なエラスムスの本領がいかんなく発揮されている。彼の文章の中に古代の叡知が受肉し、ここにルネサンスはことばの出来事となって実現している。わたしたちの人生と社会には痴愚は不可欠であるが、これが痴愚神の自己礼讃の愚行によって語られている。痴愚女神は学芸の神ミネルヴァのまさに敵役なのだから、これまでの彼の哲学と正反対の立場から人間の倫理も語られている。こうして人びとに痴愚と想われているものが実は知恵であり、知恵が逆に痴愚である点が軽妙に摘出され、真の知恵が「健康な痴愚」の中にあって、うぬぼれた知恵は「純粋な痴愚」にほかならないことが説かれている。健康な痴愚の一例として人生喜劇の仮面について述べているところをあげておこう。

「役者が舞台に出てきて、その役を演じていますときに、だれかが役者の被っていた仮面をむしり取って、その素顔をお客さんたちに見せようとしますよ。こんなことをする男はお芝居全体をめちゃめちゃにすることにならないでしょうか。また、こういう乱暴者は、石を投げられ劇場から追い出されるのが当然ではありますまいか。幻想が破り去られてしまうと、お芝居全体がひっくりかえされます。いろいろな扮装や化粧こそが、まさに、われわれの目をくらましていたからです。人生にしても同じこと、めいめいが仮面を被って、舞台監督に舞台から引っこませられるまでは自分の役割を演じているお芝居以外のなにものでしょうか。そのうち舞台監督は、同じ役者に、じつにいろいろ雑多な役をやらせますから、王様の緋の衣をまとった人間が奴隷のぼろを着て、また出てまいりますね。あらゆる場合が、要するに仮装だけなのでして、人生というお芝居も、これと違った演じられかたはいたしませんよ(32)」。

人生劇場での痴愚の役割は人間関係の中で大きな働きをなし幸福の源泉になっている。彼は時代の危険な狂気を指摘し、キリストを信じる者の固有の超越的狂気をこの書の後半で論じている。

(2) ルターの基本思想

古典文学の復興を志したヒューマニストのエラスムスと相違して、ルターは本質的に宗教的人間であり、神の前に道徳的功績をもって立とうとする試みに挫折し、「信仰によるのみ」(sola fide) の信仰義認の立場から宗教的倫理思想を確立し、プロテスタンティズムの倫理の創始者となった。信仰義認という彼の中心的教説は「神の義」の認識と深くかかわっている。一般には「神の義」というと神が人間の罪悪を罰する正義というように理解されており、ルターも初めにはそのように考えて道徳的功績をもってこれに向かったのであるが、それによっては良心の平和と救いは得られなかった。しかしパウロにしたがい「神の義」を信仰によって神から受容する義であると知るにおよんで、救済の経験に達した。この間の事情は自伝的文章の一節に次のようにしるされている。

「わたしは〈神の義〉がここ〔ローマ一・一七〕では義人が神の贈物により、つまり信仰によって生きるさいの、その義であり、福音により神の義が啓示されているという、この義なる言葉が明らかに〈受動的〉であって、それによって神はあわれみをもって信仰によりわたしたちを義とする、と理解しはじめた。このときわたしはまったく生まれ変ったような心地であった。そしてわたしは広く開かれた門から天国そのものに入ったように想った」[33]。

信仰によって神の前に義とされた人は神から恩恵を報酬として獲得しようとする下心からではなく、神との心の一致において自由な愛から、ただ神を喜ばすために、その戒めを積極的に実行するものとなっている。このような宗教的な倫理思想の特質をまず『キリスト者の自由』から明らかにしてみよう。

自由は政治的にも倫理的にも宗教的にも説かれうる中で、ルターの説く自由は宗教的次元に発し、倫理と政治の領域にまで発展している。宗教的自由は罪からの救済により与えられるものであって、救い主キリストに対する信仰により、罪はキリストの愛のうちに亡び、義が衣のように着せられる。「それゆえ人が正しい信仰をもって神の言にかたく寄りすがるならば、このような人の魂は神の言と合体し、しかも全く合一して神の言のあらゆる徳がやがてまた魂のものともなる」[34]。このように神の言なるキリストとの交わりの中で新生することこそ神の授ける自由であり、信仰義認から生じる高次の宗教的自由である。それは罪の奴隷状態からの解放によって成立しているため、他者に対して積極的に愛の奉仕をなす僕、つまり「奴隷」ともなりうる活動力を秘めている。

ルターは真の自由をこのような罪からの解放とみなし、信仰のみがこれを実現する。したがって信仰が自己を罪から解き、自己を超えて高く飛翔し、神にまで昇り、愛にもとづいて下降し、隣人のあいだで働くため、他者との共同を志す実践的主体となっていることを力説している。この種の自由を彼は「あたかも天が高く地を超えているように、高くあらゆる他の自由に優っている自由」として規定している[35]。この自由は信仰により得られる宗教的なもので、「自由の君主」といわれるように卓越したものであるが、同時に愛により「奉仕する僕」となるように働いている。

信仰と愛がルターの説く倫理の基本としての善いわざであるが、信仰により善い「人格」となった者にしてはじめて善い「行為」をなすことができる。「どんな場合にも人格が、あらゆる善い行為に先だってあらかじめ善かつ義でなければならないのであり、善い行為がこれに従い、義しい善い人格から生じる」[36]。このように信仰と善いわざが道徳の内容となっているが、道徳的愛から出発するカトリック的な「愛によって形成された信仰」をルターは批判し、信仰により義人となり、この義人が愛により善いわざを実行すると主張し、これこそパウロの言う「愛によって働く信仰」であると説いている。

こうして信仰による自由は「奴隷」という矛盾的に対立している状態からの解放を内容としているため、自由にされた人は「僕」として愛の奉仕に向かうことになる。宗教により罪から解放されるとそれで満足し終わってしまうのではなく、ふたたび罪を犯すためではなく、罪の中にある人々との共同を目ざして他者にかかわってゆく。つまり自由とされた人が「僕」として派遣されている。それゆえルターの説く信仰による自由は「奴隷」という対立契機を通過しているため、その克服にたえず立ち向かうようなより高次の自由であり、神との人格的交わりの中でそれは与えられ、他者との共同関係に生きるべく自己を投入してゆく。ヒューマニストの説く自由が本質的に個人主義的であったのに対し、宗教改革者の説く自由は自己超越的で力に満ちあふれた愛となっている。この自由の高みから愛の低さに下ってゆく落差こそ信仰の燃えるエネルギーであり、ここに近代の新しい出発点が与えられており、プロテスタンティズムの職業倫理による歴史的形成力が生まれてくる。

(3) 自由意志についての論争

教会改革については一二世紀以来説かれてきたが、一六世紀の改革は単に教会の制度的改革にとどまらず、信仰の中心である教義にまで至っている。エラスムスとルターは当時の教会改革については一致するところが多かったし、エラスムスの方がルターよりもラディカルなところも多かった。しかし、宗教に対する理解においては二人のあいだには相当のひらきがあったといえよう。したがって一六世紀の宗教改革の運動には次の二つの類型が認められる。

㈠、アルプスを越えた北のヨーロッパにおいては、同じ時代ではあっても、キリスト教の勢力が強く、キリスト教的ヒューマニズムという形態をとっている。ここでは強調点はキリスト教会の刷新におかれており、その代表者はエラスムスである。

㈡、このキリスト教的ヒューマニズムが支配的であったところから、その影響を受けながら教義の改革をめざして登場してくるのが、ルターを代表とするいわゆる宗教改革の運動である。

したがって二つの類型は教会改革では共同戦線をはれたのであるが、やがて分裂する宿命をもっていた。エラスムスのキリスト教的ヒューマニズムはキリスト教を土台としながらも古典文化の導入によってキリスト教世界を修復しようとし、当時のカトリック教会に攻撃を加えたのも、いわば外側から懐疑、機知、皮肉、諷刺を用いて、ヨーロッパ世界に良い生活と平和を造りだそうとしたためである。他方ルターの方はキリスト教そのもの、その教義の改革にまで迫っていって、キリスト教の新生を求め、徹底的に変革しようと試みている。だから一五二一年のヴォルムス国会の頃までエスラムスはルターを助けて共同の戦いを遂行したのであるが、やがてカトリック教会の圧力に屈してルターを批判するまでにいたった。こうして『評論・自由意志』が発表されたのは一五二四年のことであり、ルターの反論『奴隷的意志』は一五二五年に出版されている。わたしたちはこの自由意志についての論争を通してルネサンスと宗教改革の倫理思想の特質を次に解明してみよう。

Ⅰ　問題の所在

倫理思想の中核を形成している自由意志の問題はアウグスティヌスとペラギウス派との論争以来中世をとおって絶えず繰り返し論じられてきた中心問題であり、自由意志と神の恩恵との関連がつねに探求されてきた。ところが一六世紀では変化がおこった。というのはエラスムスはルネサンス・ヒューマニズムの代表者として人間の尊厳を説き、主体性の強い自覚に立って思想を展開しており、ルターも当代の新しい学派であるオッカム主義の下に教育を受け、自由意志による功績思想の問題性を親しく経験し、これとの対決から思想を形成していたため、両者の自由意志をめぐっての対決はこれまで類例を見ないほどの激烈なものとならざるを得なかったからである。こうして、エラスムスがルターに賛同しがたいとした論点は実にヒューマニズムの根幹にかかわっていた。彼は教皇制、浄罪界、贖宥状のような教会の制度や政治に関する、ルターに向けられた訴訟問題を採りあげたりしなかった。これらの点では彼の方がラディカルでさえあった。そうではなく、彼がルターと心情の奥底において意見を異にし、信仰の見方がもっとも深く対立したのは、キリスト教の教説の中心にして永遠的な問題であった。だからルターの方もエラスムスに「あなただけが事柄そのものを、つまりわたしへの訴訟の核心を捉え、事態の要諦を見、急所を突いた」[37]と語って感謝しているのも理解できる。

自由意志と神の恩恵についての論争は人間の自由な主体を神との関係においていかに捉えるべきかという神学上の重要問題、つまり宗教的な救済に関わる問題であった。ここではエラスムスの宗教思想がよく表明されていると思われる論点をあげ、それをルターの主張と対比させてみたい。

Ⅱ　自由意志の定義

まず最初に論争がもっとも白熱的に展開する自由意志の定義について考えてみよう。エラスムスはいう、「わたしたちはここで自由意志を、それによって人間が永遠の救いへ導くものへ自己自身を適用させたり、あるいはそれから離反したりし得る人間の意志の力であると考える[38]」と。この定義はルターの主張、「生起するものはすべて単なる必然性から生じる[39]」という命題を批判して立てられたものである。ルターの説こうとしていた点は、堕罪以後の人間が所有している意志は神の前では全く無力であり、神の恩恵がないならば自己の救いを達成しえないということであって、彼のいう「神の独占活動」という主張を述べるにあたって採用した補説が、ほかならぬ絶対的必然性の命題であった。エラスムスはこの命題を集中的に論難の対象にしており、このような必然性に立つとしたら、マニ教やウィクリフと同じ倫理的決定論に陥る危険があるので、神の義と恩恵に対する人間の側の自由な応答性や責任性がなければならないと考え、この定義はできたのである。

ルターが堕罪以後の罪に染った自由意志の状態を述べているのに対し、エラスムスの方は自由意志の堕罪以前の完全な本性について語っているのか、それとも以後の現実を語っているのか不明確である。したがって人間の本性上の可能性や能力を哲学的に考察しているのか、それとも神の前に立つ実存状況を論じているのか明らかでない。

ルターによるとエラスムスの定義は、意志が自己の力で恩恵を獲得し、永遠の救いを達成しうるとみなしているので、恩恵の働く余地はなく、結局のところ自由意志に、つまり「人間に神性を帰するものである」。エラスムスはこの批判は可能なかぎり最悪な解釈であり、自分の定義は恩恵を排除していないと反論した。しかし、定義の中の「永遠の救いへ導くもの」、換言すれば「神の言とわざ」（ルターの解釈による）へ自己を適応させたり離反させうる力を自由意志のものとみなしている以上、定義に恩恵が含まれているとはいえない。エラスムスは恩恵への準備が人間の意志にそなわっていると考えているのであるから、信仰の出発点を自由意志におくセミ・ペラギウス主義に立っているといえよう。事実エラスムスはアウグスティヌスが行なったよりもより多く自由意志を肯定したいので、自分をペラギウス寄りの立場に位置づけている。

ルターはエラスムスの自由意志の定義を批判してから自説を次のように述べている。「神の恩恵を欠いた自由意志はまったく自由ではなく、一人では善へと自己を向けることができないがゆえに、いつまでも変わることなく悪の捕虜にして奴隷である」[40]と。これがルターの奴隷的意志の主張であって、神の恩恵により新生していないかぎり、自由意志は悪をなさざるを得ない奴隷状態に陥っていると主張されている。宗教改革者が恩恵がないなら人は罪のうちにとどまると消極的に考えているのに対し、ヒューマニストは自由意志は恩恵に助けられて何をなし得るかと積極的に問うている。この設問の仕方にも両者の相違が認められよう。

Ⅲ　原罪に対する理解

次にエラスムス自身の人間本性とその罪性についての考えを検討してみなければならない。それはアダムの罪を継承している人間の現実、つまり原罪の理解で端的に示されている。彼によると最初の人アダムは創造の始源において「毀損されていない理性と意志」とをもっていた。だから「正しくかつ自由な意志」は新しい恩恵なしにも無垢にとどまり得たが、この恩恵を欠いては永遠の生命に達することはできない。さて、意志の毀損はアダムが神の戒めよりも「その妻に対する過度の愛ゆえに」生じた。このような愛のゆえに理性も意志と同様に暗くされたが、それでもなお根絶されているのではない。その毀損の程度は善行へ自力で向かうことができず、罪の奴隷となり、徳を実行するのに有効でない程度である。このようにエラスムスはルターとの対論により奴隷的意志の主張の方に引き寄せられてはいるが、ルターのように自然本性の全体的壊敗を説くのは極論として退けている。アダムの原罪により自由意志の力は弱くかつ小さくなっていても、自由意志を取り除いてしまうのは明らかに行き過ぎであり、人間の責任性をあらわす自由意志は認められなければならない。彼は自由意志の力を最小限のところで、つまりミニマムのところで認めようとする。それはあたかも激しい嵐にあいながら船を無傷で港へ導いた舟乗りが、「わたしが船を救った」といわずに、「神が救いたもうた」というようなものである。そこでエラスムスはいう、このような状況においても「それでもなお多少のものを彼は行ったのだ」と[41]。この最小限度の意志の自由こそエラスムスがルターとの論争において認めた自由意志であった。

恩恵に対する最小限の自由意志を主張するところにキリスト教的ヒューマニズムの主体性の特質が実によく示されている。どのように制限されようともなお人間の尊厳に立つ基本的姿勢がここに認められているからである。ここから判断するとエラスムスにはルターの主張が自然本性の全面的否定であると考えられた。これに対するルターの反論の要点を示そう。エラスムスがこのように自由意志を理解することは、先にあげた自由意志の定義と矛盾する。すなわち、先には自由意志を肯定し、ここでは否定している。しかし、定義の中で肯定している自由意志と、罪の現実にもかかわらず残存していると弁護されている自由意志とは別物である。ルターは創造における自由意志と堕罪以後のそれとを区別すべきなのに、エラスムスがそれらを混同しているといって批判する。もし哲学と神学とを厳密に区別しないのを誤りであると仮定すれば、この批判は妥当であろう。しかしエラスムスの側に立って考えれば、彼は人間の主体性を恩恵に対して最小限においてでも認めようとしているのであるから、ここでの主張は定義と矛盾していない。だからルターの批判は当たっていないことになろう。

さらにエラスムスは自由意志と恩恵との関連について学説史的検討をなした上で「多少のものを自由意志に帰し、多大のものを恩恵に帰している人々の見解にわたしは同意する」と主張している。この主張こそキリスト教的ヒューマニズムの精神をよく示しており、調和のとれた理想をあらわしている。なかでも絶望しやすい人は自由意志を強調しようとし、高慢になりやすい人は反対に自由意志を過小評価する傾向があるが、いずれも過度であってはならない。「真理の探求には節度を保つことが望ましいとわたしには想われる」[42]と彼は説いている。これに対しルターは自分は自由意志の存在を否定しているのでもないし、不敬虔な意志でも何ものかであって無ではないのは自明のことであるが、「神の前にあるという存在の仕方では無（ニヒル）である」[43]という。したがってエスラムスがいうようにノンニヒル（多少のもの）とはいえないという。ルターは「神の前」という宗教的意識の下に思考しているため、人間の高貴な部分である理性と意志とを含めた「全人が失われていることを告白しないわけにはいかない」と語っている。

Ⅳ　共働説の問題

自由意志と恩恵との関係には①ペラギウス主義のように自由意志から恩恵へと連続的に考える立場と、②ルターのように両者を排他的に設定する立場と、③両者を何らかの形で両立させようとする共働説の立場との三つの基本的類型が考えられる。エラスムスの主張は第三の類型に入り、共働の仕方は両者の対立、並存、合一、付加の関係ではなく、本来的に相互的でなければならないが、キリスト教的ヒューマニズムの観点から彼は神と向かい合い、相互的な人格性の確立を試みようとする。まず彼は神の恩恵の働きが先行し、自由意志がこれに共働してはじめて善いわざが実現されると説いている。したがって恩恵が主原因であり、自由意志は二次的原因をなし、主原因なしには何事も実現しえないという仕方で共働している。

このようなエラスムスの共働説とアウグスティヌスのそれとを比較してみよう。アウグスティヌスは「活動的恩恵」と「共働的恩恵」とを区別し、前者によって「善い意志」が造りだされた上で後者がこれに共働すると説いたため、神人関係は相互的ではなく、恩恵のみに依存する信仰の関係に立っている。それに対しエラスムスでは出発点を恩恵に帰するが、善いわざを共働的に実行する行為には自由意志が加わっており、最小限にまで制限されてはいても、それはなお自律性をもったものと考えられている。したがって既述のようにセミ・ペラギウス主義ではないが、それに近いといわなければならない。

他方、ルターは共働説をもっとも嫌悪する。そのためエラスムスと正反対の共働説さえ立てようとしている。エラスムスが人間の主体性として最小限の自由意志を弁護し、「人間に共働する恩恵」を説いたのに反し、ルターは「わたしたちが神に協力すること」、つまり「恩恵に共働する人間」を説いている。ここに両者の対立は顕著となってくる。前者は人間を中心にして恩恵をも立てるヒューマニズムの立場であり、後者は人間を神に従属させる神中心の宗教改革の立場である。

ところでルターでは自由意志が単なる名目にすぎず、救済には実質上役立たないとみなされたため、その結果、恩恵のみに立脚して自由意志を排他的に分離することになったが、このことははたして是認されるであろうか。神の独占活動および絶対的自由の主張は、人間をして不自由な奴隷の位置におとしめる。ここには彼の深刻な罪意識と「荘厳なる神」の前に立つ人間の無なる自覚が大きく働いている。この無なる存在が神に向かいうるのは、もはや自由意志の力によるのではなく、自己を超えて他者なる神に向かう信仰によるしかない。信仰はここではエラスムスのように自由意志とは呼ばれない。ところでルターにとり自由意志の挫折において罪責を意識するのは良心の作用である。良心は罪の疚しさの中に自己を超えて神に向かう信仰の主体である。こうしてルターは恩恵と自由意志を排他的に考えているが、実は恩恵と良心とは実存的に相関するものとして捉えている。(44)

Ⅴ　自由の弁証法

エラスムスは自由意志のもとで神の戒めに対し責任を負う倫理的主体を考え、「自律」を理解している。それはまた外面的儀礼に拘束された他律的生活に対する批判を含んでいる。意志は本性的に自由であり、何ものにも強制されていない。たとえ罪により暗く弱くされていようとも、この存在は認められなければならない。だが、本性上の自由は即自的性格をもっている。他方、ルターの方も他の何ものによっても拘束されない「自律」として自由意志を理解しているが、エラスムスと相違しているのは、ルターがこれを神にのみ認め、人間に認めない点である。もしこれを人間に認めるならば、それは人間の自己神化になると彼はいう。

それではルターは自由意志の存在を否定するのであろうか。そうではない。人間は生まれながらの本性的自由意志、したがって即自的自由をもっており、ルターはこれを現世の諸領域で認めるが、宗教、とりわけ神の前での救済に関しては認めず、かえって自らの行為によりそれが奴隷的意志となっていることを説いた上で、この奴隷状態からの解放により成立する高次の自由を弁証法的に捉えている。つまり自由の肯定は、その否定を媒介にして高い意味での肯定に達しているといえよう。

自由をそれ自身の本性にもとづいて肯定すると、自由がそれ自体的にどこまでも主張され、自由はここに自己主張欲たる我欲のなかに自己を閉じこめてしまう。このような「自己への歪曲性」(incurvatio in se ipsam)こそルターのいう罪の本質にほかならない[45]。この自我の牢獄に閉じこめられた自己は罪の主体として悪をなさざるを得ない悪の奴隷である。真の自由はこの即自的意味での自由からの解放でなければならない。こうして獲得された新しい自由は、『キリスト者の自由』の最終章に説かれているように[46]、もはや自己に向かわず、信仰を通して神に、愛を通して隣人に向かうことによって、他者との共同に生きる実践的主体となっている。

わたしたちはこれまでエラスムスとルターによる自由意志についての論争をとりあげ、ルネサンスと宗教改革における根本思想の形成を考察してきた。この論争はルネサンス・ヒューマニズムに内在していた問題を摘出したものとして真に意義深いものであった。その問題というのはヒューマニズムの偉大と悲劇との二重性であって、ヒューマニズムが主張する人間性は、その偉大さを追求してゆき、神や他者をも排除してまで自律するとき、ある運命的重力のようなものが働いて、その偉大さは一転して悲劇となるということである。ルターはこの可能性をエラスムスの中にいち早く洞察していたといえよう。したがってエラスムスが節度と中庸を重んじる合理主義の倫理に立ち、人間性の偉大な可能性を信じる理想主義のヒューマニズムに立っていたのに対し、ルターは人間性の罪と卑小さから逆説的にその偉大さを説く現実主義的ヒューマニズムに立っていたともいえるであろう。

エラスムスが自由意志の不可欠なのを説いている根拠は、神の道徳的世界秩序という理念であり、この秩序を保つためには人間の責任性をあらわす自由意志がなければならない。なぜなら責任のない存在に神が恵みや罰を報いるとしたら不合理であるから。ところがルターは人間の自由意志のもとに、神に反逆してでも自己を主張するエゴイズムという罪を見ぬいている。だからエラスムスが他の動物と異なって理性と意志とを授けられ神に自由に応答できる人間性の尊厳を説いているところで、ルターは神を排斥し神に反逆してでも自己を主張する我欲としての罪を洞察している。つまりエラスムスが知的洞察をもって人間の主体的責任を説いている同じところで、ルターは宗教的洞察をもって神に反逆する罪と不信仰をとらえている。

ルネサンスと宗教改革はこのように代表者たちの論争によってその思想の特質をきわめてあざやかに展開している。一六世紀をもってはじめて近代は開始している。近代は人間性の無限の可能性とその罪責性という対立する思想をもって出発しているが、この対立は次第に内面化し、いっそう激しいものとなって今日にいたっているといえよう。

（1）『中世ヒューマニズムと文芸復興』佐藤輝夫訳、めいせい出版、五五頁。
（2）G. Pico della Mirandola, De Hominis Dignitate, De Ente et Uno,e Scritti Vari, ed. E. Garin, 1942, p. 106.
（3）ブールダッハ『宗教改革・ルネサンス・人文主義』（創文社）一〇一頁以下、ワインシュトック『ヒューマニズムの悲劇』（創文社）二六四頁以下参照。
（4）D. Erasmus, Ausgewählte Schriften, Bd. III, S. 12 ; 22-24.
（5）金子晴勇『宗教改革の精神』中央公論社、一九七七年、一一〇—四頁。
（6）ベルジャーエフ『歴史の意味』氷上英広訳、白水社。
（7）ワインシュトック『ヒューマニズムの悲劇』樫山欽四郎、小西邦雄訳、創文社、二六八—六九頁。
（8）ディルタイ『ルネサンスと宗教改革』西村貞二訳、八六頁、創文社。邦訳の表題は原典とは違っている。
（9）本書第九章はこの点を詳論している。
（10）ペトラルカ『わが秘密』近藤恒一訳、岩波文庫、一二六—一二七頁参照。
（11）Petrarca, De otio religioso, ed. Rotondi, p.24f.
（12）近藤恒一『ペトラルカ研究』創文社、一六一頁からの引用。
（13）前掲書、二〇九頁からの引用。
（14）前掲書、一六一頁からの引用。
（15）ペトラルカ『わが秘密』（前出）、一五六頁参照。
（16）M. Ficino, The Philebus Commentary, a critical edition and translation by M. J. B. Allen, 1975, p.379.
（17）フィチーノ『精神についての五問題』、『ルネサンスの人間論』佐藤三夫編訳、有信堂、一六六頁。
（18）ピコ・デッラ・ミランドラ『人間の尊厳についての演説』前掲訳書、二〇七頁（一部改訳）。
（19）前掲訳書、二〇七頁。
（20）前掲訳書、二一七頁。
（21）ウォルター・ペイター『ルネサンス』田辺重治訳、岩波文庫。
（22）ブルクハルト『イタリア・ルネサンス文化』柴田治三郎訳、世界の名著「ブルクハルト」、三五〇頁。

(23) ニコラウス・クザーヌス『知ある無知』岩崎允胤、大出哲訳、創文社、一九七九年、一六九―七〇頁参照。
(24) エラスムス『エンキリディオン』金子晴勇訳、宗教改革著作集2「エラスムス」教文館、七頁。
(25) 前掲訳書、七六頁。
(26) D. Erasmus, Ausgewählte Schriften, Bd. III, S. 12 ; 22-24.
(27) エラスムス『痴愚神礼賛』渡辺一夫、二宮敬訳、世界の名著「エラスムス、モア」一八七頁。
(28) エラスムス『エンキリディオン』(前出) 四五頁。
(29) P. Tillich, Art. Theonomie, in RGG.,2Auf., 1931, Bd. 5, Sp. 1128.
(30) ティリッヒ『キリスト教思想史Ⅱ』佐藤敏夫訳「ティリッヒ著作集」別巻3、白水社、四二頁。
(31) エラスムス『エンキリディオン』(前出) 一八頁。
(32) エラスムス『痴愚神礼賛』前掲訳書、九四頁。
(33) Martin Luther, Weimarer Ausgabe=WA.54, 185, 17ff.
(34) Martin Luther, WA.7, 24, 25f.
(35) Martin Luther, WA.7, 38, 9ff.
(36) ルター『キリスト者の自由』石原謙訳、岩波文庫、三七頁。
(37) Martin Luther, WA.18, 786.『奴隷的意志について』山内宣訳、「ルター著作集」第一集7、聖文舎、四八八頁。
(38) D. Erasmus, Ausgewählte Schriften, Bd.IV De libero arbitrio, diatribe sive collatio, I, b, 10.
(39) Martin Luther, WA.7, 146, 7f.
(40) Martin Luther, WA.18, 636, 5f.
(41) D. Erasmus, op. cit., IV, 9.
(42) D. Erasmus, op. cit., IV, 16.
(43) Martin Luther, WA.18, 751. Cl. 3, 250, 36-38.
(44) 金子晴勇『ルターの人間学』創文社、四一一―二一、四三七―五一頁参照。
(45) Martin Luther, WA.56, 304, 26.

(46) ルター『キリスト者の自由』石原謙訳、岩波文庫、四九頁。

第一部　キリスト教的ヒューマニズムによる改革

第二章　エラスムスと宗教改革の精神

ヨーロッパの近代は一六世紀からはじまる。この世紀の元年にエラスムスは古代的教養の結晶ともいうべき大著『格言集』を出版し、ヨーロッパ的教養世界の新時代の到来を告げている。ギリシア・ラテンの古典文学の復興によってこの教養世界はルネサンス以来進められてきたが、古典文学によるキリスト教の新しい展開となって成立している。したがって人文学の復興を目ざすヒューマニズムは宗教改革を先導し、「エラスムスが卵を産んで、ルターがこれをふかした」とも言われる事態が生じている。

ここではエラスムスがその思想的系譜に属しているルネサンス・ヒューマニズムの特質について述べ、ヒューマニズムによる新しい神学の形成過程について語り、初期を代表する著作の思想およびその展開にふれながら、彼のキリスト教ヒューマニズムの精神を明らかにした上で、政治思想にふれ、終りに宗教改革者ルターとの対決により宗教改革とヒューマニズムが分裂せざるを得なかった事態の本質を考察してみたい。

（1）ルネサンス・ヒューマニズムの特質

エラスムスが活躍した時代はヒューマニズムと宗教改革とが歩みをともにして発展し、やがて分裂する時期に当たっている。たとえば一五一七年には二つの注目すべき出来事が同時に起っている。すなわち、その年には世界的に有名になった「九五箇条の提題」が発表され、宗教改革の火ぶたが切られたが、同じ年にヒューマニズム運動も頂点に達していて、フランス王フランソワ一世は人文主義のアカデミーを創設するためエラスムスを招聘した。エラスムスはこれを辞退したものの、かかる運動のなかに新しい人文学の開花を目前にみ、その実現を切に願いながら、ギョーム・ビュデ宛の手紙で次のように叫んでいる。

不滅の神よ、なんという世紀が私の眼前に来たらんとしていることでしょう。
もう一度、若返ることができたら、なんとすばらしいことでしょう。

ルネサンスはここでいう「若返り」としての「再生」を意味し、人文学の復興によっていまや新しい時代が近づいていることを彼は告げている。同時代のヒューマニストで桂冠詩人である騎士フッテンも同じような叫び声を発している。

おお、世紀よ、おお、文芸よ、
生きることは楽しい。

このルネサンスの運動は中世世界の解体から発足する。中世的世界像は信仰と理性、神学と哲学、教会と国家という対立しているものの調和、つまり階層（ヒエラルヒー）による統一の土台に立って形成されていたが、一四世紀にはそれが解体しはじめていた。この解体過程は一四―一六世紀を通じて進行し、宗教改革と対抗改革の時代を経て、一七、一八世紀に入ってから明瞭な輪郭をもつ近代的世界像が形づくられるにいたった。このようにルネサンスが古代文化の復興というかたちで中世統一文化からの解放を試みているのに対し、宗教改革は新約聖書に立ち返って中世教権組織と真正面から対決し、新しい時代への転換をもたらした。

それゆえ、ルネサンスはもっとも包括的に考えるならば、一四世紀から一六世紀にわたるヨーロッパ史の期間を意味する。「ルネサンス」という言葉はミシュレがはじめて用い、ブルクハルトにより「世界と人間の発見」という意味がそれに与えられ、[1]今日一般に使われるようになったが、その意味内容は宗教的なものか、それとも自然主義的なものかと論じられた。この時代は総じて「ルネサンスと宗教改革」と名付けられてもいるように、二つの対立する傾向によって成立していると理解されている。しかし、ルネサンス時代のヒューマニストは古典に親しみながらキリスト教信仰を堅持しており、このキリスト教的特質はアルプスを越えたヨーロッパではとくに顕著となっている。

そこでルネサンス・ヒューマニズムの一般的特質をまず考えてみよう。キケロやセネカにより代表される古典的ヒューマニズムと比較すると、それは古典文献の復興として発展し、「人文主義」とも訳されるような人文学の復興という性格をもっている。したがってギリシア・ラテンの古典文学の教師や学徒が古くからイタリア語でフマニスタと呼ばれていた。彼らは教師や秘書として活躍し、古代の文芸や哲学の再興の上に立って独自の思想を形成したのである。こうして古典文学と直接結びついた形でその思想は出発し、ラテン語の文体、思想表現に見られる典雅・適切・単純・明晰が尊重され、このような教育と傾向による円満な教養・調和・協力・平和を愛好する精神が倫理の理想として説かれた。

さて、「ヒューマニズム」という言葉のなかには明らかに「フマニタス」（人間性）の意味がふくまれている。これはギリシア語のパイデイアに当たることばで精神的教養を意味する。キケロはいう「わたしたちはみんな人間と呼ばれてはいる。だがわたしたちのうち、教養にふさわしい学問によって教養を身につけた人びとだけが人間なのである」と。ここでの「教養」と訳してあるのがフマニタスであり、人間にふさわしい在り方をいう。このことばのなかには人間の尊厳という思想がふくまれている。ルネサンス時代のヒューマニズムはこのフマニタスを再認識すること、つまり中世をとおって人間の本性が罪に深く染まり堕落しているとみる考え方をしりぞけて、人間の堕落しない神聖なる原型、キケロのいう「死すべき神」としての人間の尊厳を確立しようとしたのである。と同時にルネサンス時代のヒューマニズムはこのような人間性を古代ギリシア・ローマ文化への沈潜によって発見し習得しようとするものであり、そこには「もっと人間的な学問」（litterae humaniores）また「良い学問」（bonae litterae）と呼ばれている人文学の復興が意図されていたのである。

このようなヒューマニズムの精神は次のセネカの根本命題にもっともよくあらわれている。セネカは「人間は、人間的なものを超えて出ることがないとしたら、なんと軽蔑すべきものであろう」という。人間は「より人間的なもの」（フマニオラ）となってゆく自己形成と教養にたずさわり、自己を超越することにより自己育成をなしてこそ、はじめて人間たりうるのである。

この自己形成は最終的には神に似た尊厳にまで達するものと考えられていた。たとえばルネサンス時代のキリスト教的なヒューマニストであるピコ・デッラ・ミランドラは「汝は自己の精神の判断によって神的なより高いものへと新生しうる。……人間はみずから欲するものになりうる」[2]と、つまり人間は自己の現在を超越して神的存在に達することができると主張している。こうした主張からなる彼の『人間の尊厳についての演説』はルネサンスの宣言書であるといえよう。[3] しかし、この「ルネサンス」ということば自体は、キリスト教的な「復活」や「再生」という宗教的意味をもっている。この点ブールダッハが詳論しているとおりである。しかしながら、その内容をよく検討してみると、宗教的であるのみならず自然主義的要素をもっていることがわかる。それは単純な意味での「再生」、自分の力によってもう一度生まれ変わること、しかもそこには、ワインシュトックが説いているようにヴェルギリウスの夢見た黄金時代の再来を示す循環的に回帰してくる再生の思想があるというべきであろう。ルネサンスは黄金時代がめぐってくるという期待に満ちており、宗教的な復活をもこのことと合せて理解しているといえよう。[4]

ところで、アルプス以北のヒューマニズム運動は倫理的・宗教的性格が強く、文芸の復興から新しい神学の形成へ向かう方向転換が生じ、ヒューマニズムは宗教改革と結びついて発展してゆく。ここでの特色は聖書文献学に結実し、すでにロレンゾ・ヴァッラの著作『新約聖書注解』（エラスムスにより一五〇五年に出版）の出版によって開始されていたこの分野での研究が著しく発展するにいたった。それはフランスのルフェーブル・デタープル、イギリスのジョン・コレット、ドイツのロイヒリン、オランダのエラスムス等の著作にあらわれ、その成果は宗教改革者たちの思想形成に大きな影響を与えている。

（2）ヒューマニズムによる精神的発展

オランダのロッテルダムの人、エラスムスはピコよりもわずかに三歳若かったにすぎないが、彼の中に新しいヒューマニズムの人間像と思想とが完全な成熟段階に達しており、これまでのヒューマニズムの神学につきまとっていた衝動性と若者の感激とを払拭するようになっている。非合法な結婚によって生れた彼は貧しい青春時代を送った。修道院からやっとパリに留学し、ラテン語に磨きをかけ、教父の著作に熱中する。家庭教師となってイギリスに渡り、オックスフォード大学のジョン・コレットを通じて聖書批評の原理とキリスト教ヒューマニズムを学ぶ。また、トマス・モアとの友情を通じ国際人として活躍するにいたる。彼の生涯は旅行と著作の出版とから切り離せない。広い交際、自著のみならず、『ノヴム・インストゥルメントゥム』と題する有名なギリシア語聖書のラテン対訳本や教父全集の出版、無数の書簡を書く彼の姿はルネサンスの国際的知識人そのものである。同時代の人々がエラスムスから期待し、賞讃を惜しまなかったものは何であったのだろうか。それは精神の新しい自由、知識の新しい明瞭性・純粋性・単純性であり、合理的で健康な正しい生き方の新しい調和の姿であった。これは彼の文学作品によく現われ、最もよく読まれた『対話集』（Colloquia）や、『痴愚神礼讃』（Encomium Moriae）の中に彼の思想は今日にいたるまで生き生きと語り続けている。彼はまた神学者でもあり、キリスト教の復興を最大の課題としている。だが『エンキリディオン』や『新約聖書序文』といった神学上の最良の作品で語りかけている精神は哲学的でも歴史的でもなくて、言葉のもっとも優れた意味で文献学的である。彼は言語、表現、文体を愛し、古代的人間の叡知が彼の言葉を通して再生し、古典的精神が輝き出ている。しかし、彼が古代に深い共感を示したのは、生活と実践がそこに説かれているという倫理的確信からであった。ところで、彼の精神のもっとも深い根底はキリスト教的なものであって、古典主義はただ形式として役立ち、彼のキリスト教的な理想と調和する要素だけが、古代の倫理から選びだされているにすぎない点を銘記すべきである。ホイジンガ（J.Huizinga, 1872-1945）はこの点に関し次のように説いている。

「大哲学者というのは、ストア派や逍遙派の哲理を棒暗記で知っている連中のことではなく、その生活と作法によって哲学の意味を表現する人のことである。哲学の目的はそこにあるからである。財宝の蔑視すべき理由を、めんどうな三段論法によるのでなく、その心掛け、その顔つきや眼つき、その生活そのものによって教える者こそ真の神学者である。この規準に従って生きることが、キリスト自ら〈再生〉(renascentia)と呼んだところのものである。エラスムスは、この言葉をキリスト教的な意味だけに用いる。しかし、それはまさにこの意味において、歴史的現象としてのルネサンスに結びつけられている概念にきわめて近いものである。長いあいだひとはルネサンスの世俗的、異教的側面をあまりに高く評価してきた。一六世紀の精神は異教的形式を楽しんだ。しかし、それが求めた内容はキリスト教的なものであった。エラスムスはこの精神の最も完璧な代表者のひとりである。カピトは彼を讃えて、〈文学の復活のみでなく信仰の再生をもたらした著作家〉と言った。キリスト教的志向を古代の精神と美しく結合したところに、エラスムスの偉大な成功を解く鍵がある」[5]。

ここに指摘されている特質は初期のエラスムスの精神的発展によく現われているので、その発展の中で重要なものだけをとりあげてみたい。

エラスムスが最初にヒューマニズム文化に触れたのは、九歳のときデヴェンターの聖レブイヌス参事会の名門校に入り、七年間教育を受けたさい、「新しい敬虔」(devotio moderna)の兄弟団においてである、と一般に考えられている。たしかにドイツのペトラルカと呼ばれたアグリコラの講演を彼は聞き、その弟子のヘギウスがこの学校の校長であったにしても、これら新しい敬虔の指導者に対する彼の評価は変化している。またその後ボワ・ル・デュックの宿泊所で三年間兄弟団の世話になってはいるが、兄弟団の一員にもなっていないし、町の学校にも出席していない。彼は良い教師にめぐまれず、独学せざるをえなかったと思われる。ラテン語の力では教師たちに優っていたようであり、大学に進学したかったが、貧しいためその希望も空しく、一六歳のときステインの修道院に入った。

当時オランダにゆきわたっていたヒューマニズム文化をエラスムスも修得してはいても、一般に考えられているようにデヴェンターの学校教育によって修得したというよりも、彼自身の精神的努力と、例外的ともいえる文学的才能によって自分のものにしたといえよう。したがって「ステインのアウグスティヌス修道会に入会するという強い誘惑を感じた理由は、彼らが立派な図書館を持っていたことにあった。ルターが修道院に入ったのは、善いわざによって自分の魂を救うためであったが、エラスムスの場合は、立派な書物によってその精神を啓発するためであった」[6]。

修道院に入ったころ、彼は若い人びとに対して修道の生活をすすめる文章を書いて欲しいとの依頼を受け、『現世の蔑視』(De contemptu mundi) という小冊子を書いた。その内容は自分が行なったように修道院に入って閑暇のある静穏の日々を多くの読書のうちに過ごし、真の歓びを見いだすように友に勧めているもので、書簡体で書かれており、中世以来の「現世の蔑視」の系譜に入っていても、内容はヒューマニズムの精神にみたされている。

彼はオランダ人なので海の比喩を用いて修道生活を賛美している。現世は荒浪のようであるのに、修道院の中は「外海に対する安全な港」である。現世の生活が情欲と悪徳にみちているのと対比して修道院には「自由」(libertas)、「静穏」(tranquilitas)、霊的な「歓喜」(voluptas) が支配している。「だから、最も高潔なすべての人の仲間に加わるために、現世を棄てるようにしなさい。そうすればあなたは修道院の中のいたるところにおいて、たとえば真理・貞潔・節度・節制を愛し、鋭く語り、徳行をまねる人たちにとり巻かれて滞在することでしょう」[7]。実際、「修道士とは純粋なキリスト教徒にほかならなかったし、また修道院とは最も純粋なキリストの教えにおいて意見が一致している群にほかなりません」[8]と彼は説いている。中世以来の「現世の蔑視」が現世の悪を力説していたのに、エラスムスは反対に強調点を修道的生活の自由と歓喜とに置いている。もちろん完全に古典期のラテン語で語られている。ヒューマニズムとの接触を示しているのは敬虔な人たちの共通の歓びについて述べているところである。「だが、もしそれを源泉そのものから味わいたいなら、新旧二つの聖書が調べられる。もしそれ自身でも美しい真理が雄弁の魅力によっていっそう優美になるのを好むなら、ヒエロニムス、アウグスティヌス、アンブロシウス、キプリアヌスその他同類のものに向かう。すこしいやけがさしてきたら、キリスト教的なキケロに耳を傾ける喜びがある」と述べ、聖書や教父とならんで、哲学者や詩人の著作をも遠ざけてはならない、というのは「有毒な植物の中から薬草を選びだすことを知る[9]」必要があり、これらの著作の中にこそ最高の自由と不安のない生活があるから、と主張している。

このように古典文献による人間の徳の育成を力説し、神に対する信仰とか教会についてほとんど言及されずに、古典的古代から事例やテキストが多く引用されている。したがってこの作品がヒューマニズムの内容を豊かにたたえていることは明らかである。

エラスムスはサンブレーの司教の秘書となってステインの修道院を去る以前に、『反野蛮人論』(Antibarbari) の草稿を書いた。表題に含意されている「野蛮人」は当然のことながら、同修道院の在院者の修道士や上長であろうが、文学の研究や学問を軽蔑し、古代文化の偉大な伝統を重んじない人たちを言うのである。この書物は四人の対話者から構成されていて、当時の学問の衰微がいかなる原因によるかとの問題提起がなされ、キリスト教と古代文化とを対立させることが誤りであることをエラスムスはその友人で代弁者であるバットを通し語っている。これはすでに『現世の蔑視』で暗示されていたことの発展であり、聖書とギリシア・ローマ文化とを総合させようとする彼の思想をよく示しているが、同時にイエス・キリストを普遍的ロゴスの受肉したものとみなし、最高善として提示するキリスト中心主義の萌芽が見られる。この思考はやがて「キリストの哲学」(philosophia Christi) として後述するように完成する。

修道院を去ったエラスムスは博士号の学位を取得する目的でパリに移った。一四九五年から九九年にかけてパリに滞在中、彼は新しい敬虔やピェール・ダイイまたジェルソンといったノミナリストの神秘主義に触れず、むしろルネサンスのヒューマニストたちから多大の影響を受けている。なかでもヒューマニストのガガンについて学んだが、ルフェーヴルやビュデの影響によりイタリア・ルネサンスとの関係も生じてきていた。しかし、決定的な影響を受けたのは渡英した期間にオックスフォード大学で知り合ったコレットであり、彼を通してイタリアのヒューマニズムについて知り、彼との出会いがエラスムスの使命を自覚させるにいたった。こうして『エンキリディオン』というエラスムスの初期の思想を組織的に述べた作品を発表するようになった。このような重要な邂逅についてフィリップスは次のように見事に叙述している。

「エラスムスの友人たちは、彼の学問、ゆとり、人間としての常識や笑い声によって魅せられた。彼らのなかのある人たち、とりわけコレットは、エラスムス自身が気づいていなかった資質のすべてを、認めていた。エラスムスのコレット宛の手紙は、この二人の友のあいだで交された決定的な会話の残響を、明らかに伝えている。エラスムスは、コレットがこんなに若いのに、しかも博士の学位もないのに、オックスフォード大学で多数の聴衆を引きつけたパウロ書簡の講義に対して、興味をいだいたと伝えている。エラスムス自身も同様に聖書の他の部分、おそらく旧約聖書のある部分を解釈してみないかという提案に対し、彼はきっぱり〈否〉と答えている。エラスムスは生存中も死後も、知的に高慢であるとの非難をしばしば受けているが、この手紙は深い謙虚さをいつわらずに表明している。スコラ神学者を軽蔑している人がついにその人自身の心を捕えた神学に出会っているのだ。彼はこのような仕事を引き受けるのに必要な経験をいまだ十分には積んでいないのを自覚している。またこのような問題に対処し確信をもって聴衆の前に立つ準備ができていないことを知っている。〈いまだ学んでいないものをどうしてわたしは教えることができようか〉と彼は質問し返している。しかし、このような問いは〔聖書と古典研究による〕溢れんばかりの光を自分のうちに導き入れることになる。彼はコレットの聖書に向かうアプローチのなかに新しい世界の幻を見たのであった。この世界では神学はもはや因襲にしばられたものでありえない。また人間の日常生活とかけ離れた主題を論じたり証明したりするのではなくて、信仰自体をしるした文書を、常識と選良の学問の光のもとに直接解釈を下すのである。ここで遂にゆらめいていた謎のかけらが落ちたのである。すなわち熱烈なヒューマニストのエラスムスと神学に気の向かぬ学徒エラスムスとが、一人格のなかで合体したのである。この人のライフ・ワークは一つの偉大な目的、つまりキリスト教の解釈と人間の改善に役立つ古代人の知恵の評価とを統一しながら促進するという目的をもつにいたったのである[10]」。

エラスムスはコレットからキリスト教ヒューマニズムに立つ新しい聖書神学を学び、その最初の思想を『エンキリディオン』により発表した。

（3）新しい神学思想の発展

エラスムスの新しい神学思想は初期の作品『エンキリディオン』（正式には『キリスト教戦士必携』一五〇四年）に結実しているので、これをとりあげてみよう。エラスムスはコレットによりフィレンツェのプラトン主義者たちを知り、哲学とキリスト教とを総合的に把握する方法をこの書物で確立している。ここではこの書物の二、三の特徴をあげてみたい。「エンキリディオン」というギリシア語は「短剣」とも「手引き」とも訳され、兵士が戦うための武器という意味と同時にいかに生きるべきかを記した手引きをも意味している。この書物はある武器製造人の夫人が夫の不品行をいましめてもらいたいと切望したのに対して、エラスムスが書いて与えたもので、ここに「武器」にして「手引き」の二重の意味が標題にこめられている理由がある。これに対しその鍛冶屋は、一ふりの短剣をつくり、エラスムスに返礼としてむくいたらしい。しかし、どちらももらった武器を実際には用いなかったのが実情であったようである。

こういうわけでこの書物は鍛冶屋でもわかるように、平信徒むきにやさしく書かれたものであって、おおよそそれまでのスコラ神学にありがちな学問的な化粧をすべてとり去って、自由に書かれている。しかも実践的な指針を与えるものであって、すべて信徒はキリストの戦士であり、手に携えるべき武器は祈りと聖書であり、その任務は神の国をうるためにさまざまな悪徳と戦うことである。とくに「山上の説教」の基準にしたがって合理的で道徳的な善いわざにたずさわるとき、人生の神的な戦いに勝利する。むずかしい神学的議論をすてて、エラスムスは平民的な信仰の道を説いた。もちろん、その背後にある思想のなかには、読んでゆくうちに明らかになるように、プラトンの思想が多く用いられている。そして同時にギリシア教父の思想、たとえばオリゲネスの思想も入っていて、ヒューマニズムの立場からプラトン主義的なキリスト教思想が明らかに説かれている。

この書の冒頭には「主にあって敬愛する兄弟よ、あなたがその教えによりキリストにふさわしい精神へ到達することができるような、ある種の生活の簡潔な方法をわたしがあなたに教示するよう切望なさいました」[11]と述べられている。この要望に答えて実践的な指針が具体的に二二の教則として提示されている。その中でも第五の教則が基本となっていて、それは「不可視なものへと可視的なものを整序すること」という言葉で示されている。彼は次のように勧告する。

「わたしたちはそれになお第五の教則を補助のようなものとして付け加えたい。それは、あなたが概して不完全であるか、中間的なものにすぎない、可視的事物から不可視的事物へ、人間のより優れた部分にしたがって常に前進しようと努めるなら、あなたがこの一つのことによって完全なる敬虔を確立するようになるためです[12]」。

ここでいう人間の優れた部分というのは魂であり、魂と身体の区分にもとづいて世界も知性的世界と感覚的世界に分けられ、後者から前者への超越を一切の倫理の目的となし、これを実行に移すためにはキリスト教の力に依らなければならない、と彼は主張する。このようにプラトン主義とキリスト教がオリゲネスやアウグスティヌスにならって総合的に捉えられ、キリスト教的ヒューマニズムの基礎が据えられている。

なお『エンキリディオン』の中にはエラスムスの教会批判が含まれており、当時の教会が外形的儀式を重んじ、断食したり、聖人の骨を崇拝したり、贖宥状（免罪証書）を買い求めさせたりする態度が批判されている。礼拝儀式や教会法規はそれ自身で価値があるのではなく、善く生きるためにはむしろイエスの「山上の説教」と古典の精神に帰り、単純明快な心で生きるべきである。そのため「軍事訓練の規則を作る人の方法にしたがってわたしは敬虔の技術を教えようとした」と彼はいう。さらにこの書物が「敬虔」を力説するため道徳主義的であって、キリスト教の贖罪思想が無視されているとの批判がなされている[13]。しかしエラスムスは贖罪を前提した上でキリストとの交わりからキリスト教思想をとらえ直していると理解すべきであろう。

『エンキリディオン』出版後七年して、名作『痴愚神礼讃』（一五一一年）が現われ、元来文学的なエラスムスの本領がここにいかんなく発揮される。彼はこの作品のなかで古代人の知恵の精髄を摘出し、時代の精神を諷刺しながら批判し、決して饒舌でなく、人生の豊かさを適正、流麗、軽快、明朗に描きだしている。それは、自由奔放な空想が古典的な厳しい形式と自制によって、全体としてルネサンス的表現の心髄をなしている調和の完璧な姿を表わしているといえよう。彼はこの書物の中でわれわれの人生と社会には痴愚が不可欠であって、これを痴愚神の自己礼讃の愚かさを通して語っている。だから、痴愚と思われていることが実は智であり、智が逆に痴愚であることを軽妙に摘出しているわけであって、真の知恵は健康な痴愚の中に認められ、うぬぼれた知恵は死にいたる疾病であることが二つながらに説かれている。痴愚を主題とする著作、すなわち、阿呆もののジャンルとしてすでにセバスティアン・ブラント（Sebastian Brand, 1457-1521）の有名な『阿呆船』（Das Narrenschiff, 1494）が先行しているが、エラスムスも流行の主題に取り組んで、現代社会の矛盾と幻想を批判している。

人生と社会にとり不可欠な要素である「健康な痴愚」について考えてみよう。エラスムスは人生がお芝居であって、人生喜劇の仮面を剥ぐ者は追い出されるという。「人生にしても同じこと、めいめいが仮面を被って、舞台監督に舞台から引っこませられるまでは自分の役割を演じているお芝居以外のなにものでしょうか[14]」。このような痴愚女神に支配され、騙されることは不幸であると哲学者は言うが、この抗議に対し、誤まるのは「人間らしい人間」であり、「あるがままの人間でいて不幸なことはなにもありますまい。……なぜならば、痴愚は人間の本性にぴったり合っているからですよ[15]」とエラスムスは反論している。しかし、彼は愚かさという人間の限界をとび越え人間であることを忘れて、至高の神々に成り上ろうとしたり、学芸を武器にして自然に挑戦する「純粋な痴愚」に対し、諷刺するのみならず直接非難する。もちろん、軽い喜劇の筆致を失わず、神学者、修道士、司教、枢機卿、教皇、また君主と廷臣への批判は、露骨な冒瀆と不敬におちいらず、たくみな論弁の綱渡りをしている点、さすがに無類の芸術作品であるといえよう。

とりわけエラスムスの神学批判がこの作品の終りに展開していることにわたしたちは注目すべきであろう。そこでは痴愚神自身が「われを忘れて」エラスムスの本心を直接語っている。この部分を当時の人々はまじめに受け取らなかったのであるが、時代の危険な狂気に対してキリストを信じる者に固有の「超越的狂気」が対置されている。「キリスト教徒たちが、多くの試練を受けつつも追い求めている幸福は、一種の錯乱狂気にほかなりません。こんなことばをこわがらないでくださいよ。それよりか、事実そのものを十分考えてみてください」[16]。またそこにはエラスムスの人間学が人間学的基礎概念によって説明されている。彼はまずキリスト教とプラトン主義とが魂と肉体に関して一致することを指摘し、魂が肉体の絆を断ち切って自由になろうとする「狂気痴愚」について語っている。ことにプラトンの洞穴から出た人の狂乱は囚人たちに嘲笑されるように、敬虔な人間と普通の人間とは異なっている。この両者の相違について彼は次のように言う。

「敬虔な人間は、その生涯全体にわたって、肉体的物象から離れ、霊的で不可見な永劫のものへと飛躍してゆくわけです。ですから、この両者のあいだにはあらゆることについて深い対立があり、どちらも相手から見れば痴愚狂気ということになりますね。けれどもこの痴愚狂気ということばは、わたしに言わせれば、凡俗の人間よりも敬虔な人々のほうに、はるかにぴったりとあてはまることになるのです。……事実、恋に熱狂した人間は、もはや自分のうちにではなく、自分の愛しているもののうちに心身をあげて生きています。この相手のなかへ溶けこむために自分から出れば出るほど、当人は幸福を感じます。……そしてこれこそ、この世からあの世へ移っても取り去られることなく、かえって完璧なものとなる、あの痴愚狂気というものです」[17]。

こうして愚かと思われていることのなかに真実の知恵があり、逆に知恵が痴愚にほかならないことが軽妙に摘出されている。愚かさの肯定は人間本性の偉大な肯定となり、ヒューマニズムの観点から時代の危険な狂気が指摘されるばかりでなく、キリストを信じる者に固有な「超越的狂気」も語られ、エラスムスの本心がここに垣間見られているといえよう。

次に『新約聖書序文』におけるエラスムスの神学思想の完成した姿を見る前に、一五一六年以来たえず改訂を重ねたギリシア語新約聖書『ノヴム・インストゥルメントゥム』についてふれておきたい。聖書研究に対するエラスムスの貢献はギリシア語本文、新しいラテン訳、釈義、一般向き講解にあるが、ここでは宗教改革に大きな影響を残したギリシア語の本文ではなく、それに付けられた新ラテン訳の一節について述べておきたい。イエスの「悔い改めよ、天国は近づいた」(マタイ福音書四・一七)という福音の告知はヒエロニムス訳では poenitentiam agite と前半は訳され、「悔い改めの秘跡を受けよ」と理解されていた。しかるにエラスムスは一五一六年にはそれがギリシア語のメタノイアを意味すると注記し[18]、resipiscite「回心せよ」と訳し[19]、痛悔・告白・償罪からなる悔い改めのサクラメントと関係のないことを言語学的に示した。このことはルターの「九五箇条の提題」における悔い改めの理解に大きく影響しており、エラスムスの偉大な貢献とみなすべきである。

さらに、エラスムスが『エンキリディオン』ではじめて試みた哲学と神学との総合による新しい神学思想は内容的には「キリストの哲学」として結実している。ペトラルカがはじめてこの表現もしくは概念を使用しており、ルネサンスの知識人には訴えるところが多かったであろう。初期の著作『エンキリディオン』ではいまだこの用語は使われていないけれども、この書物の基本思想はこれにより最も適切に表現されうる。当時この書物に対して二つの抗議がもちあがっていた。一つは教養が無視されていること、もう一つは修道院と儀礼に対する否定的態度に対してであった。これに対する反論としてウォルツ宛の手紙(一五一八年)がこの書の序文として加えられ、そこに「キリストの哲学」が述べられているが、これは「キリスト教的教養」(humanitas christiana)というエラスムスの人間の理念を意味している。ところでこれより二年前に、この「キリストの哲学」なる概念は最初、『新約聖書序文』の第一部「パラクレーシス」に現われている。そこには、Paraclesis id est adhoratio ad Christianae philosophiae studium, 1516「パラクレーシス即ちキリスト教的哲学研究への勧め」との表記が与えられている。

わたしたちはこの「キリストの哲学」に彼の神学思想の核心を求めることができる。彼は一方においてスコラ的な思弁神学を退けながら、他方、民衆の呪術的・迷信的信心を嫌っていた。そこで前者に対して単純明快に「キリスト」を、後者に対して、理性にかなった「哲学」を対置して、自分のキリスト教ヒューマニズムの特質を提示している。しかし彼はキリスト教哲学により一般に想起されるような哲学と神学の融合を考えていたのでも、哲学によりキリスト教を体系化することを構想していたのでもない。中世スコラ哲学はこの種の壮大な試みであったとしても、彼はこのような知的体系化の試みには疑いをいだいていた。そうではなく、『エンキリディオン』に展開していたように、ギリシア哲学に匹敵する内容がキリスト教自体のうちに存在すると彼はみており、「キリストの哲学」というべきものが預言書と使徒書によって確証できるということを説いている。つまり彼はキリスト教、とりわけその源泉たる聖書の中にプラトン哲学の内容と一致するもの——彼はこの一致において真理を捉えようとしている——を認めたので、「キリストの哲学」なる名称を選んだのであるといえよう。このことはアウグスティヌスがキリスト教を彼の時代における真の哲学として確信していた態度と共通している。エラスムスもキリスト教をプラトン哲学に解消しないで、プラトン哲学との比較をとおしてキリストの教えの真理を解明し続けて行ったのである。

そこで、「パラクレーシス」から代表的なテキストを一つだけとりあげ、その内容について検討してみよう。

「とりわけこの種の知恵はたいへんすぐれているので、現世のすべての知恵を断固として愚かなものに引き戻してしまうでしょう。ですからこれらの僅かな書物から、あたかもきわめて明澄な泉から汲むように、それを汲みだすことができます。この種の哲学は三段論法の中よりも心情の中にあり、論争ではなく生活であり、博識ではなく霊感であり、理性よりも生の変革です。学者になることは少数の者にとって辛うじて成功しますが、キリスト者であることや敬虔であることは誰にでもできるのです。わたしはあえて付言したい、神学者であることは誰にでも可能なことです、と。さらに最も自然にふさわしいことは、すべての人の心の中に容易に入って行きます。キリストが再生と呼びたもうたキリストの哲学とは良いものとして造られた自然の回復にあらずして何でありますか。したがってキリスト以上に誰も決定的にかつ効果的にこれを伝えたものはなかったのです。しかし異教徒の書物の中にもこの教えに合致する多くのものを見いだすことができます[20]」。

ここにエラスムスが説く「キリストの哲学」がはじめて明確に規定されている。その特質のいくつかをあげてみよう。

㈠、「理性よりも生の変革である」。ここでいう理性（ratio）は三段論法、論争、博識と述べられている事柄を総括する概念であって、スコラ神学的思弁を指して語られている。これに対立するのが「生の変革」（transformatio）であり、これは心情、生活、霊感と並べられていて、聖霊の導きの下に立つ霊的生活であり、その中心は不断の自己改造を志すことである。このような自己改造こそキリスト教による哲学の目ざすものであって、人間の心情に迫る高次の宗教的生に属している。

㈡、「良いものとして造られた自然の回復」。キリストの哲学は創造における自然本性が罪により壊敗している現実に働きかけ新生させること、もしくは改造させることを内実としている。この「回復」はキリストご自身「再生」（renascentia）と呼ぶものだと説明されている。このレナスケンティアは後にフランスの歴史家ミシュレによって「ルネサンス」と呼ばれた名称の一つの源泉ということができよう。ルネサンスという概念は本質的には宗教的意味をもっていて、新約聖書の語法「新しく生まれる」（ヨハネ福音書三・三以下）、宇宙的再生をいう「世が改まって」（マタイ一九・二八）、「再生の洗い」（テトス三・五）につながっている。またこの哲学の教えに合致する異教徒の書物を指摘している点でヒューマニストとしての特質が示されている。しかしキリストの方が「決定的にかつ効果的に伝えた」とあるように、キリスト教に立つヒューマニズムがここでも明瞭に語られている。このような自然本性の変革による回復を目ざすのがエラスムスの実践的な「キリストの哲学」の目標である。

㈢、聖書主義の神学。「これらの僅かな書物から、あたかもきわめて明澄な泉から汲むように、知恵を汲みだすことができる」とあるごとく、「僅かな書物」は新約聖書の諸書を指し、そこに知恵の源泉がゆたかにあふれでているという。「純粋で真実なキリストの哲学は福音書と使徒書から汲みだされるのにまさって、他のどこにもそれほどまでに豊かには与えられていない、とわたしは思います。この書物によって敬虔に哲学するものは議論よりも祈り、武装することよりも生活が改造されることを求めています。……わたしたちが何かを学びたいと願うなら、どうしてキリストご自身よりも他の著者を喜んだりするのですか[21]」。ここではキリストが哲学することの対象となっている。というのはキリストは天上的な教師であり、永遠の知恵をもち、「人間に救いをもたらす唯一の創始者として救済に必要なことを教えたもうた」からである。こうして「死すべき者たちに教示するために神であった方が人となったこと、このことは新しい驚嘆すべき種類の哲学であるにちがいない[22]」とも言われている。

キリストの哲学は人格の改造と再生とを目標としているが、それをもたらしたキリストとの生ける人格的出会いをエラスムスは力説し、救済のため受肉したキリストとの交わりを徹底的に追求している。聖書の中のキリストは「今なおわたしたちのために生き、呼吸し、語り、人々のあいだに滞在したもうたときよりもいっそう活動的でありたもう、とわたしは言いたいほどです[23]」。だからスコラ神学が説いているように膨大な数のアリストテレスの注釈書を繙読する必要など全くない。こうして敬虔と教養とをもった人間形成という新しい教養の理念がキリスト教ヒューマニズムに立つ新しい神学思想を造りあげている。

（4）政治思想と政治行動

エラスムスの神学思想の発展についてこれまで考察してきたが、それは宗教改革が勃発する以前の時期であった。彼の本来の仕事はキリスト教の純粋な根源を解明し、福音の真理を鮮明にし、古代の知恵を導入することによりキリスト教の再生を実現することであった。ヒューマニストとしてこの仕事に従事しているかぎり彼の貢献は実に偉大であったが、その長所は現実の政治世界では短所となってしまうのではなかろうか。エラスムスの手になる明らかに政治的な二つの論述の一つである『キリスト者の君主の教育』（一五一六年）においてこのことが顕著に示されている。後の皇帝カール五世に宛てたいわゆる帝王学はマキャベリもしたように君主の人格に焦点を合わせて論じているが、彼のキリスト教ヒューマニズムの立場から政治よりも社会道徳について扱い、「目的のためには手段を選ばない」あの現実主義者マキャベリの有名な『君主論』（一五一三年）とは鋭い対照をなしている。すなわちエラスムスは自分の政治体験から修得した教育論ではなく、プラトン、アリストテレス、キケロ、セネカ、プルタルコス等の古典により裏打ちされた理想主義的ヒューマニズムの立場から論じている。たとえばプラトンの『国家』にある哲人王の理想にならってエラスムスも次のように述べている。「哲学者とならない限り、君主となることはできない。僭主となるだけである。優れた君主以上に優れたものはない。対して僭主は、これに負けぬくらい害をなし、これ以上に皆から憎まれる怪物は、日の下に他にはありえない、それほど害毒なのである。プラトンがいみじくも表現し、多くの優れた人物が賛成している通り、国家は君主が哲学を行うか、哲学者が玉座に就いて、初めて幸福になるのである」[24]。彼はまたアリストテレスにしたがい君主と僭主との相違を詳論し、国民のために奉仕する君主と自分のために国民を利用する僭主とを対比させ、キリスト者の君主はキリストの愛と模範にしたがう者であって、泥棒にほかならない僭主であってはならないと説いている。また『エンキリディオン』で魂と身体の二元論の上に新しい神学思想を基礎づけたように、ここでも精神と肉体との支配関係から君主の存在を基礎づけようとする。「君主の国民に対する支配は、精神の肉体に対する支配と全く同じものである。精神は知性において肉体より優っているが故に肉体を支配するが、その支配は精神のためではなく、肉体のためになされるのである。そして肉体にとって幸福とは自らのうちに、支配し治めてくれる精神を得ることなのである。生き物の肉体における心臓に相当するのが、国家においては君主である」[25]。このような国家の有機体説はマキャベリの道徳を排除した力による技術的合法性とは全く対照的であり、しかも「君主は皆の合意によって君主となり」、権力による恐怖政治は「人の半分以下しか支配していない。肉体は支配できても、精神は離れているからである」[26]と説かれているように、理想主義的で楽観的な政治論が展開している。たしかにキリスト者の君主の教育は社会的影響からいっても重大な関心が寄せられなければならないし、国事にたずさわる者は快楽を慎み、長時間の配慮をなし、不眠不休の十字架を負わなければならず、とりわけ国の内外の平和を維持しなければならない。また、彼は君主が国民的でなければ統治が不十分であり、ヨーロッパを全体として支配する野望の空しさを繰り返し力説している。しかし、この書物を書いた時に念頭にあった君主の善意・知性・思想への信頼は現実にはほとんど役立たないことが、国家の紛争が激烈な闘争に発展する瞬間から知らされるにいたった。それでもなお彼は人間の性質が矯正しうるという素朴な信念を捨てず、平和・協調・親切心によって社会の秩序と平和を保っていこうとする。このヒューマニステックな態度はあまりに非政治的であったといえよう。だが、スペインとネーデルランドとの平和協定たるカンブレー条約の実現を目ざした名高い『平和の訴え』(一五一七年)が書かれ、「戦争はこれを体験しない者には美しい」という格言や『平和と不和との演説』(一五一八年)により平和が力説されただけでなく、彼は自ら国際政治の只中で調停の仕事に従事したのである。

このようなエラスムスの政治的活動の中で宗教改革の歴史にとって極めて重要な出来事を一つだけ紹介しておきたい。

一五二〇年一一月ドイツの古都アーヘンでカール五世が皇帝の戴冠式を挙げてからケルンを通ったとき、エラスムスは皇帝顧問官として同伴していた。彼はそのときフリードリヒ選帝侯と会見し、ルターをあたうかぎり最大限に弁護し、『ルターの主張に関する二二箇条の公理』を発表して、ルターへの非難はすべて無知に由来し、学問的に論破できたものではないので、ルターが討論を願っているように、公平な判定者により審議せらるべきである、と強調した。選帝侯はエラスムスのこの提言を受け入れ、ルターの保護にまわり、皇帝から審問を受けることなく、一方的に有罪宣告を言い渡されないように計り、有名なヴォルムス国会に臨んだのである。

ところでエラスムスは皇帝カールの政治顧問でもあったのだから、公平なヒューマニストとして国会に出席し、ルターに下された「帝国追放令」という苛酷な判決を抑えることができたはずである。しかし、残念なことに彼はネーデルランドに帰ってしまった。ルターの教えのために政治的事件に巻きこまれるのを恐れたためであろう。「キリストのためなら喜んで殉教しよう。だが、ルターのために殉教者となるわけにはゆかない」と彼は述べている。

(5) ヒューマニズムに内在する問題

ヴォルムスの国会を境にしてヒューマニズムと宗教改革という二つの精神的な運動は協力から分裂へと転換することになる。これまで述べてきたように、エラスムスとルターは教会改革において歩みをともにしていたが、宗教におけるもっとも核心に迫る問題で分裂する運命にあった。二人が対決した問題こそ、信仰の見方がもっとも深く対立し、神学と哲学の中心にして永遠なる難問であっただけでなく、ヒューマニズムの生死にかかわる種類の問題であった。両者とも神に対する信仰をもつ宗教的人間である。したがって人間の意志の力の限界を知り、この限界の意識のゆえに神の恩恵を力説する。しかるにエラスムスが自由意志を人間の自然本性にそなわる能力とみて、その本来の力を理想主義的にとらえようとしているのに対し、ルターは人間本性が罪により破壊され、悪化している現実から解放されなければならないと主張する。このことから両者の間に対立が生じている。

この有名になった自由意志についての論争は、ヒューマニズムに内在する問題を剔決したものであり、ヒューマニズムの歴史における真に意義深い決定的瞬間であったと思われる。ここでのヒューマニズムに内在する問題点とはベルジャーエフが『歴史の意味』のなかで指摘している「ヒューマニズムの自己破壊的弁証法」にほかならない。つまり人間の自己肯定は高次の目標に結びつかないと自己破壊をおこすということである。[27] ヒューマニズムは人間性をどこまでも擁護し、その偉大さを追求しているが、神や他者を排除してまでも、自己を自律的に自由であると主張するとき、ある運命的重力とでもいうべき力が働いて、その偉大さは一転して悲劇となるといえよう。したがって自己の悲劇的宿命を忘れて、人間が手放しに讃美されるとき、一つの新しい悲劇をみずからの手で招来しているのである。

エラスムスは一五一七年に出たルターの「九五箇条の提題」にも賛成し、一五二一年のヴォルムスの国会にいたるまではルターの側に立って、彼を弁護していたのである。このことのゆえにこそルターは激動の時代のさ中にあっても比較的平穏のうちに文筆活動に従事することができた。ところが、エラスムスはその後カトリック教会の側からのきびしい要請にしたがってルターに対する批判の書を書かなければならなくなった。エラスムスが『自由意志論』を一五二四年にあらわし、これに対決してルターが『奴隷意志論』を一五二五年に発表した。この二人の論争のなかにヒューマニズムに内在する問題点を明らかに看取することができる。

エラスムス的ヒューマニズムの第一の問題点としてあげられるのは「原罪」についての理解である。エラスムスはルターが原罪を誇張しすぎていることを批判し、ルターによる原罪の誇張は「人間本性のもっとも卓越した能力」までも破壊し、人間は神を知らず、悪をなさざるをえないとまで説いている。人間本性のもっとも卓越した能力というのは、神を知る働きである「理性」と善悪を実現する能力たる「自由意志」を指している。「理性」や「意志」の下で中世以来人間における「神の像」のことが考えられているので、エラスムスが神の像としての人間をどのように理解しているかを調べてみると、彼の人間観は次のように短く要約することができる。

㈠、神は人間を「神の像」もしくは「神の似姿」に造ったので、最初の人アダムは無垢のとき、理性も健全で意志も自由であり、なんらの自然本性の損傷もなかった。しかし、善にそむいて悪へと迷いでることができるほど自由であった。

㈡、ところが罪が入ってきてからは理性の光は暗くなり、意志は悪化し、自由を失って自力で善に向かいえず、ひとたび同意した罪に仕えねばならなくなった。このように意志が悪化したため、弱さ・悪徳・冒瀆が多くみられるが、人間は洗礼の恩恵によって「再生した者」、「新しく造られた者」となっている。
㈢、アダムの原罪により自由意志の力は弱くかつ小さくなっているが、これを取り除くのは行きすぎであり、人間が絶望したり、また反対に安心したりすることがないように、人間の責任を示す自由意志が認められなければならない。酔っぱらいを憎むあまり、ぶどうの木を切り捨ててはいけない。酒に水を少量加えれば酩酊はさけられる。つまり恩恵の水が注がれれば、ふらふらした自由意志もその役割をはたすことができる。この恩恵の導きによって自由意志は永遠の救いに向かうことができるし、またそれを拒否することもできる。しかし、自由意志そのものは神の賜物であるから、それによって傲慢になってはならない。人間は恩恵と意志との共働によって善いわざを実現しうる。そのさい、彼は自由意志の能力は原罪により「きわめて小さいもの」となっており、神の恩恵により自由意志は造り変えられ、悪より解放されていると付記している。

この自由意志の説明のなかにエラスムスのキリスト教ヒューマニズムの精神はいかんなく発揮されており、最終的帰結に達しているといえよう。つまり彼は自由意志の下で、原罪によって破壊されていない人間の本性を、ルネサンス的「人間の尊厳」を、たとえそれがどんなに縮減されているにしても、弁護しようとしている。このような人間性の理解を「理想主義的ヒューマニズム」とみなすことができるであろう。

これに対しルターは精神と身体、霊と肉の全体をふくめた全人が原罪によって破壊されていると反撃している。「わたしたちは全人が失われていると告白せざるをえない」と彼はいい、もし肉の部分だけがキリストの贖いによって救われる必要があるとみなせば、人間は自立し「人間は神々のうちの神、もろもろの主の主となる」と述べて、そこに人間の自己神化に陥ってゆく危険を見ている。もしそうなら、人間は「神の栄光の盗人」「神の荘厳さの簒奪者」となり、神のみならず人間をも否定する恐るべき矛盾に帰着すると警告している。このようにルターは人間存在にまつわる根源的罪性をとらえ、罪に絶望する人間に救いと慰めをもたらそうとする。こうした彼の思想は「現実的ヒューマニズム」といえるであろう。

エラスムス的ヒューマニズムの第二の問題点は自由の理解に関して考えられる。エラスムスが自由意志を定義して、人間を永遠の救いに導く恩恵へと適応したり、しなかったりする意志の力とみているのと似て、ルターも自由意志は善悪いずれへも自由に向かいうる、誰にも隷属しない力を意味すると考えている。したがって両者はともに自由意志を自律として考えている点で一致しているが、エラスムスがそれを人間に認めるのに対してルターはそれを人間に認めないという顕著な相違が示されている。現実の人間には自律は不可能であるとルターが考えているのに対し、エラスムスは自律を可能とみる理想主義者なのである。自律は近代的自主独立せる個人の特徴であって、当時のカトリック的他律に対して優れた意義を宗教改革の時代にはもっていた。カトリック教会の教皇無謬説に立つサクラメント（儀式、礼典）による他律的な救済に対し、この自律を主張することはヒューマニズムの偉大さを示しているといわざるをえない。

しかし、この自律が行きすぎた場合に問題が露呈してくる。自律はともすると、神や他者を排斥して、わたしは何人にも服従したくないという「我意」としての自己主張に変じやすい。この何人にも隷従するのを拒む我意が自由と解されると、それは「恣意」に転じるといえよう。かくて自由は悪魔的毒素によって恐るべき宿命をみずから招いてしまうことになる。自由をそれ自身の本性にもとづいて肯定すると、自由がそれ自体的にどこまでも主張されることになって、自由はここに自己主張欲という我欲のなかに自己を閉じこめてしまう。この「自己のうちへの歪曲性」こそルターのいう罪の実体にほかならない。(28) かかる自我の牢獄に閉じこめられた自己は罪の主体として他者に悪を働かざるをえないものとなっている。それゆえ、真の自由の回復はこうした即自的意味での自由からの解放でなければならない。このようにして自由をそれ自身で肯定することは、かえって自我のなかに自己を閉じこめることになり、悪に転じる。このような現実の悪を知って、そこから解放されなければ、真の自由には達しえない。

エラスムス的ヒューマニズムの第三の問題点は節度と中庸の精神をエラスムスがヒューマニスティックな態度として強調していることである。つまり何ごとも過度であってはならないという中庸の精神を彼は力説する。中庸は二つの悪徳の中間をゆこうとするものである。このようにして彼は節度こそ真理のしるしであるというのであるが、節度を求めるあまり真理を人間の限界内にとどめる傾向をもっている。つまり、節度と中庸を重んじる彼の態度は単なる理性の限界内においてのみ論じるだけであり、生まれつきの微温的性格の弱さから何事にたいしても控え目であり、結局何も決断しないで書斎に閉じこもってしまう。先にも言及したように彼はヴォルムスの国会におけるルターの審問という世界史的時間の近くに居合わせておりながら、決定的瞬間に参加しようとせず、ネーデルランドに帰ってしまった。アウグスブルクの国会のときも不参加に終わってしまい、キリスト教界の平和を説いていても、説くだけで実行しようとしない。彼はただ言論によって活動しており、国際人としてヨーロッパ世界の大海が汚染されている源を絶とうとするが、その結果荒れ模様となってきた海を静めようとしている。それはルターの行き過ぎが一番大きな原因であると考え、彼を批判し、矯正しようとする。何よりも自己の見解のとりことなって、一切を自己流にねじ曲げてはならない。また論争によって不和が激増する問題も多くあるし、真理を語ってもよいが、時を選ばず、方法も考えず、すべての人に語って役に立つというものではない。エラスムスの姿は海を見て、その動揺を静めようとしているオランダ人のようである。実際、彼はルターをよく理解し、その行き過ぎを是正しようと試みた。ルターの極端な主張は教会の統一を分裂させ、騒乱・動揺・軋轢・分派・不和・戦争を起こすにいたると平和主義者エラスムスは真剣に憂える。しかし、結局どうにもならないとみて、絶望し、ふたたび海が静まるまで眺めて待つほかはない。

ヒューマニストのエラスムスはこのような立場に立っていたため、彼は一方においてカトリックの側からルター主義者であるという嫌疑をかけられ、他方ルターの側からは教皇主義者であるかも知れないと疑われていた。

だが、彼はむしろ二つの両極端の悪徳の中道を歩み、他の何ものにもまして貴重な精神的独立を維持しようとしてきたのである。彼のモットーは「独立人」(homo a se) であった。このエラスムスという人物のなかにあの自主独立せる近代的個人としての市民の原型が、いまだ書物という思想的武器を携えてではあるが、現に実現している。しかし、彼はこの独立人を結集させる力をいまだもっていない。したがって彼は社会や一般大衆から遊離した一種の知的貴族として独立を維持しようと努めたのである。

この貴族的態度は宗教改革を直接みずからの手によって実現させようと志すのではなく、現世の政治的権力者たちを説得し動かすことによって間接的に宗教改革を実現しようと努めることになった。彼は今日の進歩的文化人といえるであろう。もちろん精神的教養において最高の資質をそなえた文化人であるのだが。彼は独立人としてまた知的貴族として他の有力な手段と権力を利用して、自己の思想の実現をはかるような体制内改革に終始せざるを得なかった。そのため保守的な伝統主義に傾斜してゆかざるを得なかったのである。ルターとの論争のあと、エラスムスの周囲にいた進歩的なヒューマニストたちは彼から離れ、彼は孤立してゆく。これはエラスムス自身の運命のみならず、近代的人間の歩む道でもある。

しかし、ここでよく考えてみなければならない問題がある。それはエラスムスのヒューマニズムは神中心的ヒューマニズムと一般にいわれている点である。たしかにそれは神中心的であるといっても、後のヒューマニズムと対比したときにかかる規定は与えられ得るのであり、すでに明らかにしたように、神の恩恵は人間の自由意志を授けて善いわざを実現させるというのであって、人間の主体性は肯定されていたのである。かかる神中心的といわれているヒューマニズムはやがて人間中心的ヒューマニズムとして一八世紀の啓蒙主義思想を生んでゆく。また、この人間中心のヒューマニズムは今日の無神論的ヒューマニズム、とくに人間神化のヒューマニズムとなっているが、それがいかなる悲劇を生みだすかということも今日あらたに考えなければならない問題である。

(1)『イタリア・ルネサンスの文化』柴田治三郎訳、世界の名著「ブルックハルト」三五〇頁。
(2) G. Pico della Mirandola, De Hominis Dignitate, De Ente et Uno, e Scritti Vari, ed. E. Garin, 1942, p.106.　ピコ『人間の尊厳についての演説』佐藤三夫訳『ルネサンスの人間論』有信堂、一九八四年、二〇七頁。
(3) ガレン『イタリアのヒューマニズム』清水純一訳、創文社。
(4) ブールダッハ『宗教改革・ルネサンス・人文主義』一〇一頁以下、ワインシュトック『ヒューマニズムの悲劇』二六四頁以下参照。
(5) ホイジンガ『エラスムス』宮崎信彦訳、筑摩書房、一一四頁。
(6) ベイントン『エラスムス』出村彰訳、日本キリスト教団出版局、二四頁。
(7) Opera Omnia Desideri Erasmi Roterodami, Amsterdam, V-1, p.85.
(8) op. cit., p.83.
(9) op. cit., p.80.
(10) M. M. Phillips, Erasmus and Northern Renaissance, 1961, p.43f.
(11) エラスムス『エンキリディオン』金子晴勇訳、「宗教改革著作集2」教文館、七頁。
(12) 前掲訳書、七六頁。
(13) たとえばペリカン『ルターからキルケゴールへ』高尾利数訳、一〇頁以下を見よ。
(14) エラスムス『痴愚神礼拝』渡辺・二宮訳、世界の名著「エラスムス・モア」九四頁。

(15) 前掲訳書、一〇〇頁。
(16) 前掲訳書、一八三頁。
(17) 前掲訳書、一八七頁以下。
(18) Desiderii Erasmi Roterodami Opera Omnia, edidit J. Clericus, 10Bde., Leiden, IV, 25D.
(19) op. cit., IV, 26A.
(20) D.Erasmus, Ausgewählte Schriften, Bd III, S, 12, 22-24.
(21) 前掲訳書、二六―二八頁。
(22) 前掲訳書、一〇頁。
(23) 前掲書書、二八頁。
(24) 片山訳、二七五頁。
(25) 前掲訳書、二七五頁。
(26) 前掲訳書、三〇六頁。
(27) ベルジャーエフ『歴史の意味』氷上英広訳、白水社、一七一頁。
(28) M. Luther, WA.56, 304, 26.

第三章　エラスムス『エンキリディオン』の研究

(1)『エンキリディオン』の成立

一六世紀の初頭にエラスムスの名を高からしめた『格言集』(Adagiorum Collectanea)の大著がパリのジャン・フィリップ書店より上梓された。そこには最初八一八のギリシア語とラテン語の格言が解説付きで集められており、ルネサンス時代の人々はこれにより教養が深まると信じてこの書を歓迎したのであった。この著作により古典的教養は広まったとしても、エラスムスの願っていた福音的敬虔はいまだ表明されていなかった。だが、続いて出版された『エンキリディオン』によりこの願いは達成され、古典的教養と福音的敬虔との結合が見事に成就し、初期エラスムスの思想の全体像が示されるにいたった。

一五〇一年パリにペストが流行したため、彼はブリュッセルに行き、各地を回った末、トゥルヌエムに向かい、その地で前に訪ねたアンナ・ファン・フェーレ夫人の城は避けて、あの最初期の著作『反野蛮人論』にも登場している友人バットの家に落着いた。

コンスタンツの司教座聖堂付参事会員ヨハン・ボッツハイム宛の一五二三年の手紙によると、彼の友人バットは城主の息子の家庭教師をしていたが、トゥルヌエムにエラスムスとバットとの共通の知人がいて、エラスムス以外の神学者を嫌っており、女性にだらしないが、妻には酷であった。バットはこの「ぜいたくで放蕩と姦通に埋もれた人」[1]により苦しめられた妻からエラスムスに働きかけて、夫の良心を覚醒し、立ち直らせてくれるように懇願された。エラスムスは彼女の願いに応じ、小冊子を書いて、その役に立つように計った。

しかし、この手紙には『エンキリディオン』を書かせた人々の中にサン・トメールのフランシスコ会修道院長ジャン・ヴィトリエの名があげられている。エラスムスはトゥルヌエムを去ってからサン・トメールに行き、ヴィトリエと知り合い、この人の深い感化の下にこの地で『エンキリディオン』を書きあげたと思われる。もちろん二年前オックスフォードで知り合ったヒューマニストのジョン・コレットの名前もヴィトリエと共に記されている。

しかるに、『エンキリディオン』の挨拶の言葉にある「宮廷のある友人」とか、『エンキリディオン』第二版に序文として加えた『ウォルツ宛の手紙』にある「この人は宮廷生活から身を引き離すことをしない」というのを先の『エンキリディオン』を書き送った人と同一視できるであろうか。あるいはホイジンガが推測するように、そのように書くのは「当時の文学の定石である」のか。ここではショッテンローアのエンキリディオン成立の研究を参照したい[2]。それによると『エンキリディオン』の送り主「宮廷のある友人」というのはニュルンベルク出身のドイツ人でメッチェルンに定住していたヨハン・ポッペンロイター（Johann Poppenruyter）という人で、当時ではきわめて重要な火砲鋳造人であった。画家アルブレヒト・デューラーは一五二一年に彼に優遇されたことをネーデルランドへの旅行日記の一節に「そしてわたしは武器鋳造人ポッペンロイターの家にいた。そこでわたしはすばらしいものを見いだした」と記している。ポッペンロイターは一五一五年に「宮廷の火砲鋳造人」となり、年金の栄誉を受けている。またトゥルヌエムでバットにエラスムスに対し執筆を願い、『エンキリディオン』著述の発端を与えた婦人はカタリナ・フォン・オセグエムで、ポッペンロイターの最初の夫人である。[3]

『エンキリディオン』の宛先が武器製造人であったことは、「エンキリディオン」というギリシア語が「手引き」や「必携」の意味だけでなく、「小刀」や「短刀」の意味をもっていることに符合している。つまり、これをもって悪徳や罪と戦う武器を「エンキリディオン」は意味し、受取人に対し霊的な武器を提供しようとエラスムスは考えていたことがわかる。このことから一六世紀の本書の英訳は handsome weapon となっていた。ところで文人エラスムスが霊的武器を武器製造人ポッペンロイターに渡すと、その返礼として後者が前者に護身用の小刀を贈ったそうである。しかしこの武器交換はあまり意味がなく、どちらも贈られた武器は実際には用いなかったようである。[4]

『エンキリディオン』は一五〇一年に著わされ、三年後の一五〇四年二月アントワープのテオドール・マルティヌスの手により印刷され、著作集『蛍雪の功』(Lucubratiunclae) の中に他の七作品と共に出版された。「この小著はかなり長いあいだ無視されていた」とエラスムスは語っている。一五一五年六月に単行本の初版が出されているが、依然として注目されはしなかった。だがルターによる宗教改革の運動が勃発した翌年の一五一八年八月にフローベン書店から出版された新版は、ベネディクト会修道院長パウル・ウォルツ宛の手紙を序文としており、そこに著者の根本思想を要約して提示したことから決定的な転回がおこり、人々の注目するところとなった。こうしてエラスムスの死の年一五三六年には五〇版を重ね、ドイツ語、英語、フランス語、スペイン語、チェコ語の翻訳が出るようになった。

(2)『エンキリディオン』の構成

本書の成立事情からもわかるようにエラスムスはなにか自分の神学体系をここに要約して提示しようとしているのではなく、冒頭の挨拶のことばに見られるように「生活の方法」を示して正しい生活に導く指針を述べようとする。したがって内容的にはキリスト教倫理が彼独自の「敬虔」の観点から、しかもスコラ学的煩瑣な議論によってではなく、キリストがそのために死にたもうた大勢の人たちにも役立つようにヒューマニズムの精神に立って説かれている。

『エンキリディオン』の全体は三九章から成るが、それは二部に大別される。第一部は一章から八章までであり、キリスト教的戦士の自己認識が人間学的基礎から論じられ、第二部は九章から三九章までであって、キリスト教戦士の実戦上の教則が二二箇条あげられている。

第一部は第一章の短い「挨拶のことば」に続いて次のような問題が論じられている。まず人生に対する警告がなされ、敵と戦うためには武器が必要であることが説かれる。次いで自己認識の重要性が説かれ、伝統的な人間学的区分法をもって人間観が説かれている。キリスト教倫理の基礎はこの人間学的区分によって解明されている[5]。

第二部は第九章の「真のキリスト者の一般的教則」の導入部に続いて、第一〇章から第三二章にわたって二二の教則をあげている。それは単に第一教則、第二教則として提示されているだけであって、教則の内容は本文の中で的確に提示されている[6]。

第二部の実践的教えはこのような二二の教則のほか特殊な悪徳に対する方策を論じている。その第一は「好色」

に対して（第三三章、三四章）、「貪欲」に対し（第三五章、三六章）、「名誉心」に対し（第三七章）、「怒りと復讐欲」に対して、それぞれ論じられている。なお、教則の中でも第五教則が三一頁にわたって最も詳しく論じられ、次に第六教則が一六頁、第四教則が七頁と続き、他の教則は第一六章の中間挿入部が一八頁にわたって詳しい以外は、きわめて短いものである。

（3）思想の全体像と意義

エラスムスは『エンキリディオン』において自己の思想の全体像をはじめてまとまった仕方で提示している。既述のように一人の婦人の願いによって彼女の夫を更生させる目的で書かれた実践的で道徳的な著作であるが、その中には彼自身の思想がかなり明確に説かれており、その基本姿勢はその後も変化していないといわれる。その意味で「『エンキリディオン』を理解する人は、エラスムスを知っている」[7]とも言いえよう。というのはこの書物のような学問的にも真剣に取り組んでいる思想から理解して行って、『対話集』や『痴愚神礼讃』などの文学作品に向かうと、皮肉や諷刺のなかにも独自な思想の世界へと導かれるからである。そこには浅薄で皮相的なルネサンス的な世界享楽などは見られない。

『エンキリディオン』の冒頭のことばは次のようである。「主にあって敬愛する兄弟よ、あなたは大変熱心に、あなたがその教えによりキリストにふさわしい精神へ到達することができるような、ある種の生活の簡潔な方法をわたしがあなたに教示するよう切望なさいました」（七頁）[8]。ここに著作の内容と目的が明らかに語られている。つまり「ある種の生活の簡潔な方法」(compendiaria quaedam vivendi ratio) とあるような実践的指針を示す内容となっており、具体的には二二の教則の提示となっている。

また、その教則の目的は「キリストにふさわしい精神に達すること」(ad mentem Christo dignam pervenire) である。ここに実践的であって同時にキリスト中心の神学を確立することがエラスムスの究極の目的であることが示されている。

そこで彼がキリスト者の武器として「祈りと〔聖書の〕知識」をあげている有名な主張をとりあげてみよう。「それ(二つの武器)は祈りと〔聖書の〕知識です。たえず祈るように命じているパウロはわたしたちが不断に武装していることを願っています。清純な祈りは、敵が決して近づき得ない城塞のように天上に向かってわたしたちの心情を高く引きあげます。知識のほうは救いに役立つ意見でもって知性を強固にします。こうして二つともそれぞれ他の方のために欠けてはなりません」(一八頁)。

この主張は『エンキリディオン』の第五教則でもう一度くり返し説かれているように重要なものである。この武器を携行した戦士の姿は一六世紀のキリスト教騎士像と重なっている。たとえばデューラーの「騎士と死と悪魔」を想起すればおのずと明らかである。エラスムスが「人間の生活は……ヨブが証人となっているように、不断の戦闘以外のなにものでもない」(八頁)と言い、その戦いを交える相手が悪魔であると述べているところに、デューラーの絵と等しい構図が認められる。「見たまえ、邪悪きわまる悪魔どもがあなたを破滅させようとして上から絶えず見張って警戒しているのを。彼らは多くのたくらみをもって、また千もの破壊の技術でもってわたしたちに対して武装しているのです」(同右)。悪魔が武装しているのであるから、騎士の方も同じく武装していなければならない。そのさい「祈りはもっと力強く、神と対話するようになるほどである」(一九頁)とあるように、彼は神との霊的交わりに入れるが、それが許されているのはキリストの血による贖いによる(一〇頁)。だからキリスト教の戦士は「洗礼」の「至聖なる儀式によって締結した約定」を結び、「指導者キリストの麾下に編入されている」（同右）。それゆえ戦士の現実は次のように述べられている。「あなたは〔キリストの〕からだのなかにあり、そのかしらによってすべてをなしうるということにのみ注目しなさい。あなた自身においてはあなたは確かに余りに弱すぎますが、かしらなるキリストにおいてあなたのできないことはありません」（一六頁以下）。

次にもう一つの武器「知識」は何を具体的内容としているのであろうか。「イエスの名前によってあなたが救いに役立つものを熱望するように、知識は明らかに示します」（一九頁）とあるように、それは魂の救済についての知識、したがって聖書の知識が考えられている。神の言葉は魂の糧である。それは神的精神の深みから来たる神託である。「もしあなたが宗教的敬虔な態度で、尊崇の念をもって、謙虚に近づくならば、表現を超えた方法で神の霊により満たされ、働きかけられ、拉し去られ、表現しがたい仕方で改造されるのをあなたは感じるでしょう」（二四頁）。

このような武器をもってキリスト教の戦士は戦うのであるが、戦いを困難にしているものに身体を担っているという事実、つまり人間的基礎条件がある。エラスムスは言う、「わたしたちがこの身体の部署において戦っているかぎり、極度の嫌悪感と総力をあげて悪徳に挑戦しないなら、神との平和を結ぶ他の条件は全くない」（一〇頁）と。だが、身体だけではない。人間の不滅の部分である魂も、悪魔の攻撃を受け、身体と同じく地獄に突き落とされている。「あそこ〔の地上の戦い〕では勝者の剣が身体から魂を引きはなすという最悪の災いがあり、ここ〔での戦い〕では魂自体からその生命なる神が奪い取られる」（一三頁）。したがって不敬虔な人たちには文法学者のいう「身体は墓のごとし」（soma quasi sema）とある語源的説明は当てはまるが、「神から見棄てられた魂が死んでいるほどには、魂の抜け去ったどの身体も死滅してはいない」（一五頁）。ここから身体に優る魂の問題が前面に立ち現われてくる。魂の死は罪により招来されたが、キリストが罪の圧政的支配を倒したのである。「とはいえ、あなたの熱心な努力なしにはこの勝利はあなたに生じなかったのです」（一七頁）。また「神はあなたのために戦って下さるでしょう。そしてご自身の恵みの賜物を功績に応じてあなたに帰して下さるでしょう」（同右）と、エラスムスは救済と功績についてまで語っている。

さて、このような戦いを遂行するにあたって、何よりも自己自身についての認識が必要になってくる。キリストの援助を受けて戦うにしても、戦う相手を十分によく知らなければならない。その相手はもはや悪魔や死という外から迫りくる力ではなく、自己の悪魔にほかならない。「汝自身を知れ」というギリシア悲劇時代の箴言は古来知恵の主眼点として立てられているものであるが（三五頁）、これにより戦いの相手は自己自身であることが自覚される。「さらに自分の軍隊をも敵の軍隊をも十分知っていない戦士は、甚だ役立たないことは明らかでしょう。しかるに人が戦うのは〔他の〕人に向かってではなく、むしろ自己自身に対してであります。また、まさに自分自身の内奥から敵の戦列がわたしたちに向かって立ちあがってきます」（同右）。「汝自身を知れ」というのが人間学の主題である。エラスムスはこの箴言にしたがって人間学的自己省察に入ってゆく。そのさい彼はすでに考察の対象となった身体と魂という人間学的区分法の問題を積極的にとりあげて論じている。次にその所論に立ち入ってここで論じられている主要な問題点をいくつかあげてみよう。

（4）エラスムスの人間学

伝統となっている人間学は一般的にいって人間を構成している心身の区分に基づいて展開している。エラスムスもこれにしたがって自説を述べているが、区分法には二区分と三区分とがあり、彼はこの両者を熟知しており、しかもそれらを使い分けて用いている。まず、二区分法から考察していきたい。

（1）人間学的二区分法

『エンキリディオン』第五章「外的人間と内的人間について」の初めのところに語られているエラスムスの人間学の全体像を最初に説明し、魂と身体の人間学的二区分の問題を考察してみたい。次にあげるテキストがその代表的な箇所である。

「人間は二つ或いは三つのひじょうに相違した部分から合成された、ある種の驚くべき動物です。つまり一種の神性のごとき魂と、あたかも物いわぬ獣とからできています。もし身体についていうなら、わたしたちは他の動物の種類にまさるものではなく、むしろそのすべての賜物においてそれに劣っています。しかし魂の面ではわたしたちは神性にあずかるものであり、天使の心さえも超えて高まり、神と一つになることができるのです。もしあなたに身体が与えられていなかったとしたら、あなたは神のような存在であったでしょうし、もし精神が付与されていなかったとしたら、あなたは獣であったことでしょう」（三六頁）。

ここにエラスムスの人間像の全体が魂と身体という人間学的区分法によって明瞭に示されている。彼は人間の自然本性をまず神の創造に即して考察し、次いで人間の罪により創造の秩序が破壊されて、実存的窮地に陥っている有様を描いている。創造者は人間の魂と身体とが調和するように人間を造った。したがって神性を帯びた魂のみが人間の本質であって、身体は墓のように魂を閉じ込め疎外しているというプラトンがオルフィウス教から受容した思想をエラスムスは説いていない。むしろソーマ・セーマ学説ははっきり否定されている（一五頁）。人間は元来

「魂と身体」(anima et corpus) から二元的に構成されていて、もし身体がなかったら神のようになり、人間ではなくなってしまう。したがって身体をもった人間が魂において神と一つになるよう超越することこそ人間の本来的あり方なのである。この超越によって心身の調和が保たれている。しかし、身体は動物的であるため魂と至福の調和を保つことがむつかしく、ここに人間存在の自己矛盾性と不安定さが示されている。こうして矛盾を含みながらも魂と身体とはそれぞれ役割を異にして人間において一つの統合を保っている。つまり、人間は身体により現世に関わり、魂をとおして天上的不滅なるものを愛求する。「等しいものは等しいものによって把握される」(similis similibus capitur) の原則がここで示されている (三二頁)。このように役割を異にしながらも、精神が身体を支配し、身体が精神に服従するという秩序が次に説かれている。しかし、この支配秩序が、暴動が起こった国家にみられるように、転覆されると、人間の心はその信念においてすさまじい戦闘がくり広げられる場所になる。このような不和と格闘とを生じさせたのは人間の罪である。

(2) 理性と情念との戦い

人間は魂と身体とから合成された存在と考えられていた。二つの構成要素は人間にとり所与の事実であり、その構成秩序は魂による身体の支配にあった。しかるに罪によって身体の情念が理性的魂に挑戦し反逆するようになった。エラスムスは『エンキリディオン』第六章「情念 (affectio) の相違について」において情念論を展開する。まず情念を貴族的にして高尚なものと、平民的で下等なものとに区別し、両者が王侯の役割を演じている理性に対する関係を次のように説明している。

「人間においては理性が王の役割を果たしています。あなたは情念のあるものを——身体的であってもしかし同時に下劣なものではない——貴族と考えてもよいでしょう。この種の高尚な情念には親に対する生まれながらの敬愛、兄弟姉妹への愛、友人への好意、不幸な人たちへのあわれみ、不名誉に対する怖れ、名声への欲望その他類似のものが属しています。それに対し、理性の命令にできるかぎり対抗し、最悪なことには家畜の卑しさにまで転落している者たちの心の運動を、平民のなかの最も下等なかすのようなものと考えなさい。これに属するものには、情欲、放蕩、嫉妬およびこれと似た心の病があります」（三八頁）。

情念がこのように貴族的なものと下等なものとに区別されているが、後者はストア的に「心の病」(morbus animi)と呼ばれ、プラトンでは「魂の激情」(perturbatio animae) と呼ばれている。[9] このような下劣な情念の反抗をうけても、王者としての理性は不滅であると主張される。「わたしたちの王は神により刻み込まれた永遠の法のゆえに、苦しめられることがありましても、抗議したり抵抗したりしないほど壊敗されることはありません。……王は最高の節制と最大の静寂さをもって万物を司るでしょう」（六八頁）。さらにエラスムスはこの戦いに対してとられているストア派とアリストテレス派の態度をあげている。ストア派は理性により情念を制圧しかつ根絶すべきであると説き、アリストテレス派は情念を正しい方向に向けて抑制し生かすべきであると説いている。エラスムス自身はストア派のように情念を根絶し、アパティアの境地に達しうるとは信じていない。かえって理性が心の病を秩序づけ、有害な働きを抑えるように努めるべきであると考える。

したがってエラスムスは人生の課題を悪徳と戦うことにおき、こうした倫理的、宗教的当為を人間学的な区分において存在論的に把握しようと試みており、この区分の上に立って理性と情念との対立も説かれている。このような思想の展開はプラトン主義に共通した傾向であるといえよう。古くはアウグスティヌスがキケロの『ホルテンシウス』を読んで、哲学へ向かうが、その時の内心の分裂は理性と感性との対立であった。この場合の感性は情念と同じ事態を指している。アウグスティヌスもこの情念をストア的に根絶しようと試みるが失敗し、プラトン主義により悪を存在論的に理解する知見の下に解決する方向を見いだしている。エラスムスもアパティアをその非人間性のゆえをもって退けているが、理性による身体的情念の支配は、情念を排除もしくは根絶することを意味しないで、秩序によってその存在と権利とを承認するものである。ここに人生をより高い観点に立って肯定してゆく態度が見られる。

さらにエラスムスは理性と情念との戦いをプラトンと聖書とが等しく説いている点を指摘している。『エンキリディオン』第七章の「内的人間と外的人間、および聖書から見た人間の二部分について」がこれを扱っている。彼はプラトンとパウロを対照して議論を展開するので、両者の共通点としてあげられている議論の当否について考察してみなければならない。

彼はまずキリスト教界の現状批判から開始する。キリスト教徒といっても、家畜のように情念に仕え、情念に対する戦いも、理性と情念との差異も知らず、理性が情念の奴隷状態に陥っている場合には、その名を恥じるといって彼は非難する。キリスト自身偽りの平和を退けたように、理性と情念との間に「救いに導く戦い」を起こしたもうと主張する（四五頁）。というのは聖書もプラトンと同じ言葉ではないにしても、同義語を用いて語っているからである。

「しかし、たとえ同じ言葉ではないにせよ、同じ事柄がすべて聖書の中に指示されていないならば、哲学者の権威はすでに価値が低くなっているでしょう。哲学者たちが理性と呼んでいるものをパウロはある時は霊、ある時は内的人間、またある時は心の律法と呼んでいます。彼ら〔哲学者たち〕が情念と呼んでいることを、彼は時には肉、時には身体、時には外的人間、また時には肢体の律法と呼んでいるのです」（四五頁）。

ここにプラトンとパウロの人間学的区分法が対比して述べられている。エラスムスはいままでプラトンにもとづいて説いて来たことを今度は聖書から論じようとして、両者の比較を行なっている。

(3) 哲学に対する基本姿勢

異教の哲学に対するエラスムスの基本姿勢は「たとえ同じ言葉ではないとしても、同じ事柄がすべて聖書の中に指示されていないならば、哲学者の権威はすでに価値が低くなっているであろう」という主張に明白になっている。つまり異教の哲学は聖書の内容と一致するかぎりで価値を認められているわけであるが、実際には後に明らかになるように異教の哲学とくにプラトンによってパウロも解釈されているといえよう。したがってプラトン哲学とパウロ思想に共通しているとエラスムスによって解釈されたものが積極的に主張されているのである。そこには異教の哲学や文学に聖書理解のための予備学（Propädeutik）といった性格が与えられている。

「実際、わたしは未熟な新兵の時代には、この戦いのために異教の詩人たちや哲学者たちの著作によりあらかじめ訓練しておくことをすこしも非難したくないのです。ただし、適正な方法で、また年齢に応じて、だれでもそれらの著作を自分のものにし、あたかも通過してゆくかのようにすばやく捉え、けっして深く立ち入らないで、セイレーンの切立つ岩にとどまって年老いてはならない。……あの〔古典文学の〕書物は若い才能を形成し活気づけるし、神の聖書を認識するのに驚くべき仕方で準備します」（二二頁）。

異教の思想をこのように扱っている実例としてバシレイオス、アウグスティヌス、ヒエロニムス、キプリアヌスを順次あげ、モーセが岳父エテロの忠告を聴き入れたように、異教の著者たちの警告を受け入れるべきであるという。その中でもプラトン主義に対してはとくに高い評価を与えている。「哲学者たちの中ではプラトン主義者たちに従うほうがよいとわたしは思います。というのは、彼らがきわめて多くの見解において、また語り方の特徴自体においても、預言者と福音書の形態にきわめて近いところに接近しているからです」（二一二頁）。実際、こういうことの実例として先に引用した人間学的区分法の対照が試みられたわけである。しかし、エラスムスは両者を単に並列的に並べて比較しているのではなく、あくまでキリスト教に中心を置いていることは、前文に続く言葉がよく示している。「最も大切なことは、すべてのことがキリストに関わらせられているかどうかということなのです」（quod est praecipuum, si omnia ad Christum referantur.）（二一三頁）。

さて、上述のプラトンとパウロとを人間学的区分法によって比較したテキストを要約すると次のようになる。

プラトン ─┬─ 理性……霊・内的人間・心の法則 ─┬─ パウロ
　　　　　└─ 情念……肉・身体・外的人間・肢体の法則 ─┘

エラスムスは単純にプラトンとパウロは同じ事態を扱いながらも、用語が相違しているにすぎないとみなしている。しかし、プラトンの「理性」とパウロの「霊」とを同一視することは不可能である。この点を考察するに先立ってエラスムスのプラトン理解およびそのパウロ理解にふれておく必要がある。

『エンキリディオン』のなかでプラトンの名前は多くでてくるが、書物としては『ティマイオス』、『パイドン』が繰り返しあげられ、『パイドロス』と『国家』からの比喩が多く用いられ、『饗宴』、『プロタゴラス』、『ゴルギアス』に関連した内容が見られる。しかし、魂の区分では『ティマイオス』にもっぱら依っている。つまり、「プラトンは一人の人間のうちに二つの魂を置いています。パウロの方は同じ人間のうちに二つの人間を創造しています」（七四頁）という場合、『ティマイオス』における「不死なるものと名を等しくするにふさわしい部分で、神的と呼ばれる」魂と「魂の別の種類のもの、つまり死すべき種類のもの」との区別が考えられ[10]、これがパウロのいう「内的人間と外的人間」の区別に相当すると考えられている。

さて、プラトンによると死すべき種類の魂は神的種類のものと同じく身体を受けとると、自分のうちに恐ろしい諸情念を必然的にもつことになり、神的なものである理性を汚すようになるので、頭と胸とが類により仕切られ、魂は胸のなかに縛りつけられたのである。これにしたがってエラスムスも内的人間を「王」と呼び、それを理性とみなし、外的人間を身体的情念により支配された存在とみなしている。またエラスムスが行なった情念の区別もプラトンの『ティマイオス』に見られる。[11] このようにエラスムスはプラトンの『ティマイオス』にしたがって人間の創造的本性を叙述し、これがキリスト教の人間観と一致すると考えているが、それでもなおプラトンとの相違点を切り捨て、もっぱら共通点のみをあげているといえよう。そこにはキリスト教的世界観が判断の基準として当然働いている。プラトンのデミゥルゴスは星辰の神々の参与のもと人間をつくっている。すなわちデミゥルゴスは人間の魂のうちでも不死なる部分をなす理性をみずから製作したのち、星（恒星）と同じ数に分割し、掟を授けた。さらに魂が諸惑星に蒔かれると、神的循環運動により身体に植えつけられ、魂も循環運動に入る。エラスムスにはこの星辰の神々の働き、および魂の循環運動にみられる輪廻転生という教説はない。エラスムスの神はキリスト教の創造神であり、魂と身体の全体が神により造られ、身体も人間の本性であって永遠の生命にまで導かれる。だからプラトンのように身体を魂がそこから解放されるべき疎外態とみなすことなく、身体は魂との「幸せな和合」の状態にあるべきであったのに、罪のため不和が生じていると説かれている。また人間における魂と身体との結合は一回的であり、魂の循環は否定される。したがってエラスムスはプラトンに見られる神話的世界像から全く自由に、人間の二元的構成のみを単純に受容しているといえよう。

（4）人間学的三区分法と霊の理解

エラスムスは「オリゲネス的な人間の区分」（Origenica hominis sectio）と呼ぶ人間学的三区分法（spiritus, anima, caro）をとりあげて彼の人間学をいっそう厳密に論じている。

「この聖書の箇所〔Iテサロニケ五・二三〕からオリゲネスが人間の三区分を導きだしていることは不適当ではありません。〔1〕わたしたちの最低の部分である身体もしくは肉には、あの老獪な蛇が罪の法則を〔わたしたちの〕生まれながらの罪過により書き込んだのです。また罪の法則によりわたしたちは不品行へと挑発され、それに征服された場合、わたしたちは悪魔の一味とされるのです。〔2〕しかし神の本性の似姿をわたしたちが表現している霊のなかに、最善の創造者が自己の精神の原型にしたがって、かの永遠の徳義の法を指でもって、つまり自己の霊でもって刻み込んだのです。この法によってわたしたちは神に結びつけられ、神と一つになるように引き戻されるのです。さらに〔3〕神は第三として、またこの二つの中間として魂を立てました。魂は知覚と自然衝動にかかわるのに適しています。魂は、党派によって分裂した国家におけるごとく、党派のいずれか一方に加盟しないわけにはいきません。それはあちらこちらに引き込まれます。しかし、二つのうちのどちらに決定しようとするかは、魂の自由です。もし魂が肉を拒絶し、霊の党派に味方するとしたら、それ自身が霊的になるでしょう。しかし、もし肉の欲望に自己自身を捧げるとしたら、自己自身を身体にまで貶めるでしょう」（五三頁）。

このテキストにおいては身体と肉の区別はなされていない。「身体もしくは肉」（corpus sive caro）と言い換えられているところを見ても明らかである。同様のことは霊と精神についてもいえる。「霊」（spiritus）は「神の本性の似姿」（divinae naturae similitudo）であって、「神の精神の原型」（suae mentis archetypum）にしたがって永遠の法が与えられているとあるように、霊と精神は同質のものとみなされている。したがってここで新しい点は霊と肉の中間に立っている魂の理解である。そこで魂についての論述の特質をあげてみる。

㈠、エラスムスがオリゲネスの三区分法として採用したものは出典が聖書であるが、そこにはオリゲネス自身が影響を受けているプラトンやストア派の哲学との関連が認められる。[12] それは精神と身体との二元的対立に現われているが、プラトンの人間学で魂は神的起源のゆえに高き地位をしめているのに反し、エラスムスは魂を無記中立的(indifferens) なものとみなし、これが霊と肉との間に立つ中間的にして自由な存在である点を力説する。しかも中間存在であるとはいえ、両者のいずれかに味方し、一つに合体すべく態度決定をなすように措定されているとみなしている。

㈡、魂は中間的で無記的であっても、その自由な選択行為により自己を形成している。魂には決断の自由がある。先のテキストでは「しかし、二つのうちのどちらかに決定しようとするかは、魂の自由である」と説かれていた。「二つのうち」とは霊が求めるものと肉が誘うものである。つまり、「魂は岐路に立っていないのでしょうか。肉がこちらでは〔魂を〕誘惑し、霊がそちらでは促しています」（八三頁）とある。もし霊と肉との葛藤が原罪に由来するとするなら、現実の罪は、肉や魂のより下劣な情念に従う自由意志が、実際行なった決断の結果なのである。しかし二つの誘因は同等のものではなく、理性がかつて肉に対し支配力をもっていたように、堕罪以後においても精神は知性に命令し、意志はそれをある程度は選び実行することができる。したがって二つの誘因による葛藤は、自由意志が知性の命令に従って徳を実現する過程において挫折し、そのことを自覚することから生じている。このような状況においてはじめて決断の行為に功績が求められうる。それに反し「自然本性に属しているものは功績として数えられない」。したがって「欲情を欠いていることではなくて、欲情に打ち勝つことが徳に属している」（八三頁）。人間の気質、傾向、特性も自然本性に属しているので、これらを徳と考えてはならない。また善でも悪でもない中立的な性質を徳性と見誤ってはならない。むしろ行為者の内的意図、行動の動機から行為を判定しなければならない。たとえば評判や利益を目指して行為する人は霊ではなく肉の臭がしている（五六頁）。エラスムスがいまや霊と肉を対象的にではなく行為の内的意図の下に区別している点を注意すべきである。そこには「神の前」（coram Deo）という宗教的規定が明らかに存在している。彼は自然本性とは異質な、決断によってはじめて明確になる、実存的な二つの可能性を「霊」の理解において次に述べている。

㈢、霊を自然本性としてのみならず、霊的な生き方として実存的に理解するとき、キリスト中心主義ともいうべき理解が開かれてくる。霊的な人は神を中心とする生き方をしているため、断食しながら、断食しない人を非難したり、祈りながら祈らない人を裁いたりしない。外的に敬虔を装う偽善こそ内的意図からあばかれ、肉的人間として判断される。なぜなら神は霊であり、断食が外的に敬虔を装っても内的には他人を裁いたりする自己中心の動機を「肉」とみなすからである。この場合、肉とはもはや食物ではなく、他人を無視して自分のことばかりを神に向かって主張する態度である。だから次のように言われる。「あなたの断食が肉に関係ないように注意しなさい。兄弟があなたの助けを必要としているのに、あなたは兄弟の困窮をみすごしにして神に向かい自分の祈願をつぶやいているのです。神はあなたの祈りを拒絶したもうでしょう。あなたが人間として〔その兄弟である〕人間に聞かないとしたら、いったいどうして神が祈っているあなたに聞かれることがありましょうか」（八四―五頁）。

エラスムスはもう一つの例をあげて霊と肉の関係を説明する。それは妻に対する愛で、次にあげる三種類に分けられる。①名目上の愛。妻であるという名目だけで愛する場合には異教徒と共通したものである。②快楽のための愛。これは肉を目ざしている。③霊的な愛。これについて次のように語られている。「あなたが妻のうちにキリストの御姿を、たとえば敬虔、控え目、節制、貞淑を認めたからこそ、彼女をとりわけ愛するときには、あなたはすでに彼女を彼女自身においてではなく、キリストにおいて愛しているのです。否、あなたは彼女においてキリストを愛しています。こうして結局あなたは霊的に愛しているのです」（八五頁）。この三様の愛の説明のなかにエラスムスにおける霊と肉の意義が明らかになっている。外観上の愛は無意味であり、肉は快楽主義を指しているが、霊はキリスト中心主義的な生活を意味している。もちろんキリストの姿が依然として倫理的特性たる徳行により述べられてはいても、「霊的に」（spiritualiter）はもはやプラトン主義的な精神性ではなく、キリスト教本来の意味で把握されているといえよう。このような宗教的な意味で次の勧めがなされている。「あなたが肉であるなら、あなたは主を観ないでしょう。あなたが主を観ていないとしたら、あなたの魂は救われないでしょう。だから、あなたが霊となるように配慮しなさい」（五二頁）。

（5）哲学的神学の根本命題

次に『エンキリディオン』にエラスムスの「哲学」が具体的にどのように展開しているかを考察してみたい。彼は現世の感覚的世界の中で人間が故郷を失ってどのようにさ迷い苦しんでいるかを見ており、そこから脱出することに彼の哲学の中心的課題をとらえ、具体的に思想を定着させている。これが教則五として定式化されている。

エラスムスは人間を魂と身体とに分けて考察したさい、この二区分法の根拠として形而上学的二世界説、つまり知性的世界と可視的世界との二区分を、プラトンから導入し、魂と身体とから成る人間は「不可視なものへと可視的なものを整序する」（collatio visibilium ad invisibilia）という実践的基本法則を確立したのであった[13]。人間は二つの世界にまたがって存在する中間的なもの（res mediae）である。このような存在として人間はいかに行為すべきなのか。これがエラスムスの実践哲学の中心課題である。

そこで教則五が人間学的前提から根本法則として定式化されているところを考察することにしよう。次のように規則が述べられている。

「わたしたちはそれになお第五の教則を補助として加えたい。それは、もしあなたが概して不完全であるか、中間的なものにすぎない可視的事物から不可視的事物へ人間のより優れた部分にしたがって常に前進しようと努めるなら、あなたがこの一つのことによって完全な敬虔を確立するようになるためです」（七六頁）。

ここに述べられている人間の優れた部分というのは前に解明された魂と身体の二区分にもとづいている。この人間存在に内在する区分と秩序にしたがって可視的世界から不可視的世界へ超越することが実践哲学の中心課題として提示されている。人間自身は「中間的なもの」であるからこの超越を本質となし、自己を享受すべきでなく最高目的のために使用すべきであり、可視的世界を享受してそこにとどまり続けてはならない。つまり人間は「旅する人」（homo viator）として可視的世界においてはその「寄留者」（peregrinus）にすぎない。「可視的世界にあってはわたしたちは寄留者ですから、決して休息してはならないし、感覚に現われてくるすべてのものを適切な比較照合により天使界へ、あるいは（さらに有益なことですが）道徳へ、またあの〔知性の〕世界にふさわしい人間の部分へ関係づけなければなりません」（七六頁）。この超越のためにはプラトンが『パイドロス』で語っている例の「翼」が必要であり、創世記のあのヤコブの「はしご」もこの超越を暗示している。

このようなエラスムスの実践哲学の特質を示すと以下のようになる。

㈠、「人間は寄留者にして旅人である」（homo peregrinus et viator）。二つの世界にまたがる人間存在の本質はいずれかに向かう超越であるから、現世に「憩う」（conquiescere）、「定住する」（consistere）「ぐずぐずする」（restitare）また「地上を這い回る」（humi reptare）ことの間違いがたえず指摘される。現世に存在する以上、感覚的迷妄のうちにあってたえずあざむかれ、神の顔を見る至福の観照には到達しがたい。それはプラトン主義の世界逃避や、「新しい敬虔」の世界蔑視に共通した見方であるが、エラスムスは可視的世界がより高い世界の比喩として現われていると考え、ただこの世界にいつまでも執着する生き方を否定している。彼自身が一生を「旅する人」に徹していたことがこの思想の根底にある事実である。

㈡、敬虔の純粋性が説かれている。家族や友人に対する自然的愛が徳でないように、彼は自然本性から生じる敬虔を排斥している。「自然本性に属しているものは功績として数えられません」（五五頁）。徳は人格が霊的に改造されてはじめて成立する。また「性欲を欠いていることではなく、それに打ち勝つことが徳に属しているのです」（五六頁）。自然本性は徳と敬虔とのための素材（materia）にすぎないがゆえに、自然本性を用いて徳と敬虔とを実行しなければならない。「だから、あなたが霊となるように配慮しなさい」（Cura igitur, ut sis spiritus.）。世界も身体も神に造られているかぎり善である。しかし、これを使用して徳と敬虔との実現にいたらず、怠慢にも現世のうちにとどまる「肉的人間」（homo carnalis）が悪徳の根源である。

㈢、さらに敬虔は迷信から区別されている。根本法則はこのことを教えている。「この誡命は、それをゆるがせにしたり知らなかったりすると、たいていのキリスト教徒が敬虔である代りに迷信深くなり、キリストの御名のほかは異教徒の迷信と大差のないものであるという事態に関わっているのです」（七六頁）。迷信は感覚的しるしにとどまり霊的現実に向かわないところに現われている。だから可視的しるしに依存する信心は出発点にすぎず、真の信心が完成されるにつれて、感性的対象から自由となっている。

㈣、ここからエラスムスの時代批判がその宗教生活に向けて展開している。それはキリスト教の本質的理解から発している。「キリスト教というのは霊的生命ではないのですか。……なぜなら、キリスト・イエスにおける生命の御霊の法則が罪と死との法則からわたしを解放しているからです」（九二頁）。つまり「神は霊であり、霊的犠牲により和解される」のであるから、キリストの犠牲は霊と愛から捧げられ、キリストに従う生活も霊と愛に導かれたものでなければならない。「神は、霊的な生活の実践が儀式よりも隣人愛のうちに場所をもつことを想い起こさせています」（一〇一頁）。そこで諸々の外的儀式、エルサレム巡礼、ローマ旅行、キリスト像の所有、十字架の破片の管理、パウロの骨や聖人の崇拝、献金、罪の告白の十回復唱などがいかに無意味であるかが鋭く批判されている。「だが彼らは何に対して無知だったのでしょうか。明らかにそれはキリストが律法の終りであり、またキリストが霊であり、愛でありたもうということに対する無知です」（一〇六頁）。

（6）キリスト観

これまで考察してきた根本法則は、エラスムスの説明によるとさらに上位の規則に仕える「補助のようなもの」(quasi subsidiaria) である（一〇四頁）。その中でも最上位の教則は「不可視の世界は事実有効な中心キリストをもっている」というにある。この霊的世界の中心たるキリストは人間が目ざすべき唯一の目標であり、また教師にして模範である。

（1）「唯一の目標」(unicus scopus) としてのキリスト

エラスムスはピリピ三・一四の「目標を目ざして走り」にしたがって唯一の目標としてキリストを立て、教則五で次のように述べている。

「あなたの全生涯の唯一の目標のようにキリストを前に据え、すべての熱意、あらゆる努力、いっさいの閑暇と仕事をこのお一人に向けることです。……唯一最高善のようにキリストにのみ目を注ぎなさい。こうしてあなたはキリストのほか何ものも、あるいはキリストのためでないなら、何ものも愛さず、崇拝せず、追求しなくなるでしょう」（六九―七〇頁）。

ここにはキリスト中心主義の神学思想が明らかに語られている。唯一の目標たるキリストは宗教共同体の中心に据えられ、不純な傾向性から心を清め、敬虔の純化をもたらしている。このことは単に宗教の狭い領域に限られないで、すべての広大な領域にまで広げられている。したがって善いものでもキリストを目がけてこそ善となる。当時の敬虔や信心が外的形式や方法にとらわれていたことに対する批判がここにうかがわれる。

こうしてキリストという究極目的から万物は真の価値を見いだす。それゆえ「すべてのことがキリストに関わせられているかどうか」（si omnia ad Christum referantur.）と問われている（一一三頁）。したがって無記的な中間的なものはそれ自身のために用いられるべきではなく、「敬虔のための素材」（materia pietatis）として根源と目標に関係づけてはじめて肯定される。この目標の他に別の意図や目的を立てるならば、「あなたはキリストから転落しており、自分のために別の神を造っている」（七三頁）ことになる。このようなもろもろの偶像から宗教を純化するエラスムスの改革のわざは、キリストを中心とし、唯一の目標として承認するときにのみ達せられる。

（2）「模範」（exemplum）としてのキリスト

模範としてのキリストについて『エンキリディオン』の教則六から考察してみよう。エラスムスは次のように語っている。

「これはすべての人を救うのに必要なものなのに、わずかな人によって注目されているにすぎない。この教則というのは、キリストを熱心に求めている人の心は、一般大衆の行動にせよ、その意見にせよ、それらから能うかぎり離れ、キリストひとりのほかどこからも敬虔の模範を求めるべきではない、ということなのです。というのもキリストは唯一の原型であり、だれもそこから指の幅ほどでも離れるとしたら、正しさから遠ざかり、道にはずれてしまうからです」（一〇七頁）。

キリストの原型（archetypum）のうちに幸福な生活のすべての形が存在しているので、この原像と一致するかぎりで、人間も模範となりうる。キリスト自身が自分の実例にしたがうように語っているのであるから、キリストの模範が力説されても不思議はないし、「新しい敬虔」の代表作トマス・ア・ケンピスの『キリストに倣いて』（De imitatione Christi）の影響も否定できない。いずれにせよエラスムスは「模範」が人々を直接実例をもって導く力に注目している。「人間の本性はたやすく悪徳に傾き、ちょうど火が近くの油をすばやく捕えるように、直ちに有害な実例を捕えるものです」（一三六頁）。それと同じく有益な手本や実例の影響も大きな働きをしている。

「賢い建築家はいったいその手本をごく普通の建物から得ようと努めるのか、それとも最善の建物からそうするのでしょうか。画家たちもただ最善の絵画のみを自分の前に置いて〔学んで〕います。わたしたちの模範はキリストであり、彼のうちにだけ至福に生きるためのすべての原則が内在しています。キリストを模倣することは無制限に許されるでしょう。さらに信頼できる人たちの中から、それがキリストの原型に合致するかぎりで、そのひとりびとりを模範と呼ぶこともおこりえましょう。だが、キリスト教徒の大衆に関していうなら、道徳についての意見に関するかぎり、かつて異教徒のなかにもそれ以上の不道徳なものは決して存在しなかったと考えなさい」（一一〇頁)。

このように述べて真の最高の高貴さはキリストのうちに再生し、彼のからだに接木され、一つの霊になることであるという。エラスムスはキリストの模範に倣う共同体をキリストのからだなる教会の中に認めている。「最高の高貴は神の子と世継ぎであること、とはいえキリストの兄弟と共同の世継ぎであることなのです」(一一四頁)。このように彼はキリストと共なる生活のなかに、つまりその模範に倣う共同生活のなかに神の霊を宿す人間の尊厳を認めている。

(7) 時代批判

終りに当たって注意しておきたいのは、この書物の時代に対する意義である。エラスムスは悪徳から一人の宮廷人を改心させるためにこの書物を書いたのであるが、そこにはやさしくわかりやすいかたちで叙述されてはいるが、時代の傾向に対する鋭い批判が隠されていた。当時の人々はこれを鋭敏に読みとり、彼を穏健でリベラルなカトリック教会の改革者とみなすようになった。彼は友人のコレットに次のように語っている。「わたしが本書を執筆したのは、才能や雄弁を発揮するためではなく、単純にこのこと、つまり宗教を儀式に依存させる誤りに反対するためです。しかも、かかる儀式は、不思議にも真の敬虔に属するすべてを無視して、ユダヤ人の儀式よりも進んでいる。わたしはそれに加えて、軍事訓練の教則をつくる人の方法にしたがって敬虔の技術を教えようと試みたのです」[14]。

このような儀式に対する、とりわけ儀礼主義に対する批判は『エンキリディオン』の終わりにある言葉「修道士の生活は敬虔〔と同義〕ではありません」において頂点に達している。その真意は続けて語られているように「ただわたしが忠告したいのは、あなたが敬虔を食物の中にも儀式の中にも、また見える事物の中にも基づかせてはいけない」ということである（一七九頁）。エラスムスの力説するキリスト教的敬虔は当時の似ていて非なる敬虔に対する痛烈な批判となっていた。とりわけ外形的儀式を重んじる形式主義に批判は向けられ、断食したり、聖人の骨を崇拝したり、贖宥状を買い求めたり、巡礼に出かけたりすることは、悪いことではないけれど、救いは内面の霊において生じ、外的形式のうちには宿っていない。礼拝儀式や教会法規はそれ自体で価値あるものではなく、良く生きるという実践的に有徳な生活を形成するためにはかえって有害である。むしろ聖書と古典に立ち返り、単純明解な精神に生きねばならない、と彼は力説して、この書物を閉じている。

なお、『エンキリディオン』の表題にある「キリスト教戦士」の理念は、キリスト教の歴史に広汎にゆきわたり、ゆたかな伝承を形成している。それはアドルフ・ハルナック『キリストの軍隊——三世紀までのキリスト教と戦士の身分』（一九〇五年）に詳しく解明されている。また、この理念の実現のために、テンプル騎士団のような中世騎士修道会の伝統も存在していたが、エラスムスは世俗の中にありながらも各人の自覚に立って同じ理念を実現しようと試みている。ここにも個人に立つ近代の新しい生活の姿がすでに見えている。

付論　「ウォルツ宛の手紙」について

この手紙は一五一八年の夏フローベン書店から出版された『エンキリディオン』の新版に「序文」として書かれたものである。手紙の宛名はパウル・ウォルツ（一四八〇—一五四四年）で、この人はアルザス地方のシュレットシュタットの近くにあるフーグスホーヘンのベネディクト会修道院長であり、エラスムスはこの人の生活態度を『エンキリディオン』で示したもろもろの戒めを実践している模範とみなしていた。ウォルツは一五〇三年にベネディクト会士となり、一五一二年にフーグスホーヘンの修道院長に選ばれていた。その当時彼は修道生活の改革に着手していた。彼はシュレットシュタットの文学サークルにも加わり、ベァトス・レナヌスやヨハン・ウィベリングのようなヒューマニストと交際している。その後、彼は一五二六年にはプロテスタントに改宗しているが、「ルター派に迷い込んだエラスムス主義者」としてルター主義の集会の中では若干のもつれがあったようである。彼はエラスムスとはいつも仲良しの関係を保ちつづけ、エラスムスは彼に遺言で小額のお金を残した。

この手紙の中にはエラスムスの改革についての根本思想が簡潔に述べられているため「純粋な霊的宗教に関する真正のエラスムス的な宣言」[15]ともいわれている。

この手紙は『エンキリディオン』が十数年たってやっと世間の注目するところとなったことから、とくにウォルツに認められるようになったということから書きはじめられている。また、「敬虔な学識と学識ある敬虔」（一八三頁）を具えた人々の賛同を得たことは、自分とある宮廷人のために書かれた当初の目的が実現していなくとも、敬虔を喚起できたことには意義があり、「真心から敬虔になりたいと欲することは敬虔の一部なのです」（一八四頁）と説かれている。エラスムスの思想はこの敬虔により表明され、当時の中世後期のスコラ神学との対立が鮮明に力説されている。つまり「キリストがそのために死にたもうた未熟な大衆」（一八六頁）が考慮され、巨大な神学体系ではなく、キリスト教的敬虔に立つ良く生きる術こそ大切であり、それこそ「キリストの哲学」（philosophia Christi）であることが強調されている（一八六頁）。

エラスムスは『新約聖書序文』の第一部「パラクレーシス」において、はじめて自分の思想を「キリストの哲学」と規定している。彼は『エンキリディオン』の根本思想もこれにほかならないとこの手紙で語っている。つまり彼は中世後期スコラ神学者に対決しながら、自己の思想を「キリストの哲学」として次のように明言している。「キリスト教的哲学のすべての源泉と水脈とが福音書と使徒の手紙のなかに隠されており、……福音書記者と使徒との最も純粋な源泉から、また最も信頼できる解釈者たちからキリストの哲学の全体を要約して集めるという任務、しかもそれを学術的である限度内で単純に、明晰であるという条件の下に簡略に行なう任務が、幾人かの敬虔であり同時に学識がある人々に委ねられることが、わたしの意見では最も適切なことだといえよう」（一八八頁）。

この思想こそ『エンキリディオン』（短剣）を錬成しあげたときのエラスムスの考えていたことであり（一八九頁）、それは「キリストの天上的な哲学」（一九一頁、一九二頁）として語られ、これを汚す人間どものサークルとその行為とに対する批判がこの手紙でも行なわれている。元来このサークルの第一は司祭、司教、枢機卿、教皇、司牧者のグループであり、第二は世俗の君主たちの群であり、第三は一般大衆であって、これらの三者はキリストを中心とした同心円的構造をなしている。この三つの領域は「区別され、各々のものはそのふさわしい場所に配分され……世界の秩序は維持されねばなりません」（一九四頁）。したがって第三のサークルの秩序の外にある野望・金銭欲・情欲・怒り・復讐心・嫉妬心・中傷・その他の悪徳が三つの領域に侵入してくるとき、敬虔を装う悪徳の支配が生じてくる。これに対する痛烈な批判がこうして開始する。

まずエラスムスは心の内面性を力説する。「キリストの完全性は心情のうちにあって、生活の様式にはありません。つまり心のうちにあって、司教の肩衣や食物のなかにはないのです」（一九六頁）。こうした生活様式はすべて「それに応じた堕落の危険性」（一九七頁）をともなっている。とりわけ聖職者の危険は大きく、貪欲と野望という病気の外に、迷信・尊大・偽善・中傷がつきもので、キリスト教的敬虔から遠くへだたっている場合が多い（一九八頁）。次にエラスムスはこのような批判は決して人々を修道生活から遠ざけようとしているのではなく、『エンキリディオン』に対するかかる批判は妥当しないと言う。その批判の根拠はエラスムスの儀式に対する解釈にある。「そのような解釈の理由とするところは、儀式にあまりに多くを帰している人たちが願っているほどには、わたしの教えは儀式に帰していないからであり、同時に人間の作った法令にも多く譲っていないからです」（一九八頁）。そこでエラスムスはパウロ、アウグスティヌス、ベネディクトゥス、フランチェスコの例をあげて外的儀礼と迷信の誤りを詳しく指摘し、修道士の生活の真実なあり方を説いている。これは『エンキリディオン』の終りで「修道士の生活は敬虔〔と同義〕ではありません」（一九九頁）という激烈な批判の真意を伝えるための説明であるといえよう。

なお、この手紙の中にはトルコ人に対して戦うよりも、彼らを回心させるべきであると指摘されていたり（一九九頁）、ルターの「九五箇条の提題」と明らかに関係する文章がある。ルターとの関連を示している文章を引用してみよう。

「同様に、もしある人が諸徳のなかで最も劣った部類のものに最高の徳を帰したり、その反対に悪徳のなかではるかに恐るべき悪徳が現にあるのに最も軽微な悪にすぎないものを猛烈に嫌悪したり、またその逆のことをしている、大衆の転倒した判断を非難するなら、その人は悪徳に好意を寄せている――本当はその悪徳の前にもっと重大な悪徳を置いて〔それを軽く見て〕いるにすぎないのに――かのように、あるいは善行を弾劾している――本当はその善行の前に別の善行をより神聖なものとして優先させているのだが――かのように、ただちに裁判所に呼びだされるのです。それはあたかもある人が教皇の職権による赦免よりも善行に信頼した方が安全であると警告する場合、その人は教皇の赦免を全く弾劾しているのではなくて、キリストの教えによりいっそう確実であるものを選んでいるのと同じです。同じくもしある人が、家にいて子供たちや妻を支えるために労苦する人々の方が見物のためにローマやエルサレムやコンポステルラを訪れる人々より正しい行動をしていると、また金銭を長く危険な巡礼のために費すよりも善良で本当に貧乏な人たちに支出する方がいっそう神聖であると、注意する場合にも、その人は彼らの敬虔な心情を非難しているのではなくて、真の敬虔にさらに近いものを先取りしているにすぎないのです」(一九九—二〇〇頁)。

このように間接的な語りではあるが、エラスムスがルターによって起こっている時代の趨勢に敏感に反応していることが知られる。

(1) Opus epistolarum Des. Erasmi Roterodami denuo recognitum et actum per P. S. Allen, I, 20, 2ff.

(2) O. Schttenloher, Erasmus, Johann Poppenruyter und die Entstehung des Enchiridion militis christiani. Archiv für Reformationsgeschichite, 45(1954), S. 109ff.

(3) D. Erasmus, Ausgewählte Schriften, Bd. I, W. Weizig, Einleitung, X.

(4) Opus epistolarum Des. Erasmi Roterodami, VI, 1556, 46.

(5) その表題を示すと次のようになる。第二章は人生においては警戒すべきである。第三章はキリスト教的戦役の武器。第四章は汝自身を知ることが知恵の根本である。二重の知恵、つまり真の知恵と偽りの知恵について。第五章は内的人間と外的人間。第六章は情念の相違について。第七章は内的人間と外的人間、および聖書による人間の二部分について。第八章は人間の三つの部分、霊・魂・肉についてとなっている。第一部の構成から知られるようにエラスムスはキリスト教倫理の基礎を人間学的区分から解明している。

(6) 第一〇章は第一教則であり、無知の悪に対して。第一一章は第二教則(キリストに向かって歩みなさい)。第一二章は第三教則(幻想を軽蔑し、キリストの道を選びなさい)。第一三章は第四教則(唯一の目標としてのキリスト)。第一四章は第五教則(可視的なものから不可視なものへ、霊的生活にいたる道)。第一五章は第六教則(人々の意見にではなく、キリストのみに従いなさい）。第一六章はキリスト者にふさわしい見解。第一七章は第七教則（徳の実践における訓練）。第一八章は第八教則（試練の価値）。第一九章は第九教則（罪に対する見張り）。第二〇章は第一〇教則（祈り、聖書、格言の武器）。第二一章は第一一教則（あなた自身にではなくキリストに信頼しなさい）。第二二章は第一二教則（罪に抵抗するだけで満足しないでそれと戦いなさい）。第二三章は第一三教則（最後の勝利を希望し絶えず警戒せよ）。第二四章は第一四教則（悪徳を軽く考えてはならない）。第二五章は第一五教則（将来のことを考えよ、罪の苦々しさ、勝利の歓び）。第二六章は第一六教則（努力を重ねて打ち勝つこと）。第二七章は第一七教則（十字架の秘義）。第二八章は第一八教則（人間の尊厳と罪）。第二九章は第一九教則（神とサタンとの対比）第三〇章は第二〇教則（徳と罪との対比）。第三一章は第二一教則（人生のはかなさ）。第三二章は第二二教則（最大の罪としての非悔悛）からなっている。

（7）A. Auer, Die vollkommene Frömmigkeit des Christen nach dem Enchiridion militis Christiani des Erasmus von Rotterdam, 1954, S. 53.

（8）『エンキリディオン』からの引用の出典箇所は多数であるため、すべて本文中にカッコをもって簡単に示した。訳文は金子晴勇訳『エンキリディオン』「宗教改革著作集2」教文館、一九八九年による。

（9）プラトン『ティマイオス』六九D。

（10）プラトン『ティマイオス』四一C。

（11）プラトン『ティマイオス』七〇A。

（12）オリゲネス『諸原理について』三・四、二・八。

（13）A. Auer, op. cit., S. 80.

（14）Ep. to J. Colt(c. XII)1504, Opus epistolarum Des. Erasmi Roterodami, I, 405, 46.

（15）A. Renaudet, Etudes Erasmiennes(1521-1529), 1939, p. 175

第四章　エラスムス『エピクロス派』の研究

――解説・翻訳・注釈――

この『エピクロス派』は一五三三年の『対話集』改訂版に初めて収録されたものであり、『対話編』最後の作品として注目に値する。なかでもルターが『詩編九〇編の講解』[1]においてこの作品を名指しで批判している。そこには宗教に関する基本姿勢が問題になっているがゆえに、エラスムスとルターの対決点が明瞭に示されている。

他の多くの『対話集』と同様にこの作品も一つの問でもって始まる。次いでこの問が説明され、分析が加えられた上で、それに対するエラスムスの解答が記されている。問われているのは諸々の善悪の「目的」に関してである。実際「目的」はラテン語では同時に「終わり」を意味するので、このテーマは『対話集』全編の結論にふさわしい論題である。というのは、ここにはルターの批判と指摘にも関わらず、初期の対話集に見られたような軽快さや陽気さが、もしくは軽薄さがもはや見られず、わたしたちが彼から期待する適切さ・愛想の良さ・格式ばらない態度といった本来のエラスムス的なエートスが現れているからである。この作品に登場してくるエピクロス主義の解説者ヘドニウスはいつものエラスムス的な確信と言葉でもってスプダエウスを説得しようと試みており、もし幸福主義が、エウダイモニズムのギリシア語の意味にふさわしく、「良き神の賜物」であるならば、キリスト教はエピクロス派やストア派よりも優った幸福の源泉であり、真の快楽の仲立ちとみなされうると説かれている。

（1）エピクロスの快楽説

では、そもそもエピクロスの快楽説とはいかなるものであったのか。彼はヘレニズム時代の哲学者であって、当時支配的であったアリストテレスよりもはるかに厳しくプラトンと対立し、エロース説についても「反プラトン」の大立者となった。プラトンがエロースを神から授けられた賜物とみなしていたのに対し、無神論者でデモクリトス的原子論に立つエピクロスは、エロースを「狂気と苦悩の伴う性の快楽の激しい衝動」とみなし、知者の平静心を乱す敵として攻撃し、アリストテレスと同様に友愛（フィリア）をエロースより優れたものと唱導した。これはわたしたちの予想に反する特質である。わたしたちは快楽主義というと無軌道な放蕩無頼な生き方を考えやすいが、彼の説く快楽はそれとは全く異質なものであることを知らなければならない。このことは次のような快楽の説明で明かになる。

「それゆえ、快が目的である、とわれわれが言うとき、われわれの意味する快は、一部の人が、われわれの主張に無知であったり、賛同しなかったり、あるいは、誤解したりして考えているのとはちがって――道楽者の快でもなければ、性的な享楽のうちに存する快でもなく、じつに肉体において苦しみのないことと霊魂において乱されないことにほかならない。けだし、快の生活を生み出すものは、つづけざまの飲酒や宴会騒ぎでもなければ、また美少年や婦女子と遊びたわむれたり、魚肉その他、ぜいたくな食事が差し出すかぎりの美味美食を楽しむたぐいの享楽でもなく、かえって素面（しらふ）の思考が、つまり一切の選択と忌避の原因を探し出し、霊魂を捉える程度の動機の生じるもととなるさまざまな憶見を追い払うところの、素面の思考こそが、快の生活を生み出すのである」[2]。

古代の快楽説はこのように節度を保った知者の主張なのであり、ここで説かれている「素面の思考」は冷静そのものであって、プラトンの詩人的感動を冷徹にもしりぞけ、その少年愛などもきっぱり拒否している。エピクロスは欲望のなかでも食欲のように、自然的で必須なものと、性欲のように、自然的だが必須でないものとを区別しているばかりでなく、自然的でもなくて、むなしい憶見（つまり憶測的見解、思いなし）によって生じるものを指摘し、それに属するものとして名誉心、金銭欲、少年愛をあげている。このような区別は実に知者にふさわしい優れた分別から説かれているといえよう。

同様にエロースに対する彼の理解も卓越しており、たとえば「見たり交際したり同棲したりすることを遠ざければ、恋の情熱は解消される[3]」と彼は言っている。また先の区分にしたがえば性欲は自然的だが必須なものではないがゆえに、これを作為的に過度に刺激しなければ、これなしにも生きられるわけで、エロースに対する私たちの観念の中にこそ病がひそんでいることになる。こうして彼は性愛に対し女色を遠ざける独身主義者のようになっている。これに対し肉体の衝動が募ってくる場合はどうしたらよいかとの質問に対し、彼は「いまだかつて性愛がだれかの利益になったためしはない[4]」と言明してはばからなかった。とはいえ現在までに残っている彼の文章は断片的なものが多く意味が曖昧でもあり、このような考えと正反対のものも見いだされる。たとえば「もしわたしが味覚の快を遠ざけ、性愛の快を遠ざけ、聴覚の快を遠ざけ、さらにまた形姿によって視覚に起る快なる感動をも遠ざけるならば、何を善いものと考えてよいか、このわたしにはわからない[5]」と彼は語ってもいる。これでは彼のこれまでの説と正反対ではないかというと実はそうではなく、このような感性的な快楽も心身に苦痛をもたらす程に過度となることを知者エピクロスはこれまで批判していたのだといえよう。

（2）ルネサンス時代のエピクロス理解

一般的な理解ではこうしたエピクロスの快楽説はストア派の禁欲主義と対立するものとして理解されている。しかし、この作品にも示されているようにストア派の哲学者キケロはさまざまに解釈することができる思想家であった。そこでエラスムスは処女作の『現世の蔑視』以来キケロをキリスト教的に解釈する視点を導入している。そのさい、エラスムスはキケロの『善悪の目的』(De finibus bonorum et malorum)を選んでおり、お気に入りの著者によって古代の古典的精神に訴えている。こうして倫理的もしくは政治的に重要な話題を現在の生活に導入する試みがなされている。まず彼は古典に表れている偉大なる観念・書物・哲学大系がこれらの点に関して何を考えたかを考察してから、それらを批判的に吟味する。実際、彼の生活と仕事の多くはこういう仕方で古典的な文化を釈義することに捧げられたのである。

作品の中でストア派と逍遙学派の倫理学について簡潔にそれとなく言及されているが、中心的な主題は、エピクロス派の幸福主義に意味があるとしたら、キリスト教は「エピクロス的」であるか否かという論点である。エラスムスはエピクロス派の自然学については何も語っていない。この自然学はエピクロスによってデモクリトスから借りてきた原子論であって、彼が関心を寄せているのは直接的な快楽が唯一の善であるというアリスティッポスから受け継いだエピクロス派の典型的な教えだけである。そしてヘドニウスによって初めの処で「敬虔な生活を送っているキリスト教徒に優ってエピクロス派である人たちはいない」[6]という主たる命題が提示され、これをエラスムスが弁護している。それゆえわたしたちはこの命題が「真の」快楽は徳であり、正しさであるという同意に基づいていることを学ぶことになる。真実のキリスト教とはもっとも正しく生きることを教えており、善の規範がエピクロス派では快楽であるがゆえに、キリスト者は真のエピクロス派でなければならないとの結論に達する。

ところでエピクロス派は「放蕩者」「好色家」「不敬虔者」と同義に理解されてきたので、こうした要求についてスプダエウスが疑問を懐いたのは当然である。一五・六世紀においてはエピクロス主義は哲学者たちや他のスコラ学者たちから注目されていた。そして快楽説の功罪については、それまで断続的に論じられている中でロレンゾ・ヴァッラの対話編『快楽について』(De voluptate, 1431) が最初の大作であって、その表題は一五三三年以降は『真の善について』(De vero bono) に変更されているが、内容に変化はなかった。この著作は対話形式によって人間の本性について論じ、本性が徳により癒されなければならないが、この世の悪に関してはストア派の嘆きをもってそれを叙述している。次いでヴァッラはエピクロスが人生の目的を道徳的な美徳にはなく、快楽に求めており、その快楽が有用性に一致していると説いている。最後に彼は人間における真の善として天上的な快楽を挙げてキリスト教を擁護している。彼はストア派、エピクロス派、キリスト教の三者の道徳説を論述しているが、ストア派やエピクロス派の概念が古代におけるそれと一致せず、用語が厳密さを欠いている。[7]

さらにエラスムスの同時代人であるトマス・モアは『ユートピア』(一五一六年) においてエピクロスとエピクロス派という言葉を用いていないが、真の快楽に従う生き方を幸福の条件と見ている。ユートピア人たちは「快楽を擁護する学派の立場」に傾いており、「魂の不滅」や「神の慈愛」「死後の審判」さらに「宗教」を積極的に説いている。だが、これらはすべてエピクロス自身が否定していたものである。モアは言う、「こういう原理は宗教的なものでありますが、彼らはそれでも人は理性によってそう信じ、認めるようになると考えている」[8]と。快楽のなかでも肉体的な快楽の代わりに人間性と善意の義務を行う「大きな快楽」を果たす者には「終わりを知らぬ歓喜をもって報いてくださる。……徳さえ含めてすべてわれわれの行為は、究極的には快楽を目標ないし幸福とみなしている」[9]と説かれている。こうして宗教は強制されないが、人々は意志の自由によって最高存在者を信じ、福音の信奉者となっている。

(3) ルターのエラスムス批判

ルターは神の怒りと死の経験を宗教生活の出発点としている。この厳しい経験から福音の真理が追究されている。彼によると人間の本性は神の怒りをその罪のゆえに感じ取っており、神の怒りから死を招き寄せたことを知らねばならない。だから、どうして人間の本性は平然たる心をもっていることができようか。しかし、人間の理性は神の怒りを回避するため、軽蔑という道か、もしくは冒瀆という道かをとって進むことになる。その一例としてエラスムスの『対話集』にある「エピクロス派」と名づけられた対話が批判の対象としてあげられ次のように説かれている。

「その対話でキリスト教の宗教について論じられ、この宗教は現世のさまざまな不幸の後になお永遠につきることのない火で人々を脅かしているから、頭上に落下するタンタロスの石を説いている、という。エラスムスは、このような脅迫的な害悪に対しては不信と発狂以上に適切な救済手段はあり得ないではないか、それはあなたがこうした脅迫を真理であると信じないためである、と言う。こういう具合に理性は論じる。というのは、現世のもろもろの禍難の後に永遠の死をも恐れなければならず、しかも恐れなければならないのが、このように不幸のきわみにある人間に対し神が憤っている怒りから由来するということは、耐え難いのみならず、神の知恵と慈しみには相応しくないように思われるからである。理性はこうした思想を冒瀆に陥ることなしには支持し得ない。だから、エピクロスは、あなたが発狂もしくは不信になるように、かつ不幸と死のなかにあって怒りと罪との感覚から自己を解放するように、と忠告している」[10]。

ルターによるとこういう言葉は不真面目な忠告であって、「今あなたが軽蔑していることが、現世が過ぎ去った後で、真理であると感じられはしないかと恐れるとしたら、どうするのか。あるいは、あなたがこの将に来たらんとする危険について考えることがないように発狂しようとしてもできないとしたら、どうするのか[11]」と問い返している。そうではなく神の怒りと死とを深く感じとることにより、救いを追求するようにすべきであるという。

さらに彼は人間の死が単なる生物としての命の終わりよりもいっそう恐るべきものである点を強調している。「エピクロスは神が存在することを知らないだけでなく、自己が現に身に負うている不幸に気づいていない」。それゆえに「鈍感な動物」のように平然と構えている。「不敬虔な人たちの生活、たとえばエピクロスとその同類たちの生活を考えてみたまえ。彼らは実にヨブが第二一章（九、一三節）で言っているように、安らかな平和な家に住まい、神の笞は彼らの上に臨むことなく、その日を幸いに過ごし、一瞬のうちに陰府に下る[12]」。しかし「キリスト教徒と神を畏れる人たちは、自己の死がその他の現世的災害とともに神の怒りに由来することを知っている。したがって彼らは怒りに燃える神と相まみえて、自己の救済を確保すべく組み打ちするよう強いられる[13]」。このエピクロス派の自己満足とキリスト教徒の畏怖との相違は実に大きい。

「人間精神の安心しきった自己満足が、いかに戦慄すべきものであるかをわたしたちは知っている。彼らは自己と他者に日毎に襲っている極めて不快な災禍が告げ知らされているにもかかわらず、神を求めようとしない。イザヤが、〈しかもなお、この民は自分たちを襲った者に帰らない〉（イザヤ九・一三）と語っている通りである。彼らは実際、豚に似ている。そして明らかに感受性が全く欠けている。その心は神によって加えられた災禍に気づいていない[14]」。

このようにルターは死を軽蔑し無視している人びとを攻撃する。エピクロス派と言って彼がこれらの人びとを呼んで非難しているのは、エピクロスの快楽主義が無神論であるばかりでなく、死後の審判とか地獄とかいう表象で精神に無益な苦痛を与えることを、エピクロスが極力しりそげている点に対してである。この意味でエラスムスの対話にある「エピクロス派」まで批判されるに至っている。このような傾向をもった人間を彼は「自己満足の安心に生きる人びと」と総括して命名している。ルターの初期の「慰めの書」は死に直面し苦悩する人びとに慰籍をもたらそうとしているのに対し、後期の作品では死を死として真剣に考えていない動物のように無感覚な人びとに対する鋭い警告がくり返されている。

ここにルターが以前と違って広い視野に立っていて、「生のさ中にあって死のうちにある」という実存の覚醒を説いているのが明らかに知られる。しかも、死を通して生に甦る再生の道が説かれている。つまり死の恐怖と戦慄を罪に対する神の怒りに由来すると自覚し、キリストを通して神の憐れみをとらえることにより「死のさ中にあって生のうちにある」点が強調されている[15]。

(4) エラスムスの快楽説

エラスムスは快楽がこれまで間違って考えられており、「エピクロス派」という言葉も正しく使われてこなかったことをまず指摘し、次のように語っている。「人々は名称に関して思い違いをしているのだ。ですからもしわたしたちが真実について語るなら、敬虔な生活を送っているキリスト教徒に優ってエピクロス派である人たちはいないのです」。したがって敬虔な生活こそ真実な意味での快楽であると説き始めている。

こうした敬虔な生活は心に苦しみがないことであって、この点ではエピクロスと同様な見解が述べられているが、最大の苦しみは「疚しい良心」に求められている。「疚しい良心よりも悲惨なものがないとすれば、疚しくない良心にまさって幸福なものはないことが帰結します[16]」。この点ではルターの基本的な主張と一致している。しかし、エラスムスはルターと相違して「偽りの快楽」と「真の快楽」とを区別している。「快楽の妄想や影にあざむかれて、精神の真の快楽をなおざりにし、本当の責め苦を自分に招き寄せている人々が思慮あり賢明であるとあなたはいま思わないのですか」[17]。そこで「真の善を享受する」ことこそ賢明な人であり、神の内に真の善を求める敬虔な人こそ真に「快適な生」を生きていることが次のように力説されている。「敬虔に生きている人、すなわち真の善を享受している人だけが、真に快適に生きているのです。しかし、最高善の源泉である神と人とを和解させる宗教的敬虔だけが人間を至福にするのです」[18]。したがって慈しみ深い神を所有している人がまことに富んでいる人であって、そのような保護者をもっている人は何も恐れることなく、死をも恐れない。「死は敬虔な人たちにとり永遠の至福にいたる通路にすぎません」。この敬虔な人たちは清い心の人たちで、彼らとともに神はいましたもうが、「神がいましたもうところにはどこでも、パラダイス、天国、幸福が存在し、幸福のあるところには、真の歓喜と偽りのない快活さとが存在しています」[19]。神とともにある快楽こそ最大の快楽であって、肉体の快楽はあっても小さなものに過ぎない。

「たとえ快楽の最小の部分が交合にあるとしても、はるかに大きな快楽は絶えざる交友にあり、交友というものはキリスト教の愛でもって自己を正しく愛し、互いに対等に愛し合う人たちのあいだよりも快適でありうることはないのです。他の人たちのあいだでは時折、快楽が衰えると愛も衰えてしまいます。しかしキリスト教的な愛は肉の歓びが減少するに応じて、かえってそれは高まってきます。それともわたしはまだ、敬虔な態度で生きる人に優ってだれも快適に生きる人はないことを君にわかっていただけないのでしょうか」[20]。

このように語ってからエラスムスは対話の結論として「もし快適に生きている人がエピクロス派の徒だとすると、清純にかつ敬虔に生きている人たちよりもいっそう真実にエピクロス派の人はいないことになります」[21]と説いている。

ヘドニウス[22] スプダエウス[23]さん、そんなにも書物に没頭していて、わけのわかぬことを呟いているのは、何を得ようとねらっているのですか。

スプダエウス ヘドニウス、たしかにわたしは獲物をねらっています。狩だけしているのです。

ヘドニウス 君がふところにもっている書物はどのような種類のものですか。

スプダエウス 『最高善について』というキケロの対話篇です[24]。

ヘドニウス しかし、善の究極よりも善の始源を探求する方がずっと適切ではないだろうか。

スプダエウス だが、トリウス・キケロは善の究極を、それを獲得した人は、それ以外に何も願わないような、あらゆる点から見て絶対的な善であると呼んでいます。

ヘドニウス 教養において第一級の、しかも雄弁な書物ですね。ところで、そうすると君は、真理の認識に関するかぎり骨折りのかいがあったとでも思っているのですか。

スプダエウス 究極なものに関して以前よりも今の方が疑り深くなっている点でもうけものをしたと思っています。

ヘドニウス 究極のものについて疑うのは、農夫らのすることだ。

スプダエウス これほど重大な問題についてかくも著名な人たちのあいだで、こんなに激しい意見の衝突があったということは全く驚くべきことではありません。

ヘドニウス　そのとおりです。というのは誤謬はたくさんあるのに、真理の方は一つなのでしょうから。[25] すべての生成活動の始源や源泉を知っていないから、みんな予言したり気が変になったようなことを言っているのだ。ところで君はどの意見が目標にいっそう近づいていると思いますか。

スプダエウス　キケロが攻撃しているのを聞くと、その攻撃された一つ一つが気に入らないが、他方、彼が弁護しているのを聞くと、私は全く判断中止となります。[26] しかし、わたしにはストア派は真理からあまり遠ざかっていないように思われます。この人たちに最も近い立場は逍遙学派の人たちだと思います。

ヘドニウス　しかし、わたしにはエピクロス派の人々の教説以外に気に入るものはありません。

スプダエウス　ところが、しかし、万人の意見によると、すべての教説のなかでこれ以上に弾劾されているものはないのだ。[27]

ヘドニウス　名称に対する悪口は無視しましょう。みんなが考えているようにエピクロスがあったとしても、事実そのものを考察しましょう。彼は人間の幸福を快楽に置き、快楽を最も多くもち、悲惨さをできるかぎり少なくもった生活が恵まれていると判断しています。

スプダエウス　そのとおりです。

ヘドニウス　この意見よりも神聖なことが述べられることができたでしょうか。

スプダエウス　とんでもない。すべての人はこれは畜生のいう言葉であって、[28] 人間のものではない、と叫んでいます。

ヘドニウス　わかっている。だが、人々は名称に関して思い違いをしているのだ。ですからもしわたしたちが真実について語るなら、敬虔な生活を送っているキリスト教徒以上にエピクロス派である人たちはいないのです。

スプダエウス　キリスト教徒はキュニコス（犬儒）派の人たちによく似ています。というのは、キュニコス派の人たちは断食により自分を苦しめ、自分の罪を嘆き、やせているか、貧乏な人たちに好意をいだいて自分たちも窮乏に追いやっています。彼らは権力のある人々によって屈服させられて、多くの人々の笑い物となっています。もし快楽が幸福をもたらすとしたら、このような生活の仕方は快楽から最も遠ざかっているように思われます。

ヘドニウス　君はプラウトゥスの権威を認めますか。

スプダエウス　何か正当なことを彼が言っているのなら。[29]

ヘドニウス　それなら、ストア派のすべてのパラドックスよりも賢い、賤しい奴隷の語った警句に耳を傾けなさい。

スプダエウス　どうぞ。

ヘドニウス　「疚しい良心よりも悲惨なものはない」[30]。

スプダエウス　この警句を拒否しません。しかし、あなたはそこから何を取り出そうとするのですか。

ヘドニウス　疚しい良心よりも悲惨なものがないとすれば、疚しくない良心にまさって幸福なものはないことが帰結します。[31]

スプダエウス　あなたの推論はたしかに正しいのですが、いったいこの世界のどこにそのような疚しくない良心を見いだすでしょうか。

ヘドニウス　わたしは、神と人々のあいだの友愛を分かつものを悪と呼びます。

スプダエウス　ところで私はこの種の悪から清められている人はきわめて少ないと思うのです。

ヘドニウス　だが、わたしとしては〔罪を贖われて〕洗い清められた人々も清い人々だと考えています。涙の灰汁や悔い改めの硝石あるいは愛の火によって汚れをぬぐい去った人々にとっては、罪は何ら害を及ぼさないだけでなく、さらにしばしばより優れた善のための素材と成っています。

スプダエウス　もちろん私は硝石のことも灰汁のことも知っています。しかし、火で汚れが清められることは一度も聞いたことがありません。

ヘドニウス　ところが、もし君が金銀細工人の工房に行けば、金が火で精練されているのを見るでしょう。他方、火に投げ入れられても焦げないで、どんな水によってなされるよりもつややかに光沢を発するような種類の麻布もあります。ですからそれは「真新しい」と呼ばれます[32]。

スプダエウス　ほんとうにあなたはストア派のすべてのパラドックスよりもパラドックスらしいパラドックスを私たちに提供してくれています[33]。では、悲しんでいるがゆえに幸いである（マタイ五・四）とキリストが呼んでいた人たちは、快楽にふける生活を送っているのでしょうか。

ヘドニウス　この世には彼らは悲しんでいるように見えるが、実際は喜んでいます。また、よく言われるように[34]、蜂蜜の中にどっぷりつかった人たちが愉快に暮しているので、この人たちにくらべるとサルダナパルスやフィロクセヌスやアピティウス[35]あるいは快楽の追求で悪評の高い別の人も、悲しくみじめな生活を送ったようです。

スプダエウス　あなたは聞いたこともないことをお話しですが、ほとんど信じられません。

ヘドニウス　一つ試してみなさい。そうすれば私の言ったことはすべて真実であったと、君は繰り返し言うことでしょう。しかしながら、真理にはとても似つかわしくないと思われないのに、信じているところにしたがって証明してみましょう。

スプダエウス　その準備をしてください。

ヘドニウス　君がまずあることをわたしに認めてくれるなら、いたしましょう。

スプダエウス　あなたの要求しているものが公正でありさえするならね。

ヘドニウス　もし君が資金を提供してくれるなら、利益を加えてあげますよ。

スプダエウス　ではどうぞ。

ヘドニウス　まず第一に、魂と身体との間には相違があることを君は認めると思うが。(36)

スプダエウス　それこそ天と地、不死なるものと死すべきものほどの相違があります。

ヘドニウス　次に、偽りの善を善のうちに数えてはならない〔ことを君は認めると思うが〕。

スプダエウス　同様に影を物体としてみなしたり、(37)魔術師のぺてんや夢に現れるお笑い草をそのものと思ったりしてはなりません。

ヘドニウス　これまでのところ君は適切に答えています。その快楽は健全な精神にのみ宿るということも君は認めると思うが。

スプダエウス　どうしてそうでないことがありましょうか。というのは目が病気にかかっているなら、だれも太陽を楽しむことはないし、味覚が熱で損なわれているなら、ぶどう酒を楽しむことはありませんから。

ヘドニウス　わたしが思い違いをしていないなら、エピクロス自身も、ずっと大きな、またとても長く続くひどい苦痛を自分に惹き寄せるような快楽をかかえこもうとはしなかったことでしょう。

スプダエウス　だれでも分別がありさえしたら、そうはしないと思います。

ヘドニウス　神は最高善であり、神よりも美しく、愛すべく、甘美な方はいないということを、君は否定しないでしょう。

スプダエウス　キクロペス[38]よりも粗暴でなければ、だれもそのことを否定しないでしょう。それからどうなるのですか。

ヘドニウス　君はそうわたしに、正しく[39]生きている人にまさって快適に生きている人はいないということ、また不敬虔に生きている人にまさって悲惨でかつ困窮している人はいないということを認めたことになります。

スプダエウス　したがってわたしは前に思っていたよりも多くのことを承諾してしまったことになりますが。

ヘドニウス　しかし、プラトンが言っているように、正当に与えられているものを返還すべく、要求してはなりません[40]。

スプダエウス　続けてください。

ヘドニウス　道楽で飼い、贅沢なものを食べさせてもらい、柔らかな寝床にねて、いつも気ままに遊んでいる子犬は快適に生きているのではないだろうか。

スプダエウス　そうです。

ヘドニウス　君はそういう生活を願っていますか。

スプダエウス　よしてくださいもう。人間である代わりに犬になりたいなら話しは別ですが。

ヘドニウス　それでは、君はすぐれた快楽が精神から泉のように流れてくるのを認めるでしょうね。

スプダエウス　もちろんです。

ヘドニウス　というのは精神の力は外的な苦痛の感覚をしばしば取り去り、時には、それ自体苦いものを快適にするほどに大きいものですから。

スプダエウス　そのことをわたしたちは毎日恋人たちの下で観察しています。彼らにとって徹夜や冬の夜に恋人たちの家の戸を見張ることも好ましいことなのです。

ヘドニウス　では次のことをよく考えてみたまえ。わたしたちが雌牛や犬と共通にもっている死すべき地上の愛がそのように大きなものであるとしたら、キリストの御霊はどれほどより強力であろうかということ、また、より恐ろしいものは何もない死をも愛すべきものにするほど、その力は強大であることを。

スプダエウス　他の人たちが内心で何を考えているかは知りませんが、真の敬虔にしっかりとどまっている人たちには多くの快楽が欠けていることは確かです(41)。

ヘドニウス　どのような快楽が欠けているのですか。

スプダエウス　彼らは金持ちにならないし、名誉を得ておりませんし、彼らには宴会も舞踊も唱歌もないし、香水のにおいも放たないし(42)、笑いもないし、遊びもしません。

ヘドニウス　あなたはここでは、歓ばしい生活ではなくかえって心労の多い不安な生活をもたらす富や名誉について言及すべきではなかった。他のものに関しては、快適に生きることを熱心に求めている人たちによって何がとりわけ獲得されようとしているかを論じてみましょう。君は酔っぱらいや愚かな人や狂気の人たちが笑ったり踊ったりしているのを毎日見ていませんか。

スプダエウス　見ています。

ヘドニウス　では、君は彼らが快適に生活していると思いますか。

スプダエウス　そんな快適さは敵どもに与えられたらよいのに。

ヘドニウス　どうしてですか。

スプダエウス　健全な精神がそこにないからです。

ヘドニウス　そうすると君は、そういう仕方で楽しむよりも、むしろ無味乾燥であっても書物に没頭することを選びたいのですか。

スプダエウス　たしかに、畑を掘り返していた方がましでしたでしょう。

ヘドニウス　実際、狂気の人[43]と泥酔した人との間には、後者の乱心は眠りによっていやされるのに、前者は医者の治療もほとんどきかないということのほか何〔の違い〕もありません。生まれつき愚かな人は身体の形以外には理性を欠いた動物と変わることはありません。しかし、自然が非理性的なものとして生んだ人々の方が野獣のような欲情によって理性を失った人々ほど悲惨ではないのです。

スプダエウス　そう思います。

ヘドニウス　では快楽の妄想や影にあざむかれて、精神の真の快楽をなおざりにし、本当の責め苦を自分に招き寄せている人々が思慮あり賢明であるとあなたはいま思われないのですか。

スプダエウス　いいえ、思われません。

ヘドニウス　彼らは確かにぶどう酒に泥酔してはいないのですが、愛欲、怒り、貪欲、野望、その他の間違った欲望に泥酔しています。その酩酊ぶりはぶどう酒によって生じるものよりもはるかに有害です。喜劇中のあのシリア人は自分が飲んだぶどう酒の酔を眠りによってさました後に、冷静に語っています。[44]しかし、邪悪な欲望に酔っていては精神は正気にもどるのをどんなにいやがることでしょうか。愛欲、怒り、憎悪、情欲、好色、野望が彼の精神をどんなに長い年月にわたってわずらわすことでしょう。わたしたちはいかに多くの人たちが青年時代から老年にいたるまで野望、貪欲、情欲、好色によって泥酔していることから決して目覚めず、また正気に帰らないことを知っております。

スプダエウス　わたしはこういう類の非常に大勢の人たちを知っています。
ヘドニウス　偽りの善を善とみなすべきでないことを君はさきに認めましたね。
スプダエウス　取り消したりしません。
ヘドニウス　また快楽も真なるものから生まれていないなら、それは真の快楽ではありません。
スプダエウス　そうです。
ヘドニウス　そうすると一般の大衆が是が非でも手に入れようとするものは真の善ではありません。
スプダエウス　そう思います。
ヘドニウス　仮にそれらが真の善であるとしても、それらは善人にしか与えられていないでしょうし、それらが与えられた人たちを至福なものにするでしょう。だが、快楽とは何なのでしょうか。真の善からでなく、善の偽りの影から生じているものはいったい真の快楽と思われますか。
スプダエウス　決してそのようなことはありません。
ヘドニウス　ところが、快楽のおかげでわたしたちは快適に生活するようになっているのです。
スプダエウス　もちろんです。
ヘドニウス　したがって敬虔に生きている人、すなわち真の善を享受している人だけが、真に快適に生きているのです。しかし、最高善の源泉である神と人とを和解させる宗教的敬虔[45]だけが人間を至福にするのです。
スプダエウス　ほぼ同意いたします。
ヘドニウス　さあ、私のいうことに注目してください。快楽のほか何ものも公然と求めていないように思われる人たちは〔真の〕快楽からどれほど遠ざかっているかということを。まず彼らの心は不純であり、もろもろの欲望のパン種によって腐乱しております。ですから、たとえ何か甘美なものがそこに入ってきても、すぐに苦しくなってしまいます。ちょうど濁った泉からとった水が必然的にまずいのと同じです。次に健全な精神によって把握された快楽でないなら、真の快楽ではないのです。実際、怒っている人にとって復讐より喜ばしいものはありません。しかし、そういう快楽は病が心から去るやいなや、悲しみに変わります。

スプダエウス　反対いたしません。

ヘドニウス　結局、そのような快楽は誤った善から取り出されているのです。したがってそれらはまやかしであることになるのです。さらに、魔術によって欺かれた人が見ていると思っている事物の何ものも実際には存在しないのに、食べたり、飲んだり、踊ったり、笑ったり、手拍手を打ったりしているのを見る場合、君はどうおっしゃりたいですか。

スプダエウス　その人たちはまことに正気ではなく悲惨であるとわたしは言うでしょう。

ヘドニウス　それと似た光景にわたしは時折出くわしたことがあります。魔術に熟達した司祭がおりました。

スプダエウス　その司祭は聖書からそれを学んでいたのではないのです。

ヘドニウス　否、最も神聖な書物とはいっても〔その意味は〕最も呪われた書物からなのです。ある宮廷の女性たちは彼によって宴会に招いてもらえるように、けちだとか倹約しているとか非難しながら催促しました。彼は承知して招待しました。彼女たちはおいしく食事するためにお腹をすかして食卓につきました。見受けたところ、贅沢な食事に何も欠けていませんでした。彼女たちは十分に満腹しました。食事が終わりましたので、彼女たちは宴会の主人に礼を述べ、それぞれ家に帰りました。だが、すぐに胃が鳴りはじめました。あんなにもすばらしかった食事の直後に飢えかつ渇いているというこの奇怪さは一体どうしたことかと不思議に思いました。ついに事の真相が明かになり、大笑いとなったのです。

スプダエウス　でも当然のことです。空虚な幻影に浮かれ興じているよりも、家にいてレンズ豆の料理で飢えをみたす方がよかったのですよ。

ヘドニウス　しかし、わたしには一般の大衆が真の善の代わりに虚妄な善の影をだきしめ、笑って済まされず返って永遠の悲嘆にいたる、これらの幻影を喜ぶことの方が、もっともっと笑うべきものだと思われるのです[46]。

スプダエウス　もっと詳しく考察すれば、このように語ることはわたしにはおかしくなってくるように思われます。

ヘドニウス　よろしい。では、真実にはそうでないものも快楽という名称の下に時折入れられていることを認めましょう。君は蜂蜜よりもアロエの方をずっと多く含んでいるような蜂蜜酒を甘いと呼ぶだろうか[47]。

スプダエウス　三分の一もアロエが混入されていたら、わたしは甘いと言ったりしませんよ。

ヘドニウス　あるいは君は何かひっかく楽しみのために厄介な疥癬にかかりたいですか[48]。

スプダエウス　わたしの精神がしっかりしているかぎり、かかりたくないです。

ヘドニウス　ですから、みだらな愛欲、許されない情欲、暴飲暴食や酩酊を産み出している間違った快楽の名称にはどれほど多くの苦汁が混入されているか、自分で算定してみたまえ。ここでは良心の呵責や神との敵対関係や永遠の罰の予感といった最悪のことは考えないことにしよう。わたしは君にたずねたい、外的な災難の大きな群を自分に引き寄せないような種類のものが、これらの快楽のなかにありますか、と。

スプダエウス　いったいどんな災難でしょうか。

ヘドニウス　それ自体でもって不快な罪悪である貪欲・野望・怒り・傲慢・嫉妬は再び考えないことにしましょ

う。とくに歓楽の名称の下に特徴づけられているものを論じてみましょう。大変贅沢な酒宴のあとに熱、頭痛、腹痛、理解力の麻痺、悪評、記憶障害、嘔吐と消化不良、身体のふるえが続くとしたら、エピクロスでもその快楽を追求すべきであると考えたでしょうか。

スプダエウス　それを避けるように彼は言ったことでしょう。

ヘドニウス　若者たちが放蕩によって今では婉曲に言って(49)ネアポリスの疥癬(50)と呼ばれている新しい皮膚病に――よく起ることですが――かかり、生きながらしばしば死の運命に陥り、生ける屍(51)をたずさえていなければならないとしたら、見事にエピクロス的に生きていると思われませんか。

スプダエウス　いいえ、かえって口先だけのやぶ医者のところに駆けつけているのです(52)。

ヘドニウス　さあ、喜びと苦しみの均り合いについて想い浮かべてみなさい。酒宴と放蕩との快楽が続いているあいだじゅう、歯の痛みに苦しめられるのを君は望むでしょうか。

スプダエウス　わたしとしては両方とも無い方を選びます。苦痛でもって快楽を買うということは益なく、差引ゼロですから。この場合にはキケロが好んで無苦痛と呼んでいたアナルゲシア(53)（無感覚）が確かにいっそう優れています。

ヘドニウス　それに対し許してはならない快楽の刺激は、それが惹き起す苛責よりはるかに力の弱いことに加えて、やはり短い時間しか続きません(54)。しかるに重い皮膚病はそれに反し一生涯にわたって苛責しつづけ、しばしば死を迎えるに先立って死ぬことを強いるのです。

スプダエウス　エピクロスはそのような新参者の入国を承認しなかったでしょう。

ヘドニウス　放蕩三昧に付きまとうものといえば大概は貧窮、つらく重苦しい労苦であり、過度の情欲につきものは筋肉の麻痺や震え、目の病い、失明、重い皮膚病、そしてこれだけではないのです。現実のものでも真正のものでもない、このように短い喜びを、こんなに多くの重苦しくとても長く続く災難と交換するということは、ほめた取引きではない、といえませんか。

スプダエウス　その結果として心に苛責が付け加えられない場合であっても、宝石とガラスとを交換する(55)ような商人はわたしには大変愚かに思われます。

ヘドニウス　君は、精神の真の善を身体の偽りの快楽のために放棄する人のことを言っているのですか。

スプダエウス　その通りです。

ヘドニウス　ではもっと厳密に計算してみることに話しを戻しましょう。放蕩には必ずしも発熱や貧窮が伴われているわけではなく、過度の性行為には必ずしも新しい皮膚病（性病）や〔筋肉の〕麻痺が付きまとってもいません。そうではなく、それよりも悲惨なものはもうわたしたちの間に存在しないという点で意見の一致をみた良心の苛責がつねに許しがたい快楽の同伴者なのです。

スプダエウス　それどころか時には良心の苛責は先を走って、快楽の真最中に心に突きささり責めます。しかしながら、この感覚がない、とあなたの言われる人たちもおります。

ヘドニウス　彼らはもうこのことだけで相当不幸な人たちなのです。というのは、麻痺して感覚のない身体をもつよりも、苦痛を感じることの方を選ばないような人がいるでしょうか。だが、ある人たちにとり、いわゆる酩酊のような節度のない欲望や悪徳の習慣、同じくある種の身体の鈍感さは、青年時代には悪に対する感覚を奪っています。しかし、老年にすでに達していると、それまでの生活で犯した膨大な罪に対して報い返された無数の災いに加えて、死すべきものの避けがたい死が間近に迫って嚇す場合、全生涯にわたって無感覚であった人ほど、良心が激しく苛責するのです。なぜなら、人が欲しようと欲しまいと、そのとき精神は目覚めるからです。老年というものは、本性上数多くの災いにさらされているので、それだけでも悲しみにみたされているのに、心が良心の疚しさによって悩まされると、それはどれほど悲惨にかつ恥ずべきものでしょうか。宴会、酒盛り、恋愛事件、舞踏、古歌、その他若い人には快適に思われたものも老人には苦々しいものです。老年というものは、罪を犯すことなく送った生活の回想と来るべきより良い生活への希望とが助けてくれなければ、自分の支えとなる何もないのです。これらのことが老年を支える二つのつえであります。ところがもしこの二つを取り去られてその代わりに不正に過ごした人生の記憶と将来の至福に対する絶望という二重の重荷が課せられるならば、これに優ってあわれむべき悲惨な生きものが思い浮かぶでしょうか、とお尋ねしたいのです。

スプダエウス　確かにわたしも知りません。たとえ誰かがよぼよぼの馬を目前に差し出すとしても。[56]

ヘドニウス　ですから要するに「フリギア人は理解するのが遅すぎる」[57]というわけです。また〔ソロモンの〕あの言葉はきわめて真実です。つまり「悲しみが歓楽の終わる場所を占める」（箴言一四・一三）。あるいは「心の歓喜に優る楽しみはない」（ベン・シラ書三〇・一四）。また「歓ばしい心は花咲く人生を送り出すが、悲しみにみちた霊は骨を枯らす」（箴言一五・一三）。同様に「哀れな人のすべての日々は悪しく」（箴言一七・二二）つまり不幸で悲惨であり、「明るい精神は尽きない宴会のようだ」（箴言一五・一五）。

スプダエウス　ですから、早めに財産を造り、来るべき老後に備えて資金をためている人は賢いわけです。

ヘドニウス　神秘にみちた書物[58]〔聖書〕は人間の幸福を偶然的な財産によって量るほど地上に這いつくばってはおりません。徳を一つも身にまとわず、身体も魂も同時に地下の神オルクスの配下に立っている人は結局のところ驚くほどに貧困です。

スプダエウス　オルクス[59]は全く情け容赦ない執行人です。

ヘドニウス　慈しみ深い神を所有している人は、まことに富んでいる人なのです。このような保護者をもっている人が何を恐れるでしょうか。すべての人が神に対してもっている力は蚊がインド象に対するよりももっと小さいのです。それとも死を恐れるのですか。死は敬虔な人たちにとり永遠の至福にいたる通路にすぎません。それでは地獄を恐れるのでしょうか。しかし、敬虔な人は確信をもって次のように神に語りかけます。「たとえ死の陰のただ中を歩むとも、あなたがわたしにと共におられるので、わざわいを恐れません」（詩編二三・四）と。悪魔どもが恐れおののいているお方を胸中にいだいている人が、どうして悪魔どもを恐れねばならないのでしょうか。というのは敬虔な人の心は神の神殿であると、聖書は反論の余地のなく[60]、一箇所だけでなく言明しているからです[61]。

スプダエウス　それは大部分常識からはずれているように思われますが、それがどのような理由で否認されうるのか、私にはどうしても分かりません。

ヘドニウス　どうしてそうなのでしょうか。

スプダエウス　というのは、あなたの推論によると、フランシスコ会の修道士はだれでも、富や名誉、要するにあらゆる種類の享楽を有り余るほどもっている他の人よりも楽しい生活を送っていることになるからです。

ヘドニウス　もし君が望むなら王侯の笏をそれに加えなさい、また法王の冠をも加え、三重冠から百重冠にしなさい。ただ疚しくない良心を君が取り去り〔快楽にふけっている〕場合にのみわたしはあえて次のように言いたい。この裸足で、結び目だらけの綱〔荒縄〕の帯をしめ、貧相でみすぼらしいなりをし、断食・徹夜〔寝ずの行〕・労働によってやせており、地上にわずかなお金さえ所持していないこのフランシスコ会の修道士は、もしも疚しくない心さえもっているなら、六百人のサルダナパルスが一人のうちに集まっているよりも、快く生きている、と[62]。

スプダエウス　そうすると、貧困な人のほうが金持ちよりもたいていい悲惨であるのをわたしたちが目にしているのは、どういう訳なのですか。

ヘドニウス　その理由は大多数の人たちは二重に貧困だからです。一般的に言って病気・断食・徹夜・労働・衣服さえ着ていないことはたしかに身体の状態を弱めます。しかるに心の快活さはこのような状態のみならず死に直面していても立ち現れるものです。というのは精神は死すべき身体につながれてはいても、本性上いっそう強力であるし、身体そのものをある仕方で自分の方に変えていますから。とりわけ霊の働き[63]が本性の激しい衝動に加わっている場合にはそうなります。ですから真に敬虔な人たちが、他の宴会を催している人々よりもいっそう快活に死に赴くのをわたしたちはしばしば観察することが起ってくるのです。

スプダエウス　そのことを実際、しばしば驚嘆しておりました。

ヘドニウス　しかしながら、すべての喜びの源泉である神がいますところには、牢固たる歓喜があることに驚いてはならない。真に敬虔な人の心はたとえ冥府（タルタロス）の最も深いところに沈むとしても、何ら幸福の損失を蒙ることはないのですから、死すべき身体のうちにあっていつも喜んでいても何の不思議がありましょうか。清い心のあるところにはどこにでも、神がいましたまいます（詩編一三九・八―一二参照）。神がいましたもうところにはどこでも、パラダイス、天国、幸福が存在し、幸福のあるところには、真の歓喜と偽りのない快活さとが存在しています。

スプダエウス　しかもなお彼らが何ら不快なものなしに生きているなら、もっと快適なはずです。また彼らが知らないか、入手していないような楽しみもそこにはあることでしょうに。

ヘドニウス　だが、どのような不快なものを、君はわたしにお話しになっているのですか。それは共通の〔運命的〕法則によって人間の造られた状態に伴われているのでしょうか。つまり、飢え、渇き、病気、疲労、老年、死、雷、地震、洪水、戦争なのでしょうか。

スプダエウス　それらもそれに入ります。

ヘドニウス　しかし、わたしたちは死すべきものどもについてこれまで論じてきているのであって、不滅なものについてではないのです。しかし敬虔な人たちの運命[64]は、肉体の快楽を是が非でも追求してやまない人たちの運命よりも、これらの不幸の中にあってもはるかに耐えやすいです。

スプダエウス　どうしてそうなのですか。

ヘドニウス　まず第一に、彼らは節制と忍耐とに習熟した精神をもち、避けられないものを他の人たちよりも節度をもって耐えるからです。次に彼らはそれらすべてが罪の清めや徳の訓練のために神から送られていることを知っているからです。彼は耐えしのんでいるばかりでなく、喜びをもって、従順な息子のように慈悲深い父の手からそれを受け取り、さらに情け深いこらしめに対しても、つまらない利益に対しても感謝しています。

スプダエウス　しかし、多くの人たちは身体上の苦しみを自分に招いています。

ヘドニウス　だが、もっと多くの人たちが、身体の健康を維持したり回復したりするために、医者の薬を使っています。他方、厄介なこと、つまり貧窮、不健康、迫害、悪評を招くことは、キリスト教的な聖い愛によってそうするように動かされないとしたら、敬虔に属するものではなく、愚かさに入るでしょう。しかし、キリストのために、また義のために彼らが害を受けるたびごとに、主ご自身が彼らを祝福された者たちと呼び、それらのことのために喜ぶように命ぜられているのに、だれが一体彼らを不幸であるとあえて呼んだりするでしょうか（マタイ五・一〇―一二参照）。

スプダエウス　しかし、そう言っている間にもそれらの事柄は痛々しい感情を引き起こします。

ヘドニウス　その通りです。しかし、一面においてゲヘナに対する恐怖に呑み込まれる人は、他面において永遠の至福に対する希望にすぐみたされるものです。では、一度だけピンの先で君の皮膚の表面が刺されるのを我慢しさえすれば、君が全生涯にわたって決して病気したり、身体上の不快を感じることはないと確信しているとしたら、かくも小さな痛みを君は喜び進んで受けないでしょうか。

スプダエウス　もちろんですとも。いなそれどころか、もしわたしが生涯歯が痛まないと確実にわかっているなら、わたしは、針がもっと深くさし込まれても、両方の耳が錐でもって穴をあけられたりしても、冷静に耐えることができるでしょう。[65]

ヘドニウス　だが、現世においてわたしたちに襲いかかるいかなる艱難辛苦も、永遠に続く苛責にくらべるならば、針で刺された束の間の全くの軽傷が——たとえどれほど長くとも——人間の一生とくらべた場合よりもいっそう軽いし短くもあります。なぜなら有限なものと無限なものとのあいだにはなんの類似もないからです。

スプダエウス　あなたの仰言ることはまったく正しいです。

ヘドニウス　さて、もしあなたの手を一度だけ焰の中に差し入れられるなら——これをピュタゴラスは禁止していたのですが[66]——全生涯にわたって一切の厄介事を被らないで済むと、だれかが君を説得するなら、君は喜んでそれを実行しないでしょうか。

スプダエウス　約束する人が私を欺きさえしなければ、わたしだったら百回でもきっとそうしますよ。

ヘドニウス　神はたしかに欺くことはできません。しかし、あの〔神の〕焰にふれる感触は、人間の全生涯とくらべると、天上の至福と比較された場合の全生涯よりも、もっと長いのです。だれかがネストルよりも三倍もの月日を生きのびた[67]としてもそうです。というのは手を焰の中に差し入れるのがどんなに短いとしても、それは現世のある小さな部分であるが、人間の全生涯は永遠のいかなる小部分でもないからです。

スプダエウス　反対すべくもありません。

ヘドニウス　この永遠に向かって心を尽くし確かな希望をいだいて足を速める人は、走る道のりがこのように短いのに、現世の厄介事によって責めさいなまれると君は思いますか。

スプダエウス　確固たる確信と永遠を獲得する揺るがない希望さえあるならば、わたしはそう思いません。

ヘドニウス　さあ、君がわたしに反対して提起した楽しみのところに話しを戻しましょう。彼らは舞踏や酒盛りや劇場から遠ざかっている。彼らはもちろんこのようなものを大変軽蔑しておりますが、というのはそれらよりもはるかに歓ばしいものを享受しているし、楽しみが少ないのではなくて、別の仕方で楽しんでいれば、ますますそうするからです。「目がまだ見ず、耳がまだ聞かず、人の心に思い上がりもしなかったもの」（Ｉコリント二・九）――それらの慰めを神はご自身を愛する者たちのために備えたもうでしょう。聖パウロにはこの世においてすら敬虔な人たちにふさわしい歌、舞、踊り、酒盛りが何であるかということをよく知っていたのです。

スプダエウス　だが、彼らが自分に禁じていますが、許されてもいい楽しみも少しあります。

ヘドニウス　許されている快楽でも濫用するなら、許されがたいものになります。これを除くなら厳格な生活を送っていると思われる人々は他のすべての点に関して優っています。この世の中を観察することよりもすばらしい見ものはありうるでしょうか。神に愛されている人々はこの見ものから他の人々よりもいっそう多くの楽しみを捉えています。というのは他の人々は、好奇の目でもってこの驚嘆すべきわざを観察するかぎり、多くの事物の原因を会得できないのではないかと、心を悩ますからです。彼らのうちのある人たちはモームス[68]さながら自分を造った方に対しつぶやいたり、しばしば大自然を母と呼ぶかわりに継母[69]と呼んでいます。その非難の声は名目上は自然に向けられてはいても、実際は自然を創造された方にあびせかけています。総じて大自然なるものが何らかの形であればの話しですが。

しかし、敬虔な人は自分の主にして父なる神の御わざを、畏怖にみちた純粋な目ざしをもって、また心の大いなる楽しみをもって、眺め、一つ一つのものに驚嘆の念をいだき、これらすべてのものが人間のために創造されていると考えるために、何ものも非難することなく、万事について感謝するのです。そして創造された事物の中にその痕跡が認められる創造主の全能・知恵・善性をまさしく一つ一つの事物のもとであがめ敬うのです[70]。

さあ君、わたしのために、アプレイウスがプシュケーのために思い浮かべたような宮殿を現実に心に描いてみたまえ[71]。あるいは君にできるなら、もっと荘大で優雅な宮殿を心に描いてみたまえ。その宮殿へと二人の見物人を招きなさい[72]。その一人はただ観光のためにやってくる外国人であり、もう一人はこの建物をたてた人の僕か息子であるとしよう。二人のうちどちらがいっそう熱烈に喜びを感じるでしょうか。その家に何ら〔個人的に〕関係のない見知らぬ人でしょうか、それとも建物の中に最愛の父の才能・財力・すばらしさを大きな喜びをもって眺める息子でしょうか。とりわけこのすべての建物が彼のために造られたことを考える場合にはどうでしょう。

スプダエウス　あなたのご質問には答える必要はなさそうです。だが、敬虔でない生活をしている大概の人びとでも、天と天によって囲まれているものとは人間のために造られたことを知っております。

ヘドニウス　ほとんどすべての人はそのことを知っていますが、彼らはみなそのことを心にとめておりません。もしそれが心にとどまっているなら、創造者をいっそう多く愛している人はさらに多くの快楽をそれから捉えるものです。ちょうど天上の生活を熱望している人が天をいっそう快活に打ち眺めるのとおなじです。

スプダエウス　本当にもっともらしいことを仰言います。

ヘドニウス　ところで、宴会の心地よさは味がとても良いことにあるのでも、料理人の調理にあるのでもなくて、身体のめぐまれた健康と旺盛な食欲とにあります。ですから次のように考えないようにしたまえ。つまり鷓鴣（しゃこ）や雉、雉鳩、うさぎ、ベラ、ナマズ、トラウツボが食卓に並べられているルクルス[73]のような人の方が、普通のパン、野菜や豆類でもって、また水やわずかのビールまたはよく醗酵したぶどう酒の飲物で敬虔な人が食事をとるよりも、いっそう快適に食事をしていると。というのは、敬虔な人はこれらのものを恵み深い御父から贈られた賜物として受け取り、祈りがすべての味わいを造りだし、食前の感謝がすべてを清いものとなし、聖書朗読が伴侶となって、食物が身体を元気づけるよりもなお強力に心を活気づけ、感謝の言葉がそれに続いて食事を終わり、最後に満腹してではなく、活気にみちて、食べすぎではなく、精神と同様に身体も元気を取り戻して食卓を立つからです。それとも君はだれかこのような俗悪な食道楽の主催者がいっそう快適に会食をしているとでも思うのですか。

スプダエウス　しかし、もしわたしたちがアリストテレスの言っていることを信じるなら、性交（ヴェヌス）の中に最高の歓喜があるのでしょうか[74]。

ヘドニウス　この点においても敬虔な人は宴会における同様に勝利しています。この事態を次のように受け取りなさい。妻に対する愛が激しくなるに応じて、結婚の交わりはいっそう快適になってきます。さらにキリストが教会を愛したのと同様に妻たちを愛している人以上に、だれも熱心に彼女らを愛しておりません（エペソ五・二八―九）。なぜなら快楽のゆえに彼女らを愛している人は決して愛しているのではないからです。〔さらに〕妻との交合が少ないほど、いっそう甘美であるということもそれに加えなさい。そのことは世俗の詩人にも知られており、「節欲が快楽を大きく引き立てる」[75]と述べられている。たとえ快楽の最小の部分が交合にあるとしても、はるかに大きな快楽は絶えざる交友にあり、交友というものはキリスト教の愛でもって自己を正しく愛し、互いに対等に愛し合う人たちのあいだよりも快適でありうることはないのです。他の人たちのあいだでは時折、快楽が衰えると愛も衰えてしまいます。しかしキリスト教的な愛は肉の歓びが減少するに応じて、かえってそれは高まってきます。それともわたしはまだ、敬虔な態度で生きる人に優ってだれも快適に生きる人はないことを君にわかっていただけないのでしょうか。

スプダエウス　すべての人が私と同じようにわかっているとよいのですが。

ヘドニウス　もし快適に生きている人がエピクロス派の徒だとすると、清純にかつ敬虔に生きている人たちよりもいっそう真実にエピクロス派の人はいないことになります。そしてもし名称が私たちの気にかかるとしたら、キリスト教的哲学のあの崇拝すべき創立者にましてエピクロスの名前にふさわしい人はだれもおりません。というのはギリシア人にとり「エピクロス」という言葉は「援助者」[76]を言い表しているからです。自然の法が悪徳によりほとんど消滅してしまったとき、モーセの律法が情欲を癒すよりも刺激したとき[77]、暴君のサタンが臆面もなく世界で治めていたとき、あのお方ひとりが滅びゆく人類に直ちに有効な援助をもたらしたのです。ですから、キリストが本性上幾分か憂愁でメランコリックな性格をもち、私たちを陰気な生活の仕方に従うよう招いているなどというたわ言をしゃべっている人たちは、実際その思い違いたるやひどいものなのです。それどころか彼ひとりがすべての人たちにとって最も快適な生活と真の快楽に満ち湧れた生活を約束しておられるのです[78]。ただしあのタンタロスの石がなければの話しですが[79]。

スプダエウス　その謎めいた言い方は何んなのですか。

ヘドニウス　君は神話をお笑いになるでしょうが、おかしな話にも真面目な意味があります。

スプダエウス　ではその真面目なおかしい話をお聞かせください。

ヘドニウス　昔、哲学の教説を神話の衣を着せて述べるのに力を入れた人たちの話しによると、タンタロスなる人物が、神々が大へん優雅に催されるのを望んでいる神々の食事の席に招かれた。客人たちの帰るべきときになった際、ゼウスは食客に贈物をしないでは帰らせないようにするのが自分の豊かな富にふさわしいと考えて[80]、タンタロスに欲しいものを願ってもよいと許した。彼が願うものは何でもかなえてやるつもりだった。しかしタンタロスは人間の幸福は食道と腹の快楽により量られると考えている人のように愚かだったので、一生涯このような食卓につくことができますようにとの望みを述べた。ゼウスはうなずき、要求は認められた。タルタロスはあらゆる種類のご馳走の並べられた食卓にすわります。神酒も準備されており、バラの花やそれをかぐと神々の鼻を楽しくさせることができる香料も欠けておりません。酌取のガニュメデスとかガニュメデスに似ているものが側に仕え[81]、甘美に歌うムーサの神々がとり巻き、こっけいなシレノスが踊り[82]、道化者らもそろっています。要するに人間の感覚を楽しますことのできるものは何でもそこにあるのです。しかし、これらすべてのものの只中に彼は悲しげに座し、ため息をつき不安であり、快活に笑いもしないし、並べられたものに手もつけないのです。

スプダエウス　どうしてなのでしょうか。

ヘドニウス　なぜかというと、食卓に付いている彼の頭上には巨大な岩が毛髪で吊るされ、いまにも落ちてきそうな様子ですから。

スプダエウス　わたしでしたらそのような食卓から立ち去るでしょう。

ヘドニウス　しかし、彼には祈願したことが今や運命となっているのです。といのは、ゼウスはわたしたちの神よりなだめがたいからです。わたしたちの神は悔い改めさえすれば、死すべきものの破滅となる誓願をも取り消して下さるのです。他方ではまた、食事するのをさまたげている同じ石が、タンタロスが逃亡することも禁じてもいるのです。というのは彼は自分の身体を動かすと、ただちに岩が落ちてきて押しつぶされるのをこわがっているからです。

スプダエウス　おかしな物語ですね。

ヘドニウス　しかし、今度は笑うことのできないことがらに耳を傾けたまえ。大衆は外的な事物から快適な生活を求めていますが、精神の煩いのない状態でないならそれは与えられません。実際のところ疚しい良心の人にはタンタロスに向けられているよりもいっそう重苦しく岩が吊るさがっているのです。吊るさがっているどころか、精神を押さえつけ圧迫します。また心は空しい恐れによって責めさいなまれるのではなくて、地獄に投げ込まれるのではないかと四六時中予感しています。お尋ねしますが、このような岩によって圧迫された精神を本当に快活にしうるほど気持のよいものが、人間のもちもののなかにあるのでしょうか。

スプダエウス　狂気と不信のほかにはそのようなもちものは実際何もありません[83]。

ヘドニウス　まるでキルケの杯[84]によって惑わされるかのように快楽により気が変になり、真に歓ばしいものの代わりに蜜のように甘い毒を喜び迎えている青年たちがこのことを熟考してくれるならば、彼らは全生涯にわたって心を苦しめるかもしれないようなものを無思慮にも受け入れることのないように、どれほど熱心に警戒することでしょう。彼らは来たらんとする老年に対して疚しくない良心と恥辱によって汚されていない名声というこの旅費の貯えを備えるようにどうしてしないでしょうか。来し方を振り返るとき、なさずに怠ったものがいかに美しく、抱き慈しんだものがなんといむべきものであるかを、大きな戦慄をもって眺めるような老年にまさって、悲惨なものがあるでしょうか。さらに前方に目を向ければ、最後の審判の日とこれにすぐに続いて地獄の永遠の罰とがさし迫っているのを知るとしたら、どうでしょうか。

スプダエウス　若者の頃から身を恥辱に汚されないで保ち、敬虔を熱心に求めて常に前進し、老年という終点にまで到達している人々が最も恵まれているとわたしは考えています。

ヘドニウス　次に恵まれているのは、若気のいたりである酩酊から速やかに正気にもどる人たちと定っております。

スプダエウス　あなたはあの哀れな老人にはどんな類の忠告を助言として与えますか。

ヘドニウス　生きているかぎりは、絶望してはなりません。(85) 主のあわれみへと避難するようにわたしは勧告するでしょう。

スプダエウス　しかし永く生きれば生きるほど、罪の嵩は増大していって、もうすでに海岸の真砂の数を凌駕しています。(86)

ヘドニウス　しかし神のあわれみはその真砂よりもはるかに立ち優っているのです。真砂は人間により数えきれないとしても、それでも数において限りがあります。それに対し主なる神の慈悲深さは限界や終りというものを知らないのです。

スプダエウス　しかし、もうすぐ死に赴こうとしている人には時間は残っておりません。

ヘドニウス　時間が少なくなるに応じて人は熱心に叫び求めねばなりません。地から天に達しうるためには、神においてもかなりの距離があるのです。ただ霊の熱烈な力でもって発せられさえすれば、短い祈りでも天に突入するものです。(87) 福音書の「罪の女」は全生涯を通して悔い改めを行ったと語られています。(88) とはいえ死に直面したとき強盗がいかに僅かな言葉でもってキリストからパラダイスを得たことでしょう（ルカ二三・三九―四三）。もし彼が(89)心を尽くして、「神よ、あなたの大いなるあわれみによってわたしをいつくしんでください」（詩五一・一）と叫び求めるならば、主なる神はタンタロスの岩を取り除いて下さるでしょう。また主なる神はその人の耳に「喜びと楽しみとを」与えてくださるでしょう。さらに痛悔により「砕かれた骨」は罪が赦されたことのゆえに「歓声をあげるでしょう」（詩五一・八）。

（1）ルター『生と死について――詩編九〇編の講解』金子晴勇訳、創文社、一九七八年、六九―八〇頁参照。
（2）『エピクロス――教説と手紙』出隆・岩崎忍随訳、岩波文庫、七二頁。
（3）前掲訳書、九〇頁。
（4）前掲訳書、九六頁。
（5）前掲訳書、一〇六頁。
（6）本書一二一頁から引用。
（7）クリステラー『イタリア・ルネサンスの哲学者』佐藤三夫監訳、みすず書房、四二―五〇頁参照。
（8）モア『ユートピア』沢田昭夫訳、世界の名著「エラスムス、トマス・モア」中央公論社、四三一―三三頁。
（9）前掲訳書、四三四頁。
（10）ルター『生と死について』（前出）六九―七〇頁。
（11）前掲訳書、七〇頁
（12）前掲訳書、七九頁。
（13）前掲訳書、七九頁。
（14）前掲訳書、八〇頁。
（15）なお、この詩篇講解についての諸々の解釈とその内容の学問的検討をわたしは「生と死の弁証法」（金子晴勇『ルターの人間学』創文社、四五三―四八三頁）で試みているので、参考としていただければ幸いである。
（16）本書一二二頁からの引用。

(17) 本書一二七頁からの引用。
(18) 本書一二八頁からの引用。
(19) 本書一三五頁からの引用。
(20) 本書一四〇—四一頁からの引用。
(21) 本書一四一頁からの引用。
(22) ギリシア語の hedonikos に由来し、「快楽を追求する人」の意味をもっている。
(23) スプダエウスはスプドスとともに用いられ、熱心家や真剣な探求者の意味。
(24) De finibus bonorum et malorum(45,BC).この作品でキケロはストア派、エピクロス派、アカデミア派の真理を分析している。ベイコンの『ノブム・オルガヌム』(第一巻、七九節)によるとキケロの時代には「哲学者たちの最も主要な省察および努力は、道徳哲学(これは異教徒たちにとっては神学に代わるものであった)に専心し費やされた」(桂寿一訳、岩波文庫、一二八頁)。エラスムスの判断によると哲学の部門で最も重要なのは論理学や形而上学ではなくて、知恵であるサピエンティアを造り出す道徳哲学であった(Allen Ep. 2533 : 109-13)。
(25) 『格言集』I、三、八八参照。
(26) 古代哲学におけるテクニカル・タームで学説としてはピロンが説いたと言われる。しかし何も判断できないとすると、この種の懐疑論は自殺論となってしまう。
(27) ストア派は行動の適切性が選ばれなければならない点を強調している。行動は自然本性と調和しており、最高善は理性的であり、意志によって達成された徳である。こうした行為は目標である徳そのものに至る必然的な段階である。
(28) キケロ『ストア派のパラドックス』I、一四。
(29) キケロは『最高善について』Ⅳ、七四—七でストア派の極端な要求を批判し、一般の経験や判断と矛盾する不可解な主張とパラドックスを攻撃している。
(30) プラウトゥス『モステラリア』五四四—四五。
(31) 『エンキリディオン』(前出)六〇—六一頁、本書一三二—一三三頁参照。

(32) 鉱物の石綿のこと、プリニウス『自然誌』一九、一九―二〇。
(33) 原典はギリシア語。
(34) 『格言集』Ⅱ、一〇、九。
(35) サルダナパルスは伝説的なアッシリアの王で、奢侈で柔弱なゆえに有名である。フィロクセヌスやアピティウスは美食家のギリシア人とローマ人で料理術にたけていた。
(36) 心身の人間学的区分に関しては『エンキリディオン』第七章、邦訳四五―五二頁参照。
(37) 『格言集』Ⅲ、二、九八。
(38) ホメロスの『オデュッセイア』に出ている一つ目の巨人。
(39) 「正しく」(pie) とは同時に「敬虔に」を含意している。
(40) プラトン『ピレボス』19E.
(41) 『エンキリディオン』(前出) 六〇―六一頁参照。
(42) テレンティウス『アデルヒイ』一一七。
(43) 初版、LB は divitum (富者) と読むが、ライデン版とアムステルダム版はこれに疑問を呈し、dementum (狂人) を示唆している。ルカ福音書一六・一九―三一の「金持ち」にしたがって考えると、狂人と読んだほうがいっそう適切である。
(44) テレンティウス『アデルヒイ』七八五―六。
(45) pitas の訳語、これに pie (敬虔に) が先行している。
(46) 幻影のトリックについてとくに魔法のご馳走についてのテーマはホメロスや聖書と同じくらい古い。『オデュッセイア』一一巻、五八二―九二、マタイ四・一―一一、ルカ四・一―一三参照。シェイクスピア『テンペスト』(三・三・一八―六八) の魔法の食事もこのよい事例である。
(47) 『格言集』Ⅰ、八、六六。
(48) プラトンの『ゴルギアス』494C と『ピレボス』46A で尋ねられている疑問。
(49) 原典はギリシア語。

(50) syphilis の訳、イタリア語、フランス語、スペイン語では梅毒として知られている。
(51)『格言集』Ⅱ、四、三。
(52) 快楽に耽ることと癒すこととが言語では語呂合わせとなっている。床屋もまた外科医であったので「快楽に耽ること」と「床屋に駆け込む」とが懸かっている。それゆえ「ナポリの疥癬」に罹った人は治してもらおうとして床屋に行ったそうである。
(53) 原典はギリシア語。
(54)『最高善について』一、一一、三九参照。
(55)『格言集』Ⅰ、九、三〇の変形したもの。
(56) 原典はギリシア語。
(57)『格言集』Ⅰ、一、二八。フリギア人がトロイ戦争に参加するのを長い間躊躇していた故事にならったもの。キリスト者は同時代間の戦争を終わらせるのにも躊躇している、とエラスムスは付言している。
(58)「神秘に満ちた」とは直接の啓示によってか、著者の神秘的な経験によって、与えられる真理を含んだ聖書のテキストを指している。たとえばヨハネ福音書一・一―一八、六・三二―五八、八・一二―三二、一〇・一四―一七、エペソ三・二―一一、コロサイ一・二五―九など。
(59) オルクスとは死人の住居か、地下の国の主人を指している。
(60) 原典はギリシア語。
(61) Ⅰコリント三・一六、Ⅱコリント六・一六参照。
(62)「六百」については『対話集』の「埋葬」を参照。「フランシスコ会の修道士」については「天使的な埋葬」を参照。
(63) 原典はギリシア語。
(64) conditio は condo に由来するがゆえに、運命は「造られた状態」を意味している。
(65) 自己弁明的な文章であるが、この言葉はもっと別のものを思い起こさせる。「錐でもって穴を開けられる」という言葉は出エジプト二一・六で用いられ、人が自由を選ぶならば、失うことになる妻子を保っておく許しを得るために、生涯奴隷となることを引き受けた儀式を描くために使われている。

(66) 火は神であったがゆえに、ピュタゴラスによって禁じられていた。火は大地よりも高貴なため、宇宙の中心に存在し、ゼウスを守る家であると言われた。アリストテレス『天体について』二、一三、293a20-293b4参照。
(67)『格言集』Ⅰ、二、五六。
(68) モームスは重要ではない神である。自分を法的に認定できず、他の神々の行動の欠点を指摘しただけであった。神々は遂に彼をオリュンポスから追放したが、彼の言うことを聞いたほうがよかったかも知れないと愚かにも言っている。
(69) 継母は粗野と残忍と同義である。
(70)『宗教的饗宴』のエウセビウスはそのお客に花咲く自然の美について語り、「創造主なる神の知恵はその善性と等しい」ことを想起させている（Opera Omnia Desiderii Erasmi Roterodami,Amsterdam=ASD I-3, 231）。
(71) マウダラ出身のアプレイウス（123-170）は北アフリカのヌミディア生まれの哲学者にして文芸家である。哲学的には折衷的なプラトン主義を奉じ、通俗化した神秘的な宗教的世界観を述べている。『愛と魂』の寓話物語であるいわゆる『黄金の驢馬』でもって有名になる。
(72)『黄金の驢馬』五、一―三。
(73) 大きな財産と贅沢で有名な人物。
(74) De generatione animalium, I, 18. 723b33-724a3.「性交の中に強い喜びがあるのは確かである」。
(75) Juvenal, 11.208.
(76) または「守護者」「案内人」を意味する。
(77)『宗教的饗宴』ASD I-3, 245-250参照
(78) キリストが「すべての人を喜ばせた」からである。『宗教的饗宴』ASD I-3, 240参照。
(79)『格言集』Ⅱ、六、一四、Ⅱ、九、七、Ⅳ、三、三一参照。タンタロスについてはホメロスの『オデュッセイア』一一、五八二―九二参照。
(80)『宗教的饗宴』ASD I-3, 261参照。
(81) 宿屋におけるウエイターに対する皮肉を込めた叙述。

(82)『魚の食事』ASD I-3, 525参照。

(83) ルターは詩編九〇の講解でこのところを批判している（WA. 40,III, 537,14-540,16）。ルター『生と死について——詩編九〇編の講解』（創文社）六九頁以下参照。

(84)『格言集』Ⅳ、九、四三。『オデュッセイア』第一〇巻参照。

(85)『格言集』Ⅱ、四、一二。

(86) 創世記二七・一七、三二・一二、黙示二〇・八。『格言集』Ⅰ、四、四四、Ⅰ、七、八七参照。

(87) ベン・シラ書三五・二〇—一。ラブレー『ガルガンチア物語』Ⅰ、四一では修道士の言った言葉となっている。

(88) ルカ七・三五—五〇では彼女が生涯にわたって悔い改めたとは明らかに述べられていない。

(89) ラテン語のテキストでは主語が死にゆく盗賊なのか、それとも他の悔い改めた罪人なのか不明である。

第二部　ルターと宗教改革の思想

第五章　ルターの宗教的基礎経験と新しい神学思想

はじめに——問題の提起

ルターがその後の歴史においてどのように受容されてきたかは、歴史に刻まれたその像の軌跡を辿ることによって追跡調査することができる。それはこれまで「ルターとドイツ精神史」というテーマによってボルンカム等の優れた研究者によって解明されてきている。[1]ルターはキリスト教会の講壇から絶えず語り続けられているのみならず、ドイツ人のアイデンティティの確立に不可欠な存在である。つい最近のことであるがシュピーゲル誌がフリードリッヒ二世の墓の移転に関して世論調査をした結果をみると、アデナウアーについでルターが七七パーセントの高い支持を今日においても維持していることが知られる。ルターは依然としてドイツ人にとり「信仰の英雄」として肯定的に評価されているが、ときには「ヒトラーの先駆者」として否定的な評価を受けたりしている。日本でもその短いルター受容の歴史を省みても、彼はさまざまな評価を受けてきている。たとえば内村鑑三の『ルーテル伝講演集』は彼を「信仰の英雄」として賛美し、岩下壮一の『カトリックの信仰』は「自我中心主義」として彼を非難している。[2]このように同一の人間が同じ時代に肯定的にも否定的にも評価され判断されることは、しばしば見られることであり、それは評者の観点の相違から生まれてきている。それに対し歴史研究もそれに携わる研究者の視点によって左右されることは当然のことであるが、それでも歴史家はルターの置かれた時代の状況にまで遡って可能なかぎり自己の視点を相対化しながら、歴史を解明することを心がけている。すなわちルターという存在を広い歴史的連関の中におき、その文脈の中で可能なかぎり相対化しながら、その存在の意義を考察してきている。ここでは彼がヨーロッパ精神史においてどのように位置づけられるかを歴史的連関の中から次のような事項に沿って考察してみたい。

（1）まず初めにルターが青年時代に影響を受けかつ受容したヨーロッパ精神史の伝統について考察し、その受容過程の特質から彼の位置づけを試みてみよう。そのさい、①オッカムとビールのノミナリズムの影響と対決、②シュタウピッツの感化とタウラーの神秘主義の影響、③アウグスティヌスの決定的な影響とそれの超克という観点からルターの精神史的位置づけを試みてみよう。

（2）次にルターの中心的教説である信仰義認の特質から彼のヨーロッパ精神史上の位置づけが試みられねばならない。そのさい ①義認論の成立過程におけるアウグスティヌスの影響と批判 ②義認における宣義と成義 ③義認と聖化との関係、もしくは信仰と愛の問題が論じられねばならない。

（3）さらにルターの「職業」倫理に由来する聖俗革命から近代世界の形成過程について考察し、ルターの果たした役割からヨーロッパ精神史における彼の位置づけを試みてみよう。それを①「天職」としての職業の新しい理解、②プロテスタンティズムの職業倫理の問題、③世俗化と世俗主義化との関連から考察してみたい。

（1）ヨーロッパの精神的伝統の受容――スコラ神学と神秘主義との狭間にて

（1）オッカムとビールのノミナリズムの影響と対決

ルターは大学においても修道院においても当時新しく興ってきた学問であるノミナリズムのオッカム主義の伝統のもとに教育を受け、この伝統にしたがって魂の危機を経験し、その救済を求めていった。したがって、トマス・アクィナスの神学的伝統に初めから立っておらず、それとは対立していたドゥンス・スコトゥスやオッカムの神学的伝統の下で教育を受けている。もちろん当時の大学の教育は徹底的にアリストテレスの哲学体系に基づいていたため、さらにルター自身がヴィッテンベルク大学でアリストテレスの『ニコマコス倫理学』を講義したこともあって、彼がトマスやスコトゥスに優ってアリストテレスをよく理解しているという発言も決して誇張とはいえない[3]。したがって、ルターの著作、とくに大学での講義録を注意深く読んでみると、アリストテレスの概念と論理とが駆使されていることが容易に知られる。なお、彼が大学生活を送ったエルフルトには人文主義が流行していたため、彼はその影響によってオヴィディウス、ヴェルギリウス、プラウトゥスさらにテレンティウスなどの作品にも親しんでいる。

しかし、修道院に入ってからはもっぱらオッカム主義に立つ後期スコラ神学の強い影響の下に魂の救済を求めて求道生活を開始し、当時のオッカム主義の代表者にして「最後のスコラ哲学者」と呼ばれたガブリエル・ビールの著作『命題集四巻に関するコレクトリウム』（一五〇一年）その他を暗記するほどに学習している。ビールは未完成であったオッカムの神学をトマス・アクイナスの学説をも取り入れながらオッカム主義を完成させたのである。

ところでルターはこのオッカム主義の精神によって修道を徹底的に試み、救済を求めたが、内心に平和が得られず、絶望するにいたった。こうして一三世紀以来神の恩恵と人間の自由意志との協力関係をなんらかの形で維持してきたスコラ神学の伝統のすべてが、その壮大な体系的構成にもかかわらず、拒否されるにいたったのである。

(2) シュタウピッツの感化とタウラーの神秘主義の影響

若きルターに影響したヨーロッパの精神的伝統の第二の思想的潮流は神秘主義であった。中世のスコラ神学と並んで神秘主義は、ルターの時代には表面には現われていなくとも、精神の底流において大きな勢力となっていた。神秘主義はスコラ神学の中から出た、いわばその麗しい花として開花してきたものであった。この神秘主義はルターのヴィッテンベルク大学の直接の上司で、彼の霊的な指導者であったシュタウピッツによって彼に伝えられている。シュタウピッツは当時のアウグスティヌス派隠修道士会のドイツ支部代表者であり、アウグスティヌスに立脚した恩恵説を確立していた。彼はルターの深刻な試練に対して牧会的配慮をし、「悔い改め」の正しい理解と「罪人の義認」および「キリストの御傷の省察」を説き、それと合一する「キリスト神秘主義」の教えを伝えている。このシュタウピッツの著作を読んでみるとルターがいかにその師に大きく影響されているかが判明する。[4] こうした影響に加えて生れながらの神秘主義的な傾向もあって、ルターは花嫁なる魂が花婿キリストと合一する「花嫁神秘主義」を説いたクレルヴォーのベルナールに親しみ、さらにドイツ神秘主義者タウラーの著作に心酔し、自ら発見した神秘主義的な著作に(彼は最初それをタウラーの作と思った)『ドイツ神学』という名称を与えている。もちろん彼は信仰による義認を中心にしているため、シュタウピッツやタウラーと相違して信仰の神秘主義と義認の神秘主義を強調していた点は認められねばならない。

(3) アウグスティヌスの決定的影響とその超克

ルターが初めてアウグスティヌスに触れたのはヴィッテンベルク大学からエルフルトの神学院に派遣され、ロンバルドゥスの『命題集』を注解した時代（一五〇九～一〇年）であったと推定されている。それに先立ってアモールバッハ版アウグスティヌス全集が一五〇六年に出版されているので、このころからアウグスティヌスの著作を読みはじめていると推定される。そのなかでどの著作が読まれたかはワイマル版第九巻に集められた欄外注記によって確定されるのであるが、最も重要な著作『霊と文字』の書名が最初に記されているのは一五一五～六年の『ローマ書講義』の劈頭においてである。この時点よりも前にもすでにこの著作を読んでいる可能性はあって、『第一回詩編講義』（一五一三～一五年）にも内容のうえで一致する箇所が多いことからこの書を知っていたことが推定される。しかし、信仰による義認の確信をえた後に、これを再読し、聖書と並んでアウグスティヌスを最大の権威とするにいたったといえよう。ルターは『霊と文字』が属している後期アウグスティヌスのペラギウス派駁論の神学的諸著作を読み、その思想を積極的に受容し、彼の新しい神学を樹立している。(5) このことは中世以来長期にわたって続けられてきたアウグスティヌス受容の歴史において注目すべき出来事であるといえよう。実際、中世のすべての思想はある意味でこの受容と解釈の試みであったが、ルターにおいては、それまで伝統となっていたアリストテレスを全廃してこの『霊と文字』を大学の神学教育の土台として据えるにまで徹底的に受容されるにいたっている。しかし、ルターは単なるアウグスティヌスの解釈者ではなく、自己の義認体験からアウグスティヌスをも批判的に受容している。ここに彼のヨーロッパ精神史における独自の位置が見られるので、次にそれについて論じたい。

（2）信仰義認論のヨーロッパ精神史における意義

ルターの宗教改革は、何よりも先ず彼の救済体験に由来する教義の改革を意図したのであって、その結果生じてきた教会制度の改革や政治・経済上の改革を直接意図したのではなかった。その教義はオッカム主義の行為義認説に対する批判という形で展開し、「神の前に」(coram deo)「信仰によってのみ」(sola fide)「義と認められる」(justificari) という信仰義認の教説である。彼はオッカム主義の救済の教説に従いながら良心の平安が得られなかったとき、「神の義」の新しい理解に到達した。それは、神がわたしたちをそれによって裁く正義ではなくて、神が賜物としてわたしたちに授け、わたしたちが信仰によって受領する義、したがって神が授け人が受ける神人の正しい授受関係をいう。

(1) 義認論成立過程におけるアウグスティヌスの影響

このような救済の体験に基づいて信仰義認の教えは「新しい神学」として確立されたのである。そのさい彼はアウグスティヌスも『霊と文字』で同じ主張をしていることに気づいたのである。ここから『霊と文字』を中心とする後期アウグスティヌスのペラギウス派駁論の諸著作の研究と受容を開始している。しかし、この受容の性格は一般に研究者の行なうような学問的解明ではなく、自己の救済体験に根ざした批判的受容であった。したがってまず自己の救済体験がそこには先行した事実としてあり、次にアウグスティヌスの教説を自己確認の意味で捉え直したのである。

この順序はルターとヨーロッパ精神史というわたしたちの主題から見ると、実に重要な意味をもっており、彼の自伝的文章にもこの点が次のように明記されている。

「その後、わたしはアウグスティヌスの『霊と文字』を読んだ。この本の中でわたしは予想に反して、アウグスティヌス自身もまた神の義を同じように解釈しているのを見いだした。つまり神がわたしたちを義とするさいに、それをもって神がわたしたちに着せたもう義であると。そして、このことは今まで不完全にしか述べられていないし、義とみなすこと（imputatio 帰責、転嫁）に関しては、彼もすべて明瞭に説明していないけれど、それでもわたしたちが義とされる神の義が教えられていることは喜ばしいことであった」[6]。

この文章で「その後」とあるのは「神の義」の新しい理解と発見の出来事の後という意味である。また「その後、初めて読んだ」とは語られていないので、その前にも読んでいて、この出来事によりもう一度読み返したとしても不思議はない。また「予想に反して」というのは、『霊と文字』という書名が聖書の霊的解釈と字義的解釈との対立を暗示しているのに、読んでみると律法と福音の対立が説かれている点を語っているように推測される。そこで以前は聖書解釈の方法を学ぼうとして読んだのであったが、以後は聖書にある「神の義」の解釈に注目して読んでみると、自己が経験したのと同じ解釈に出会ったといえよう。事実、以前と以後とでは読み方が相違していることは立証されている[7]。したがって彼は自己の救済の経験に基づいてアウグスティヌスを読んだのであって、アウグスティヌスを読んで「神の義」を追体験したのではない。それゆえ彼はカトリック教会の最大の権威を自己確認（アイデンティティ）のために用いているのであるが、同時にそれとの距離をもはじめから意識しており、それと批判的に対決することもできたのである。この対決点についてもこの引用文は言及している。つまり義認の教えがアウグスティヌスにおいてすでに「義とみなすこと」（imputatio）という帰責や転嫁の意味で力説されているとはいえ、それはいまだ不完全であり、不明確であると言われている。義認というのは引用文にある「それをもって神がわたしたちに着せたもう義」と規定されている「神の義」の理解に示されている教えであり、アウグスティヌスが「罪と恩恵の教え」として歴史上初めてキリスト教の中心的教説となしたものである。それではルターはアウグスティヌスの教えの不完全さと不明瞭さとをどのように捉えていたのであろうか。次にこの点を取り上げてみよう。

(2) 義認における宣義と成義

ルターはアウグスティヌスの『霊と文字』の中に義認について二重の解釈のあることに気づき、そこから「宣義」と「成義」とを区別するようになる。この区別について彼は『ローマ書講義』の一節で次のように語っている。「聖アウグスティヌスは『霊と文字』第二六章でこの言葉(ローマ二・一三)を二重に説いている。第一には次のようである。『律法を行なう者たちが義とされるであろう』、つまり義認以前ではそのようではなかった者たちがいまや行為する者と成るように、義認によって生じる、もしくは創造されるであろう。第二に、かついっそう適切には『義とされるであろう』、つまり義人とみなされ、判定されるであろう』[8]。ここにある義認の第一の意味は義人と成るという「成義」(Gerechtmachung)であり、第二の意味は義人とみなされ、判定される「宣義」である。この「宣義」は罪人を義人とみなす「判定・帰責」(reputatio, imputatio)を言い、法廷における無罪の宣告、つまり罪を罪人に「帰さないこと」(nonimputatio 非帰責)として説明されている。ルターはこの第二の解釈の方を「いっそう適切である」とここでは説いている。ところで『霊と文字』を読んでみると、先のルターの自伝的文章にあった「それをもって神が私たちに着せたもう義」のような理解もあり、この義は罪に染まった罪人に白衣のように「着せる」もので、明らかに第二の「宣義」の意味で使われている[9]。また『結婚と情欲』では「肉の情欲という罪は、洗礼によって赦されるが、それがもはや存在しないためではなく、［罪に］帰せられないためである（non imputetur）」と語られ、宣義的に罪の赦しが理解されている。しかるにルターが察知したように、アウグスティヌスにおいては義認は単に義人と認定される法廷的な宣告にとどまるものではなく、かかる宣義は同時に具体的に義人となる「成義」として理解されている。つまり「義とされる」とは現実に義人となっていく「義化」を意味している。これに反してルターは神の聖なる行為としての義認、人間の業の関与を排した「神の独占活動」を力説し、そこに義認の完全性を見ており、これに対する人間の応答は「信仰のみによる」神の義の受容にあるとの信仰義認論の確立となった。それゆえ彼はこの二つの意味を区別しないアウグスティヌスの教説の不完全さと不明瞭さとを、先の自伝的文章で批判したのである。[10]

（3）義認と聖化の関連、もしくは信仰と愛の問題

このようなルターの義認論に対する批判はカトリック神学や内村鑑三などから倫理や愛の不在を指摘することによってなされている。カトリックの成義の神学さらに成聖（sanctificatio 聖化）の神学からは、ルターでは信仰だけが説かれていて倫理の主体が形成されていないと批判されている。トリエントの公会議の決定に忠実に従いながら岩下壮一はその論文「成聖の神学」において義認の中に人間の意志の協力を排除するならば、魂の浄化と倫理の否定となり、「この点を看過したことが正に所謂宗教改革の悲劇的錯誤であったのである」と主張した。彼は「霊的再生は……ただ罪の上にキリストの義を衣服を着る如く外的にきせられると謂うが如き擬制的なものではない」と語って、アウグスティヌスの思想のなかにルターが認めた宣義の契機をも否定している。岩下は「成聖の神学なき神学体系は死せる神学である」[11]と断定しているのであるが、ルターが義認を宣義において捉えているのは、神の

義の完全性と人間の義の不完全性の認識から生じており、[12]信仰が人間の力を超越した聖なる存在に基づいているという宗教の固有の領域を人間の領域から分けるためであった。今日のカトリック神学は、第二バチカン会議以降、たとえばカール・ラーナーはルターの義認論を認めている。[13]こうして初めて神に純粋に根拠を置いた倫理としての「神律」（Theonomie）の倫理がルターによって力説されるようになっている。[14]さらに内村鑑三はルターに傾倒しながらも、信仰があっても愛のない宗教改革を論難し、「ルーテルの行ひし以上の改革を要するのである。勿論信仰抜きの改革ではない、信仰を経過して然る後に愛に到達せる改革である、我等はルーテル以上の改革者たるべきである[15]」と語っている。信仰と倫理との関連はルターでは分離の契機が強いことは確かであるが、積極的結合の契機も萌芽としてあり、これこそプロテスタンティズムの倫理の最大の問題となっている。次にこの点を職業倫理の観点から扱ってみたい。

（3）職業倫理と聖俗革命

（1）「天職」としての職業の新しい理解

この問題を論じるに当たって宗教とくにキリスト教における「聖」の観念を予め考えておかなければならない。「聖」というのは元来、宗教的言語であって、わたしたちの日常生活からまったく切り離されたもの、わたしたちが触れてはならないもの、タブー（禁忌）を意味している。[16]預言者イザヤは神殿の中に神の衣の裾が光輝いている光景を目にしたとき、セラピムという天使像が「聖なるかな」の三唱を高らかに響きわたらせていたのを聞いたのである。彼はイスラエルの神を「イスラエルの聖者」と呼び、聖なる神への絶対的信頼としての信仰を力説した。

宗教改革者ルターはイザヤと同じく「聖なる神の前に人はいかに立つことができるか」と問い、実に世俗的な職業も信仰によって感得していた聖なるものを宿す媒体となることができると確信するにいたった。彼は「職業」にBe-rufというドイツ語をあてたが、それは元来「召命」という意味であり、この意味が「職業」に加えられた結果、それは「天職」という意味内容をもつにいたった。こうして聖書の翻訳者の精神によって職業にそれまでなかった新しい意味が与えられて、これにより社会生活に大きな変革が起こるようになった。

ルターが世俗の職業にBerufの訳語を当てた古典的個所は、旧約聖書の「ベン・シラの知恵」（シラ書、共同訳一一章二〇節「契約をしっかり守り、それに心を向け、自分の務めを果たしながら年老いていけ」であり、ルターのドイツ訳（一五四四年版）はBleibe in Gottes wort und ubi dich drinnen/und beharre in deinem Beruff.（神の言葉に留まり、そのうちに身を置き、あなたの天職に固く留まりなさい）となっている。ここに「務め」が宗教的な「召命」を意味する訳語に置き換えられて、世俗の職業を神から与えられた「天職」とみなすというルターの職業観が端的に表明されている。これまで通念であった伝統的職業観は、職業の意味を生活を維持する範囲で認めていて、職業に固有な積極的意義を付与してはいない。聖書といえども伝統的な職業観に立っており、「召されたときの身分のままにとどまりなさい」（Ⅰコリント七・一七）という召命の勧告は「主からわけ与えられた分に応じ」各自に授けられた召命であっても、それによって神の栄光に奉仕するといった積極的なものではなかった。というのは「定められた時は迫っています」（七・二九）とあるように、キリストの再臨が近いとの切迫した終末の期待のうちに当時の信徒たちは生きていたため、職業や身分に召命の観念が与えられていても、それ自体には何の変化も生じていなかったからである。

しかし、職業観の変化は職業を積極的に天職とみる思想のなかに生じてきている。中世においては職業は上下の階層秩序の中に組み込まれており、「聖なる職業」に従事する聖職者たちによって俗世間は支配されていた。この「聖職」という言葉に示されているように、世俗の職業は低いものとして蔑視されていたのであるが、ルターの宗教改革によって世俗から隔離された聖域たる修道院は崩壊し、これによって聖職と世俗の職業との区別は撤廃されるようになった。そして世俗的職業の内部における義務の遂行を道徳の最高内容とみなし、世俗的な日常労働に宗教的意義が認められるようになり、神に喜ばれる生活は各人の世俗的地位から要請される義務を遂行することであるとの思想が生まれるにいたったのである。

このような事態はルターの中心思想である信仰義認論から直接導きだされてきている。つまりキリスト者は神に対しては功績となる善行によらないで、ただ「信仰によってのみ」生き、隣人に対しては愛によって喜んで奉仕するように勧められた。その際、人間関係の媒体をなす職業を通して愛を具体的に実践することが道徳的義務とみなされたのである。ここに「世俗—内—敬虔」とか「世俗—内—道徳」と呼ばれているプロテスタントの倫理的特徴が明瞭に見られるようになってきた。

(2) プロテスタンティズムの職業倫理の問題

ここから起こってくる経済的な変化やさらには社会的変革が強調されるようになった。マックス・ヴェーバーは、宗教的な現世否定の禁欲的精神と魔術からの解放としての合理主義の精神とが結びついて、プロテスタント的な独自の職業倫理が形成され、近代産業資本主義の誕生を促進したとみなしている。もちろん彼はルターの中にはこの職業倫理の萌芽を認めただけであり、カルヴァン派のピューリタンやメソジスト派においてその完成された姿を捉えている。(17) このような職業倫理と資本主義との内的関連を強調することに対しては歴史家トーニーや経済学者のゾンバルト等の反論があって、ヴェーバーの学説はただちに受け入れることはできないが、ルターの職業観が近代ヨーロッパの形成の土台としてどのように大きな意義をもっていたかを解明している点で、その貢献は高く評価されなければならない[18]。同様のことはトレルチによっても強調されている。「宗教改革が現世的生に対してそもそも何かまったく新しい意味を与えたとすれば、それは職業観念において存する。もろもろの職業つまり分業の自然的身分体制はキリスト者の行動にとって自然の素材であり、行動の場所となった。それは神にあがなわれ現世に対して自由となったキリスト者の愛の精神をかような自然に与えられた生活諸形式の中に注ぎこもうとすることであった。……限りなく崇高な超現世的精神態度がきわめてありふれた現世的形式のなかに現われ、単なる自然秩序から構成されている職業体系が宗教倫理それ自身の実践窮行の中に入りこんでいる。これこそ宗教改革的現世肯定の本質なのだ[19]」と。ここからトレルチはルネサンスにはなかった「社会学的生産性」を宗教改革の倫理に認め、それにより新しい社会と時代とが形成されるにいたったことを力説している。

(3)　世俗化と世俗主義化

このような宗教的な精神が職業のような現世的な形式を通して実現される事態はティリッヒにより「神律」と呼ばれている[20]。ここでは世俗的な職業活動によって、つまり信仰による「世俗化」により聖なるものがどのように実現しているかを考えてみたい。職業労働は身体を通して行なわれており、この身体がもっている一体化の働きにより、わたしたちの内に宿った聖なる霊が具体的人間関係の中に実現されるようになる。それゆえパウロは「自分の体で神の栄光を現しなさい」（Ⅰコリント六・二〇）と勧めている。しかし、この「体」は元来世俗的なものに組み込まれていて、「聖なるもの」はこの世俗のなかに、実に世俗を通して実現されるのである。

ところで次に注目すべきことは、職業の内容もルターの時代の頃から急激に変化してきている点である。ルターの父は当時の末子相続の制度にしたがって農村を離れ、鉱夫となり、銅精練業に従事している。これは金・銀・銅にせよ貨幣が商業を栄えさせ、資本を集中させて生産を高める資本主義の到来を暗示している。ルターの父が農業から鉱山業に転じたことは、「ファウストの世紀」つまり練金工房で黄金を作り出し、コロンブスが黄金を求めて船出する時代と合致していた。それまでは農業が中心で家族が一緒に畑に出て働いていたが、近代に入る頃から人口が都市に集中し、人々は家族との共同の労働から離れ、利益の獲得を目的にして社会を新たに形成していった。これこそ会社のように契約によって造られる利益社会であり、利潤の追求を唯一の目的にしていることから世俗性は極端に進み、俗物根性丸出しの世俗主義に転落していった。この世俗主義は自己の利益しか考えないようなエゴイズムとなってわたしたちの社会の全体を蔽うように支配している。

こうして信仰に基づく愛の実践の場として職業が理解され、信仰の合法的な結果として「世俗化」は積極的に遂行されたのであるが[21]、この世俗化の肯定的側面は資本主義の進行とともに次第に変質してゆき、いわば「世俗主義化」するにいたった。信仰の世俗化から世俗主義化へという動的観点からヨーロッパ精神史を再解釈することはできないであろうか[22]。信仰はルターが力説したように信頼であり、「ひとりの神を所有するというのは、心から神に信頼し、信仰することに他ならない[23]」のであって、神と一つになった者は神の愛を現世において実現させていく。このような信仰による新生した存在に由来する倫理は「神律倫理」である。ところが近代が進行するに応じて自己の利益を中心にした行動様式が定着化してくる。こうした流れの中からデカルトに創始される近代主観性の哲学、ロックの個人主義的な政治哲学、スミスの自愛心に立脚した経済哲学、ルソーの孤立した個人の教育哲学、カントの超越論的批判哲学および自律としての自由の学説などが形成されてきている。このような主観的で個人主義的倫理は一般的に「自律倫理」ということができる。しかしこの個人主義は「世俗主義化」によって個我主義（エゴイズム）に変質している。それは、ヘーゲルと対決してその左派から出てきているシュティルナーのエゴイズムにおいて頂点に達し、もはや倫理も秩序もない無政府状態に転落している。そこに神的根拠を失った人間本位の「ヒューマニズムの自己破壊的弁証法」（ベルジャーエフ）の行き着く運命が看取される。[24]

このプロセスを聖と俗との関連の中に入れて考察すると、次のように言うことができよう。ルターの信仰と職業観によって聖なるものが俗のなかに愛を通して深く浸透し、俗を内側から生かすことになった。聖と俗とが二元論的に上下に分けられた上で、統一されていた中世的な構図が近代にいたると崩壊し、聖が俗のなかに侵入し、俗を通して新たな世界を形成している。しかし近代がさらに進むと、俗が聖を排除し退けて、自律するにいたる。そのとき初めて「科学革命」（バタフィールド）とか「聖俗革命」（村上陽一郎）とか言われる事態が成立する。[25] それは近世のはじめにおいて信仰の行為として生じた「世俗化」と言われていたものが、その信仰の生命の枯渇によって「世俗主義」に変貌したものであった。聖俗革命は俗が聖を追放することによって実現しているが、そのことの帰結が俗の自己破壊を引き起こしているがゆえに、この俗をも真に生かす聖の内在化こそ本来の聖俗関係であらねばならない。聖が俗を内的に生かし、俗を通して新しい存在を確立する生き方こそ先に「神律」と言われたものであって、これこそルターにはじまる宗教改革の行動原理であり、今日その回復が切に要請されているといえよう。

（1）H. Bornkamm, Luther im Spiegel der deutschen Geistesgeschichte, 2. Auf. 1970.
（2）岩下壮一『カトリックの信仰』中央出版社、一九五四年、六六四頁。
（3）Weimarer Ausgabe=WA. 6, 458, 19f.

（4）金子晴勇『ルターとドイツ神秘主義』創文社、二〇〇〇年、第三章「シュタウピッツとルターの神秘思想」一一五—六六頁参照。
（5）金子晴勇『近代自由思想の源流』創文社、二一六〜二三一頁参照。
（6）WA. 54, 186. Cl. 4, 428, 10ff.
（7）前掲書、二〇六〜二一三頁参照。
（8）WA. 56, 201, 10ff.
（9）アウグスティヌス『霊と文字』九・一四、金子晴勇訳「アウグスティヌス著作集9」教文館、三一—三二頁。
（10）『結婚と情欲』一・二五・二八。
（11）岩下壮一「成義の神学」（『信仰の遺産』岩波書店収録論文）二三六頁、および岩下壮一「成聖（sanctificatio）の神学」前掲書、二九二頁以下。
（12）金子晴勇『ルターの人間学』創文社、一五三〜一五六頁参照。
（13）カール・ラーナー『キリスト教とは何か　現代カトリック神学基礎論』百瀬訳　エンデルレ書店　四七四〜四八八頁とくに四七六頁参照。
（14）本書、第九章二三四—三九頁参照。
（15）内村鑑三『ルーテル伝講演集』「内村鑑三全集」第一七巻、岩波書店、一一三頁。なお、本書付録「内村鑑三のルター像」二六五—六九頁参照。
（16）この点について詳しくは拙著『聖なるものの現象学』世界思想社、八—一五頁参照。
（17）ヴェーバー『プロテスタンティズムの倫理と資本主義の精神』大塚久雄訳、岩波文庫参照。
（18）ゾンバルト『ブルジョア　近代経済人の精神史』金森誠也訳、中央公論社、とくに三三三〜三四七頁参照、トーニー『宗教と資本主義の興隆』出口・越智共訳　岩波文庫、とくに「一九三七年版への序文」を参照。
（19）トレルチ『ルネサンスと宗教改革』内田芳明訳、岩波文庫、四一—三頁。
（20）P. Tillich, Art. Theonomie, in RGG（2. Auf.）1931, Bd. 5, Sp. 1128.
（21）F. Gogarten, Verhängnis und Hoffnung der Neuzeit. Die Säkularisierung als theologisches Problem, 1987参照。

(22) この点に関し、詳しくは金子晴勇『近代人の宿命とキリスト教——世俗化の人間学明考察』聖学院大学出版会、二〇〇一年参照。
(23) WA. 30, I, 133. Cl. 4, 4, 25f.
(24) トレルチ『ルネサンスと宗教改革』内田芳明訳、岩波文庫、四一—四三頁。
(25) H・バターフィールド『近代科学の誕生』渡辺正雄訳　講談社学術文庫、村上陽一郎『近代科学と聖俗革命』新曜社、参照。

第六章　ルターの人間学と教育思想

はじめに

「キリストは人間を教育しようと欲して、みずから人となりたまわねばならなかった。もしわたしたちが子どもたちを教育すべきであるとしたら、わたしたちもまた彼らとともに子どもにならなければならない」（ルター『ドイツミサと礼拝の順序』Deutsche Messe und Ordnung Gottesdiensts, 1526）[1]。

ルターの教育思想は彼自身の福音主義的神学から説かれたものであって、彼の福音信仰が現実と積極的に関わってくるところに生じたものである。彼はあくまでも神学者であって、教育家でも、教育学者でもない。このことを彼自身も十分自覚していて、教育の専門家の立場を尊重し、自分はただ教育へ向けて人々を勧告し奨励する一介の牧師にすぎないと述べている。このような勧告や奨励という形式で論述された論文を二つ数えることができる。その他では『大教理問答書』（Der grosse Katechismus, 1529）が彼自身の宗教教育の実践をしるしたものとして重要な文献である。教育に関する二つの論文については後に論じることにして、彼の教育思想の基礎となっている人間学をまず問題とし、この観点から彼の教育思想の特質を解明したい。

最初に、周知のことに属すると思われるが、ルターの略歴を掲げておく。

ルターは一四八三年にドイツのアイスレーベンに生まれた。父は農民出身で後に鉱夫となり、鉱山業の経営者となった。ルターは単純で厳格なカトリック信仰の家に育ち、マンスフェルトとマグデブルクのラテン語学校を経て、エルフルト大学に入学し、人文学部から法学部に進学して勉強した。一五〇五年落雷にあい、修道士になることを誓った。アウグスティヌス隠修道士会で司祭に叙品されたのち、一五〇八年当時新設のヴィッテンベルク大学の教師になり、やがて博士の学位を取得し、聖書学を担当した。この間ルターは自己の善いわざの功績をもってしても良心に平和をもたらすことができず、自己の罪に絶望するが、ただ「信仰によってのみ」神から授与される神の義を発見する。これが宗教改革者としての新しい認識であり、この認識にもとづいて聖書の講義を行い、当時ドイツに販売されていた贖宥状（免罪証書）について学問的に論じるために「九五箇条の提題」を一五一七年に提示した。この提題が大反響を呼びおこし、宗教改革の発端となった。宗教改革は初期の段階ではルターの改革文書により発展した。その中でも改革のプログラムを提出した『キリスト教界の改善に関してドイツのキリスト者貴族に与える書』（An den christlichen Adel deutscher Nation von des christlichen Standes Besserung, 1520）、カトリックのサクラメント（秘跡）を批判した『教会のバビロン捕囚』（De captivitate Babylonica ecclesiae praeludium, 1520）、信仰の義と愛のわざを説いた美しい小品『キリスト者の自由』（Von der Freiheit eines Christenmenschen, 1520）が有名である。彼は一五二一年ヴォルムスの国会に召喚され、これらの文書の取り消しを求められたが、それを拒否した。

ヴォルムス以後宗教改革の運動はなお発展し、プロテスタント教会の形成にルターは努める。教理問答書や学校教育に関する論文もこの時期に発表されている。エラスムスとの自由意志をめぐる論争、大農民戦争での彼の失敗、プロテスタント諸侯の保護下における領邦教会制の確立などがその後の主たる出来事である。一五四六年故郷アイスレーベンにて病のため死す。享年六三歳。

（1）人間学と教育思想

ルターの教育思想は教育の歴史において画期的業績として高く評価されている。その研究の中でもアスハイム『ルターにおける信仰と教育』[2]も強調しているように、ルターには近代教育学が目ざしているような人間の理想的姿をあらかじめ設定し、そこへ向けて人間を教化し形成するような視点は見当らない。もちろん「正しいキリスト教的人間」へと子どもを教育することが彼により時折語られている事実は認められるが、人間の理想像を予め究極目標として立てておいてそこへ向けて教育するのではない。むしろキリスト教的人間というのは「神に奉仕する人」をいうのであって、教育の目的も「神への奉仕」（Gottesdienst）つまり「礼拝」であり、教育自体も人間を中心とすることなく、どこまでも神中心的に遂行され、人間も神との関係に生きる信仰から把握されている。このことは彼の人間学に由来しているといえよう。

ルターは『キリスト者の自由』の冒頭で「キリスト教的人間とは何か、またキリストが彼のために獲得し与えたもうた自由とはいかなるものであるか」と問い、キリスト者は「自由な主人」であり、同時に「奉仕する僕」であると言う。この相互に矛盾する人間の規定は人間が「霊的と身体的との二様の本性」からなる存在であるという観点から解明されている。霊と身体は人間の本性上の区別であって、哲学的人間学の区分といえよう。ルターは神学者であるが、同時に伝統的な哲学的人間学の区分法をもとりあげて論じている。それゆえ彼は『キリスト者の自由』

の本論において「霊的人間」がいかに信仰により義とされ、「自由な主人」となるかを論じ、さらに「身体的人間」が愛により「奉仕する僕」としていかに行為すべきかを探求している。

ルターによると「キリスト教的人間」というのは相互に矛盾する規定、つまり「自由な主人」と「奉仕する僕」とによってとらえられるが、これが人間学の区分により、「霊」と「身体」から考察され、「信仰」と「愛」との生命的な統一態から全体的に理解されている。さて、教育の目的は彼によると「神への奉仕」であり、したがって教育は具体的には「礼拝」へと青年や子どもを方向づける行為であるといえよう。それでは人間のうちのいかなる能力がこのような目的に向けて教育により開発され、形成されるのであろうか。そのためには人間をその基本的能力によって分析的に彼がいかに把握しているかを知らなければならない。

キリスト教的人間の全体を構成している人間学的全体像は『マグニフィカト』(Das Magnificat verdeutschet und ausgelegt, 1520 und 1521) と『人間についての討論』(Disputatio de homine, 1536) において完成した形で示されている。その要点をあげてみよう。

『マグニフィカト』でルターは霊・魂・身体の哲学的人間学の三区分法をとりあげ、人間の「本性」を分析的に次のようにとらえている。

「第一の部分である霊 (Geist) は人間の最高・最深・最貴の部分であり、人間はこれにより理解しがたく、目に見えない永遠の事物を把握することができる。そして短く言えば、それは家 (Haus) であり、そこに信仰と神の言葉が内住する。……第二の部分である魂 (Seele) は自然本性によればまさに同じ霊であるが、他なる働きのうちにある。すなわち、魂が身体を生けるものとなし、身体をとおして活動する働きのうちにある。……そしてその技術は理解しがたい事物を把握することではなくて、理性 (Vernunft) が認識し推量しうるものを把握することである。したがってここでは理性がこの家の光である。そして霊がより高い光である信仰により照明し、この理性の光を統制しないならば、理性は誤謬なしにあることは決してありえない。なぜなら、理性は神的事物を扱うには余りに無力であるから。……第三の部分は身体（Leib）であり、四肢をそなえている。身体の働きは、たましいが認識し、霊が信じるものにしたがって実行し適用するにある」[3]。

霊・魂・身体の三重構造は、聖書の幕屋の比喩により、至聖所・聖所・前庭として語られ、「この象徴のなかにキリスト教的人間が描かれている」と語られている。なかでも最大の問題は「霊」であり、これが聖くないと人間は人格的破綻をきたす。したがって「最大の戦いと最大の危険は霊の聖さにおいて生じる。すでに述べたように霊は把握しうる事物に関わらないため、全く純粋な信仰においてのみその聖さが存立しているからである」[4]。そうすると旧約聖書の幕屋の比喩が示しているように、人格の最内奥なる霊から外へ向かって放射状に広がる関係構造が見られ、霊・魂・身体は三つの同心円を扇状に切った形をとり、人間は霊において神と出会い、この神に導かれて理性は自己を統制し、外なる身体をとおして世界に連なり、神と世界とのあいだに生きるとみなされている。

このようなキリスト教的人間の全体像の形成にこそ教育は向けられなければならない。そして「神への奉仕」としての「礼拝」においてこそ、それは神の不思議なわざによって実現しているのであるが、そこにいたるにはどのような過程を通るのであろうか。これを明らかにするために人間の区分についての構造分析に加えて、それを救済史的に考察する必要がある。『人間についての討論』[5]がこの点を簡潔に論じている。

この討論は短い命題（テーゼ）から成っていて、ルターはまず人間の本質について哲学的定義を試みる。「人間的知恵である哲学は、人間とは理性的・感覚的・身体的動物である、と定義している」（テーゼ一）。ここでの理性・感覚・身体は類概念「動物」に種差を加えて定義する伝統的方法にしたがう種概念の区別に由来している。かつ、「この定義は現世の死すべき人間を定義している」（テーゼ三）とあって、理性を現世の領域に限定しているが、それでも現世の事物のなかで最もすぐれたものであると言われる。すなわち「理性はすべてのもののうち最も重要なもの、また頭（かしら）であって、現世の他の事物に対比すると最善にして神的なものであることは確かに真理である」（テーゼ四）。理性の賜物により人間が地上世界を正しく支配するよう神に定められている。だから、理性は「現世においてこれらの事物を治めるために任命された太陽であり、一種の神性をおびているものである」（テーゼ八）。さらに「神はアダムの堕落以後もこのような理性の尊厳をとり去らず、むしろ確認された」（テーゼ九）。このようにルターは理性を高く評価するのであるが、理性が神により委託されていることを知らない場合には、人間を可死的で現世的にのみとらえるため、その認識が「断片的で一時的であり、ひどく物質的」（テーゼ一九）になっている点を指摘している。哲学がこのようであるのに対し、「神学は実際その充実せる知恵によって人間を全体的かつ完全に定義する」（テーゼ二〇）と彼は語って神学的な人間の定義を次のように与えている。

「人間は神の被造物であり、身体とそれを生かす魂とから成り、始源から神の像につくられ、罪なくして産み、事物を支配し、決して死すべきものではなかった。だが、アダムの堕落以後、悪魔の力なる罪と死に、すなわち人間の力によって克服しがたくかつ永遠であるような二重の悪に屈服した。人間は神の御子イエス・キリストによってのみ（もし彼がキリストを信じるなら）解放され、永遠の生命が与えられうる」[6]（テーゼ二一—二三）。

この神学的定義は先にあげた哲学的定義を包摂していて、その前後に人間が神の被造物であることと罪と死の力からキリストによって救われることとが加えられ、全体として見ると創造・堕罪・救済・完成という救済史的観点から人間を定義している。ここに理性と世界との関係のみならず、神との関係から人間がとらえられ、神の像にしたがってつくられた人間の存在が全体的かつ発展的に把握されている。哲学的人間の理性的存在としての人間を自然の創造にかなうものとして把握しているのに対し、神学的理解では罪による堕落と信仰による救済から人間が完成にいたる歴史的存在であることが説かれる。したがって両者は人間の現実の罪の状態において対立しているが、決して相互に他を排斥するものではなく、歴史の初めと終わりにおいては調和的統一態を形づくっている。したがってルターは終末論的見地から人間を次のように把握することになる。

「だから現世に属する人間は自己の将来的生の形のためにある神の純粋な素材である。それは、今は虚無に服している被造物が、神にとっては被造物の将来の輝かしい形のための素材であるのと同様である。かつ天と地が始源において創造の六日間の後に完成される形のために、すなわち自己の素材としてあったのと同じように、人間が現世において存在しているのは、神の像が改造され完成されるであろうときの将来の自己の形のためである」[7]（テーゼ三五―三八）。

これがルターの人間についての思想の結論であり、神によって造り変えられる素材として人間をとらえている。これこそ彼の教育思想が語られる基本的前提である。それを一言でもって要約すれば、「人間は神の作品である」ということになる。

（2）試練と神の教育

神学者であるルターは人間が自己自身の創造者でも形成者でもなく、したがって教育者でもなくて、かえって神によって造られたものであり、神こそ自己の創造者にして教育者であることを、その全生涯をとおして力説してやまなかった。このような考えに彼を導いたものこそ彼が力説する「試練」の教説にほかならない。「わたしは自分の神学を突然学んだのではなく、ますます深く探求しなければならなかったのであるが、そうするようにわたしを導いたのは、わたしの試練であった。なぜなら悪魔の陰謀と試練の外では聖書は決して理解されないからである」[8]と彼は『卓上語録』で語っている。試練は神との関係における「受動的経験」(Erleiden)であって、「苦難」(Leiden)とほぼ同義語である。ルターの人間観にみられる特質は罪・死・悪魔という勢力が何か対象的に考察されているのではなく、人間の実存を脅かし、絶望や不安を伴う外から自己への攻撃としてとらえられている点にある。したがって「試練」は「誘惑」や「試誘」というような内発的なものではなく、むしろ外発的な攻撃となって、人間的生の可能性を絶滅させる現象となってあらわれている。これを克服する力は人間にはなく、ただ神への信仰と神から来たる聖霊の働きによってのみ救いだされる可能性が残ることになる。この試練において彼は神の教育をとらえている。したがって神の教育は理論的に何かを教えうるものではない。この意味で「生きること、否死ぬこと、また断罪されることによって神学者となるのであって、理解したり、読書したり、思弁にふけったりすることによるのではない」[9]とも語られている。

神の教育をみずから親しく受けた者にしてはじめて、他者に何ごとかを教えうる者となっている。ルターはこの点を教師生活のはじめから力説してやまない。彼の最初の著作『第一回詩編講義』から二つの文章を引用してみよう。

「試練を受けたことのない人は何を知っているというのか。経験していない者が何を知っているというのか。経験により試練の本性を認識していない者は、知識ではなく、聞いたり見たりしたこと、あるいはもっと危険なことである自己の幻想を伝達している。だから確実であること、および他者に確信的に忠告することを欲する者は、まずみずから経験し、みずから最初の十字架を負い、模範として先行し、他者に役立ちうるように確証されるのでなければならないであろう。それゆえ、神は朝の明けそめるころ教会のなかに人をひそかに訪ね、突如人間を試みて、他者に伝達すべきことを、みずから親しく学ぶようになしたもう[10]」。「キリスト教神学において見ることよりも先に聴くこと、理解することよりも先に信じること、把握することよりも先に把握されること、捕えることよりも先に捕えられること、教えることよりも先に学ぶこと、博士また自己の教師となるよりも先に弟子であること、これらのことが当然心がけられなければならない[11]」。

さて試練の内容について語ることをここでは割愛し[12]、その教育上の意義についてだけ考察することにしたい。試練に襲われた人は人間的生の可能性に絶望し、神からの生を聖霊を通して学ぶのである。ルターはこれを聖霊の教育といい、聖霊が魂に働きかけ、その呻きをもって神に呼ばわることを教えると説いている。「神また神の言葉は、聖霊から直接これを受けるのでなければ、だれも正しく理解することはできない。しかし、これを聖霊から受けることは、これを経験し、試み、感得するのでなければ、だれも不可能である。この経験において聖霊は聖霊自身の学校におけるごとくに教育したもう[13]」。このように聖霊の教育が試練のさなかに行われるのであるが、それにより神が教育しているとも語られている。「あなたを教育して歩むべき道を示そうとしている者は〈あなた〉ではない。すなわち人間ではなく、被造物ではなくて、むしろ〈わたし〉自身である。あなたが導かれて行くところはあなたの選ぶわざでも、あなたが考えだした受苦でもなく、むしろあなたの選択と思考と欲求に反して生じるものである。そのときわたしは叫ぶ、〈そこにわたしの弟子がいる〉と[14]」。

このように試練は信仰に導くための神の教育であって、人間の霊という人格の内奥にして中核であるところにおいて生じている。試練において根底的に震撼され、戦慄されていないならば、神に対し信仰を徹底的に寄せることも生じない。それは神のわざであって、人間の方はというと試練に会うことを欲していない。だが、人間が神を全面的に信仰するためにはこうした試練の否定を通過しなければならないとルターは主張する。それは神の創造主としての本性によるとみて彼は次のように言う。

「無から有を創造したもうのが神の本性である。だから、いまだ無となっていない者から神もまた何ものも造り得ないのである」[15]。

このことは人間の理性と思想には不可解な事態である。それにもかかわらず、試練を通して不思議なわざを神は現実になしていたもう。このわざは神の礼拝において教会のなかで生じている。ここに導くことが教育の目的としてルターにより定められているのである。

次にルターが具体的な教育問題に直面して語り、実践した教育について考えてみよう。

(3) ルターと大学改革

キリスト教的人間が霊と身体を所有し、霊において神への信仰に生き、身体において他者への愛の実践に生きることをルターは説いてきた。この区別は彼の「二世界統治説」とか「福音と律法」となってより広い実践の領域に応用されている[16]。この二領域にまたがる人間は、人間学的にはキリスト教的人格と世俗人格の区別として、社会的には教会の霊的統治と国家の現世的統治の区分として論じられている。キリスト教的人間は、神の言葉による救済のもとに霊的統治に服しているが、同時に世俗人格として国家の統治のもとにあって、一定の持ち場と職務を通して隣人に奉仕し、法と習俗に対し責任を負っている。この両者は厳密に区別されながら、キリスト教的精神のもとに現実の社会も正しく治められなければならないとされる。ここから「キリスト教的学校」教育の現実問題が扱われるのである。

まず、ルター自身がたずさわっていた大学教育について、とくに宗教改革の精神をもって遂行したヴィッテンベルク大学の改革について考えてみよう。

ルターの本務とするところは大学における神学教育であり、聖書の釈義が彼の専門であった。宗教改革における幾多の文書もこの仕事から派生したものであり、歴史的に有名になった「九五箇条の提題」も学問的公開討論を学者に向けて呼びかけたもので、当時の日常的習慣にもとづくものであった。この提題の学問的な解説は『贖宥の効力を明らかにするための討論』（一五一七）によって示されている。彼が働いていたヴィッテンベルク大学はザクセン選帝侯フリードリヒ賢公により一五〇二年皇帝マクシミリアン一世の認可を得て、創立された新設大学であった。ローマ教皇の承認をまたずに創設された点を見てもわかるように、特殊な学問的伝統に立つことなく、新時代の要請に応じる自由な人文主義的教育が採用された。ルターは初め哲学の講座を担当し、アリストテレスの『ニコマコス倫理学』を講義したが、神学科に移る希望もあって神学士の学位を得、エルフルトにてロンバルドゥスの『命題集』の注解を担当してから、神学博士の学位を得、聖書の講義を開始した。彼は当時のスコラ学的な教育を受けたのであるが、そのあいだに心の平安が得られず、そこでの教育にも疑問を感じ、やがて宗教改革的「神の義」の発見による新しい認識に到達した。この宗教改革的な認識に立って大学改革を遂行するようになった。こうして伝統となっていたアリストテレス的なスコラ学に代わるものとしてラテン語・ギリシア語・ヘブライ語の三古典課程を採用し、人文主義的な改革案を一五一八年に提出した。さらに若いメランヒトンと多くの教師をギリシア語やヘブライ語の教授として迎え入れた。このことは単なる人文主義運動ではなく、教会的スコラ神学の基礎であるアリストテレス哲学に代えて、聖書とアウグスティヌスとの研究に立つ新しい神学を築こうとするルターの根本思想から提案されたものである。

ルターの大学改革の根本思想は『キリスト教界の改善に関してドイツのキリスト者貴族に与える書』に明瞭に述べられている。

ルターの大学改革案は、伝統的な学問を継承しながら人文主義と宗教改革の精神によりこれを新しく造りかえてゆく姿勢を堅持しており、彼自身の経験と認識から作成されたものである。この点に注目するなら、次のような意義をこの改革案はもっている。

(一)、まず第一にこの改革案は大学教育のはたす社会的役割を力説することから開始する。「実際、実に多くのことが、大学にかかっているのである。なぜなら、内にキリスト教をもっているキリスト者である青年や、わが国における最も高貴な人々が、大学で教育され、訓練されるからである。それゆえ、教皇や皇帝にふさわしいいかなるわざも、大学の確実な改革以上にすぐれていないし、また逆に改革されない大学以上に、悪魔的で悪いものはないとわたしは思っている」[17]。当時は中世以来の大学の伝統が動揺しはじめていて、一五一七年フランソワ一世によって創設されたアカデミーとか各国宮廷の人文主義者の集団が新しい学問を唱導したため、大学に登録する学生数が激減しつつあった。そこでルターは、ドイツの大学が新時代にふさわしい精神にしたがって改革されることの必要を説くにいたった。国家をささえる人材の養成は大学をおいては他にないのであり、この大学改革以上に将来の国家のために必須なことはないと彼は力説している。

(二)、次に、従来の大学教育の基礎となっていたアリストテレス的スコラ神学を全廃し、教会的学問に代えて人文主義の教育を基礎にしようとする改革をルターは提示している。これは学問における世俗化であるが、現実には彼自身の経験と認識から生まれてきたものである。ルターは大学でアリストテレスを講義したこともあり、彼の聖書講義のなかでアリストテレスの概念が多く用いられているが、それが神学に関していかに適用しがたいものであるか、そして倫理学における自然主義がいかにキリスト教と対立しているかなどを詳論している。この認識にもとづいて彼はアリストテレスをトマスやスコトゥスよりもよく理解していると自負し[18]、この改革案では、アリストテレスの著作内容についても、自然学、形而上学、霊魂論、倫理学が神の恩恵とキリスト教道徳に対立しているがゆえに、拒けられなければならないが、論理学、修辞学、詩学は保存するに値する、と主張する。しかしアリストテレスの注釈書なしにじかに読まなければならないという。続けて彼は古典語学、数学、歴史の意義を論じていく。ここにもよくあらわれているように、たとえ彼がアリストテレスを悪魔と呼んだとしても、それは誤用し悪用されたアリストテレスを指して語られているのであって、その良きものは継承していこうとする改革者の姿が見られる。ルターは革命家ではなく、あくまでもキリスト教界の改革者なのである。

(三)、さらにルター自身の所属する神学部について彼が次のように語っているところも注目に値する。「わたしの愛する神学者たちは、骨折りや労働を省いて、聖書をまったく片隅へおしやり、『命題集』ばかりを読んでいる。わたしは『命題集』は、若い神学者たちの初歩的研究のためのものであり、聖書こそ博士たちの研究対象であるともともと考えていた。ところが事実はその反対で、聖書は最初のもので得業士になるとそれは見捨てられ、『命題集』が最後のものとなり、それは博士の学位と永久に結びつけられている[19]」。

この神学教育の批判は、彼自身のうけた教育の経験と「聖書のみ」をスローガンとする宗教改革の原理とから打ちだされたものであるが、これはあくまでも当時の伝統主義的な神学教育への対決からのみ理解すべきものである。それゆえ、彼は神学書についても最良の書を少し選んで精読することをすすめ、とくにキリスト教教父の書物を読むように説いている。しかし、教父たちもわたしたちを聖書へ導いているのであるから、聖書に向かわないとしたら、道標だけを見て、すこしも旅行しない人となってしまうと警告している。

このようなルターの大学改革案は、この書物の出版された翌年、ヴィッテンベルク大学で実施に踏み切られ、アリストテレスと『命題集』の講義は廃止され、古典語学、論理学、修辞学、数学、ラテン文学の講義が加えられるにいたった。またメランヒトンが中心になって神学部の規定も改革され、従来の哲学的神学に代わって聖書的、歴史的、古典文献学的な神学が確立され、ドイツの諸大学もこれにならうようになった。わたしたちはここにルターの教育思想のひとつの成果を見ることができる。

（4）少年教育の問題

ルターにとり教育とは単純に「子どもたちを治めること」（die Kinder regieren）を意味している。[20] その仕事は両親と教師とにゆだねられ、子どもたちがその使命にかなった行動ができるように、そして究極的には神への奉仕に向かうことが目ざされている。そこで少年に対しては家庭教育と学校教育が論じられなければならないのであるが、家庭教育の「しつけ」だけでは限界のあることをルターが論じているので、ここでは家庭教育に関しては彼の代表的見解をあげるにとどめ、主として学校教育について考えてみたい。

『大教理問答書』のなかでモーセの十戒にある両親をうやまうことを説く第四戒についてルターは論じ、両親の方は子どもに対し教育する義務を負うているという。ここに彼の家庭教育についての基本的見解が述べられている。「もしわたしたちにして、世俗の支配と霊的支配の両者のために、有能なりっぱな人々を得ようとするのであれば、どんな努力も労力も費用も惜しまず、神と世とに仕えうる者となるように、子どもたちを教え育てなければならない。子どもたちのために、ただ金銭財産をたくわえてやることばかりを考えてはいけない。神は現に日ごとになしていたもうように、たといわたしたちがいなくても、彼らを養い富ましめたもうことができるからである。神がわたしたちに子どもを授け託したもうたのは、わたしたちが彼らを神の御こころに従って育てあげ、治め導くためである。もしそうでなかったならば、神は決して父と母とを必要とされなかったであろう。それゆえ各人は、何はさておき、自分の子どもたちが神をおそれ、神を知るように養育し、もし子どもに才能があれば、他日必要な事がらに用いることができるように勉学させる義務があり、万一これを怠れば、神の恩恵を失わねばならないということを知るべきである」[21]。

ルターの教育の基本姿勢は「子どもたちを治め導くこと」にあり、しかも、それが神の意志にしたがってなされなければならない点に求められている。かつ教育の究極目標は「子どもたちが神をおそれ、神を知るようになる」こととして明確に述べられている。この「神の畏怖と認識」こそルターの教理問答書の目ざすところであり、教育もすべてそこへ向けられる実践的活動なのである。もちろん、ルター自身が受けたような厳格な家庭教育と鞭について彼は批判的であり、そのような間違った教育が神を審判者とみなす古い宗教思想に由来することを彼はくり返し語っている。神は慈愛に満ち、一切の善の湧きいずる永遠の泉であって、心が全面的に神に信頼を寄せることができるように愛を注いでいる。この「心の信仰」に導くために教育も神の言葉を丸暗記するといった方法をしりぞけ、問答法的に、また子どものあそびのなかに習慣づけなければならない、と彼は説いている。

少年のための学校教育にいって彼は二つの論文を書いている。それは一五二四年の『ドイツ全市の参事会員に当てて、キリスト教的学校を設立し、維持すべきこと』(An die Ratsherrn aller Städte deutsches Landes, dass sie christliche Schulen aufrichten und halten sollen) と一五三〇年の『子どもを学校にやるべきことについての説教』(Eine

Predigt, dass man Kinder zur Schulen halten solle）であって、ルターの教育思想は一般にこの二論文から論じられている。

ドイツ全市の参事会員に向けて語りかけた論文はルターの教育思想を述べたものではなく、宗教改革の運動と併発して生じていた学校教育に対し都市の責任者に向かい「キリスト教学校」の設立を呼びかけた勧告の書である。彼は当時の教育者たちに学校教育のプログラムを提出しているのではなく、世俗当局の為政者と教育の専門家に対しその責任を喚起し、促す訓戒が必要であると感じたのであった。世俗当局といえども教会の構成員であって、宗教改革時代には「学校」という章が各教会規則のなかにふくまれており、学校教育は教会の「他なるわざ」もしくは副牧師的な仕事と考えられていた。

この論文はまず宗教改革の結果生じた事態を指摘することから開始する。すなわち、中世をとおして教育の担い手であった大学、修道院、教会付属の教育施設が衰退し、ドイツ全体で学校がいちじるしく激減し、人々は「司祭や修道会士や修道女にならないのなら、何を学ばせるというのか。むしろ自分たちで生計を立てるすべを学ばせた方がよい」とまで口にするにいたり、学校に子どもをやらない風潮が大勢を占めるにいたった。ルターはこの一般的傾向に対し批判を加え、たとえ従来の学校が欠陥のゆえに解体した必然性があったとしても、教育が生計の手段とならないから必要ないという現世主義は間違っているという。子どもの「口腹」のためでなく、その「魂」を配慮し、「神の御こころにかない、かつ、子どもたちを救いにいたらしめる他の方法」が探求されなければならない。これこそ「キリスト教的学校」の理念であって、子どもたちの教育のための配慮が具体的になされなければならない、と彼は説いている。

そこでルターは宗教改革と並んで進行してきた人文主義の運動が言語や自由学芸を復興させ、多くの教師を生みだし、贖宥状によってドイツから黄金をもち去るのではなく、かえって優れた教育の到来をつげる「真の黄金の年」が近づいていることを知らせる。この人文主義に基づく教育を採用するなら、これまで一五年も二〇年もかかった教養がわずか三年間で少年の身につくと彼は語っている。このように彼は人文主義の成果をキリスト教主義の学校がいまや積極的に受け入れる好機であることを力説する。

ところで少年を学校で教育させることは両親の義務である。子どもを野放しにしておくことは、尊い魂を棄て去ることであって、身体的に乙女を凌辱するよりも重い罪である。しかし、両親のなかには子どもの教育を全く考えない者もいるし、考えても能力と財力のない人が多い以上、共同の教師と学校が必要である。このことは市参事会員と当局の仕事である。そこで彼は次のような奨励をなしている。

「ひとつの町の繁栄は単に、人々がたくさんの財宝を集め、堅固な城壁や美しい家を建て多くの鉄砲や甲冑を造ることにのみあるのではない。いやそうしたものがたくさんあっても、狂気の愚か者がそれを制することにでもなれば、ずっとひどいことになり、その町の損害はいっそう大きいことになる。かえって、町がすばらしい、学識ある、賢い、名誉ある、よく教育された市民をたくさん有していることこそ、町の最上、最大の繁栄であり、救いであり、力である[22]」。

このように語ってからルターは古代ローマの市民がいかに優れた教養を身につけていたかを話し、自由学芸と語学教育の重要さを説いている。「教養と語学とは、わたしたちに害にはならず、いやむしろ、聖書を理解し、この世の統治をするという両方のためにずっと偉大な飾りであり、利益であり、名誉であり、幸いである[23]」。なかでも彼は語学教育を強調し、それは「貴い、優れた神の賜物」であるという。ヘブライ語とギリシア語は福音という「宝を納める箱」であって、これを修得するのを怠った大学や修道院は福音を忘れ、ラテン語やドイツ語を堕落させ、自然の理性を失って、ただの野獣になりさがっている。この語学教育を論じたところがこの論文でもっとも精彩にとんだところであるが、結局のところ福音のためにそれが必要であると述べているにすぎない。さらに自由学芸や神学について語っているところは一五二〇年の大学改革案以上のものを含んでいない。

ルターは自分が教育の専門家でないことをわきまえているが、彼としてはドイツの現状を黙認することができなかったのである。彼にとり教育は家庭があくまでも中心であるが、各人が自分の子女を教育するには限界があり、家庭のしつけがうまくいってもせいぜい「強制された外的な礼儀作法」の修得にすぎない。真の教養を体得した市民となるためには言語、自由学芸、歴史を専門の教師から学ばなければならない。この教養があってはじめて神と人々との前で正しく生きることができる。このように彼は市参事会員に呼びかけ、キリスト教的学校の設立を勧告したのであった。この勧告はただちに多大の反響を呼び、ドイツの各都市に福音主義学校の設立をみた。

しかるに、ここに新しい問題が起ってきた。ルターの呼びかけによって各地に学校が設立され、教師が迎えられたのに、それがいっこうに利用されないままになっていた。そこでルターは牧師、説教者、両親たちに学校の本来の意図にしたがって正しく利用するように説得しなければならなかった。それが第二の論文『子どもを学校にやるべきことについての説教』である。

ルターはこの論文で教育の目的を「神への奉仕」、つまり「礼拝」として明確に規定し、それに役立つ職務を、霊的なものと現世的なものとに分けて、考察している。

「神は子どもを与え、これに糧を与えたもうが、それは、あなただけが彼らを好きなように扱い、あるいは、この世の華美に向けて教育するためではない。あなたが彼らを礼拝（神への奉仕）へ向けて教育することが、真剣にあなたに命じられている」(24)。

これが教育の真の目的であるから、牧師や説教者という神の言葉にかかわる職務こそ高貴な宝であり、彼らによって神の奇跡的で不思議なわざが実現する。子どもの教育は将来この職務にたずさわる人材の養成のために行われなければならない。ただ、教育は霊的救済のためのみならず、この世の秩序と統治のためにも必要である。この世の統治は理性により実行されなければならないから、学問教育によって役立つ人材を育成することができる。学芸は武具を身につけるようにはたやすく体得できないにしても、これにまさる財宝はない。ルター自身も生徒だったとき、アイゼナハの家々の前でパンをもらって歩いたが、教育を受けさせてくれた父のおかげで尊い知識を得ることができた。それは神のすばらしい教育でもあった。

「それだから、あなたの息子を安心して学ばせるがよい。たとえ彼がしばらくのあいだはパンを乞うて歩かねばならなくても、あなたはわたしたちの主なる神にすばらしい木片を差しだして、神があなたのためにそこからすばらしい主君を彫りだしてくださることができるようにするのである[25]」。

ルターによると教育というものは神の不思議なわざである。人間自身は素材であり、神が人間に働きかけて、神の像をつくりだす働きに参加すること、つまり神の創造的行為のなかに参入することこそ教育の使命なのである。そこでルターは自分の説教の務めを離れることがゆるされるとしたら、校長か少年学校の教師以外の職務にはつきたくないと語る。さらに説教と教育という二つの務めを比較すると、説教の務めの方は労多くして、あまりに実りがすくない。だが、「若木ならば、たとえだれかがそこに割り込んできたとしても、よりよく曲げたり、教育したりすることができる。他人の子どもを誠実に教育するということは、地上における最高の徳のひとつであるとしなさい[26]」。この教育者に対する奨励と激励のことばを見ても、学校教育に彼がどれほどの期待をかけていたかが知られる。

〔参考文献〕

「キリスト教界の改善に関してドイツのキリスト者貴族に与える書」印具 徹訳、『ルター著作集』第二巻、聖文舎、一九六三年、所収。

「ドイツ全市の参事会員にあてて、キリスト教的学校を設立し、維持すべきこと」徳善義和訳、『ルター著作集』第五巻、聖文舎、一九六七年、所収。

「人々は子どもたちを学校へやるべきであるという説教」徳善義和訳、『ルター著作集』第九巻、聖文舎、一九七三年、所収。訳出にさいしてはこの三つの訳文を用いた。

M. Luther, Pädagogische Schriften und Äusserungen, hrsg. H. M. Keferstein, Langensalza, 1888.

M. Luther, Pädagogische Schriften, besorgt von H. Lorenzen, Paderborn, 1957.

G. M. Bruce, Luther as an Educator, Minneapolis, 1928.

G. Wingren, Luthers Lehre vom Beruf, München, 1952.

I. Asheim, Glaube und Erziehung bei Luther. Ein Beitrag zur Geschichte des Verhältnisses von Theologie und Pädagogik, Heidelberg, 1961.

KL. Petzold, Die Grundlagen der Erziehungslehre im spätmittelalter und bei Luther, Heidelberg, 1969.

W. Reininghaus, Elternstand, Obrigkeit und Schule bei Luther, Heidelberg, 1969.

H. Liedke, Theologie und Pädagogik der Deutschen Evangelischen Schule im 16. Jahrhundert, Wuppertal, 1970.

石原 謙「宗教改革と大学」東北帝国大学『文化』第二巻一〇、一二号（一九三五年）（現在は『石原謙著作集』第五巻、岩波書店、一九七九年、所収）。

小林政吉『宗教改革の教育史的意義』創文社、一九六〇年。

村上寅次「ルターと福音主義教会の教育」『教育的実存とキリスト教』ヨルダン社、一九六二年、所収。

徳善義和「ルターの教育観理解の変遷」日本ルーテル神学校『神学季刊』一九六三年、所収。

山内六郎「ルターの宗教改革と教育」日本ルーテル神学大学『福音・教会・ルター』、一九六八年、所収。

金子晴勇『ルターの人間学』創文社、一九七五年。

金子晴勇『ルターとその時代』玉川大学出版、一九八五年。

大曽根良衛「ルターにおける〈教育責任〉についての考案」『山梨英和短大紀要』第七号、一九七三年、所収。

大曾根良衛「ルターにおける〈学校の使命〉について」『山梨英和短大紀要』第八号、一九七四年、所収。

大曾根良衛「ルターの教師論についての一視点」『山梨英和短大紀要』第九号、一九七五年、所収。

大曾根良衛「ルターにおける教育の〈成果〉について」『山梨英和短大紀要』第一〇号、一九七六年、所収。

（1）WA. 19, 78. Cl. 3, 299, 25-27　ルターの文章はワイマール版 Weimarer Ausgabe 全集から引用し、WA. をもって略記し、『卓上語録』Tischreden には TR を付記し、つづく数字により巻と頁を示した。またクレメン版（Luthers Werke in Auswahl, hrsg. O. Clemen）を用いたときは Cl. をもって略記した。
（2）I. Asheim, Glaube und Erziehung bei Luther, 1961.
（3）WA. 7, 550ff. Cl. 2, 139, 28-140, 11.
（4）WA. 7, 551. Cl. 2, 140, 28-30.
（5）WA. 39, I, 175. 3-177, 14.
（6）WA. 39, I, 176, 7-13.
（7）WA. 39, I, 177, 3-10.
（8）WA. TR. I, 352.
（9）WA. 5, 163. Operationes in Psalmos, Teil II (Archiv zur WA. Bd. 2) 296, 10-11.
（10）WA. 4, 95, 7-13.
（11）WA. 4, 95, 1-4.
（12）金子晴勇『ルターの人間学』創文社、第二部、第五章、第二節「試練の諸形態」三五三―九八頁参照。
（13）WA. 7, 546. Cl. 2, 136, 1-3.
（14）WA. 1, 172, 2-6.

(15) WA. 1, 183; 39-40.

(16) 二世界統治説に関しては倉松功『ルター神学とその社会教説の基本構造』創文社、一九七七年、ドゥフロー『神の支配とこの世の権力の思想史』徳善他訳、新地書房、一九八〇年、木部尚志『ルターの政治思想』早稲田大学出版部、二〇〇〇年を参照。

(17) WA. 6, 458. Cl. 1, 413, 34-38.

(18) このこと、およびルターのアリストテレスに対する立場について詳しくは金子晴勇『近代自由思想の源流』創文社、第三章「ルターとオッカム主義の伝統」一三六―二〇二頁を参照されたい。

(19) WA. 6, 460. Cl. 1. 415, 6-11.

(20) WA. 30, I, 156； 26, 44, 144.

(21) WA. 30, I, 156. Cl. 4, 27, 15-26.

(22) WA. 15, 34, 28-34.

(23) WA. 15, 36, 16-18.

(24) WA. 30, II, 531. Cl. 4, 151, 39-41.

(25) WA. 30, II, 577. Cl. 4, 173, 11-13.

(26) WA. 30, II, 580. Cl. 4, 174, 24-27.

第七章　ルターの死生観

わたしたちの人生は巨視的に全体として見るならば前後を大きな闇により囲まれている。つまり生まれる以前と死後とは全く認識し得ない闇に閉ざされている。この動かしがたい厳粛な事実をルターはザンクト・ガレンに伝わる中世の讃美歌からの一節「生のさ中にあって私たちは死の中にある」(Media vita in morte sumus.) をもって示し、みずから讃美歌を作っている。

生のさ中にあって、我らは死に囲まる。
恵みを得んため、授けたもう誰をか求めん。
そは主よ、汝のみなり。
主よ汝を怒らせし我らの罪を悔いる。
聖き主なる神、聖き力なる神、
聖き憐れみ深き救主、汝、永遠のみ神。
苦き死の危険に我らを沈めたもうなかれ。
主よ、あわれみたまえ。(1)

わたしたちは死を完全に認識できず、わずかに生の終りとして把握し得るにすぎない。この生の終末という意味での死は、死自体の認識ではないが、それでも生の意味を知るためには不可欠の前提となっている。というのは日常生活の多忙さは、今、生きることだけに目を向けさせ、生の全体への問いを忘れさせ、死の忘却に導いているからである。

ヘロドトスの『歴史』(巻二の七八)には古代エジプトに伝わる宴会の習わしが記述されている。すなわち人物大の木製の死者を棺に入れて、饗宴の席の間をかつぎ回り、参加者全員にそれを見せる習わしだったという。死者の像を見て飲み食いの際中に、死を意識させたということである。[2] これこそ「生のさ中にあってわたしたちは死の中にある」ことの認識を求めているのではなかろうか。死を常に考慮してはじめて生も生として正しく把握されるのであるが、『死者の書』をだしているエジプトとは異質なヘブライ的で聖書的な死生観の中でルターの思想はどのような特質をもっているのであろうか。わたしはこのことを歴史を顧みながら考察してみたい。

ヘブライ的で聖書的な死生観の特質はその人間観を見ると判明する。総じて人間観は、人間が何から成立しているかという問題から展開している。そのさい一般には魂と身体から人間が構成されていると回答されている。この答えは正しい。人間は心身の総合体であるから。ところがキリスト教ではこの心身の全体が信仰により神の意志に従っている場合を「霊」と言い、その反対に不信仰により神に反逆している場合を「肉」といって、人間の神関係のあり方に応じて二つの異質な態度を区別している。ここに聖書的人間観の特質が示されている。

それゆえ旧約聖書では冒頭から神の霊の働きについて語り、この神の霊と人間の霊との関係について考察が行なわれている。すなわち「初めに神は天地を創造された。地は混沌であって、闇が深淵の面にあり、神の霊が水の面を動いていた」(創世記一・一―二)。この「霊」はルーアッハであり、ギリシア語の七〇人訳(セプテュァギンタ)

はこれをプニューマと訳し、新約聖書はこの訳語を採用している。ルーアッハは「息」であり、神の息吹きが原始の水の上に激しく吹き寄せていた、と語られている。人間が創造されたときも、同様である。「主なる神は、土（アダマ）の塵で人（アダム）を形づくり、その鼻に命の息を吹き入れられた。人はこうして生きる者となった」（同二・七）と記されている。人が生きているとは神の息吹きを受けることによるのであり、この息吹きがとり去られると、死なざるを得ない。だから詩編の詩人はこれを次のように簡潔に歌っている。

御顔を隠されれば彼らは恐れ
息吹を取り上げられれば彼らは息絶え
元の塵に返る。
あなたは御自分の息を送って彼らを創造し
地の面を新たにされる。

（詩編一〇四・二九―三〇）

ここには純粋な生物学的解釈が入る余地がなく、アダムの神の戒めに対する違反は罪であり、これが土に帰る死を呼び起こしている。罪は神の意志に対する反逆であるため、生命の源が断たれ、霊が取り去られると、人は死ななければならない。それに反し信仰の人アブラハムは罪の世にありながらも神の霊に従って生きた。彼の死についての記述はきわめて印象的である。「アブラハムの生涯は百七十五年であった。アブラハムは長寿を全うして息を引き取り、満ち足りて死に、先祖の列に加えられた。息子イサクとイシュマエルは、マクベラの洞穴に彼を葬った」（創世記二五・七―九）。アブラハムは長寿を全うしただけでなく、「満ち足りて死んだ」と述べられている。神の霊に生きた人の本来の姿がここに見られるといえよう。

新約聖書は神に従う霊的生活と神に反逆する肉的生活の対立を受け継ぎ、この対立に自然本性上の意味よりもいっそう高次の宗教的意味を加えている。たとえば「人を生かすものは霊であって肉はなんの役にも立たない」（ヨハネ福音書六・六三）という霊肉の対立は、単独で用いられる肉、たとえば「言は肉となった」（同一・一四）という身体上の肉とは区別されている。したがって人を生かす霊のほうは神の霊の働きで、人のうちに作用し、肉を駆逐しながら心の内奥に宿るのである。だから、パウロは「神の霊があなたがたの内に宿っているなら、あなたがたは肉におるのではなく、霊におるのである」（ローマ八・九）という。彼はここから自分の人間観を次のように明確に述べることができた。

「それで、兄弟たち、わたしたちには一つの義務がありますが、それは、肉に従って生きなければならないという、肉に対する義務ではありません。肉に従って生きるなら、あなたがたは死にます。しかし、霊によって体の仕業を絶つならば、あなたがたは生きます。神の霊によって導かれる者は皆、神の子なのです。あなたがたは、人を奴隷として再び恐れに陥れる霊ではなく、神の子とする霊を受けたのです。この霊によってわたしたちは、〈アッバ、父よ〉と呼ぶのです。この霊こそは、わたしたちが神の子供であることを、わたしたちの霊と一緒になって証ししてくださいます」（ローマ八・一二―一六）。

神の霊を受けると、わたしたちの霊は、神に向かい父と子との親しい人格的交わりの中に入ってゆく。そこにはもはや主人と奴隷という関係は克服され、神の子として父に親しく関わる間柄が与えられ、奴隷から自由な身分に移されている。これが真の意味で人間らしく生きるということにほかならない。このようなイエスとの交わりの中で生じている変化は十字架と復活により確証されている。E・ローゼはこの点を次のように力説している。「死から生命に向って道が開いているような橋はどこにもない。しかしキリストの復活は、死が囲いに入れられていることを示す。何ものも死の恐怖から解き放たれることがなくても、十字架は死の恐るべき孤独の中で立ち続けている。ところが死は決め手になる言葉をもっていない。無から有を造られ、キリストを死人から甦らされた神が最後の言葉をもっておられるのだ。この福音は全人類の生と死に及び、それを変えていく。なぜならこの出来事の意味が理解されるならば、死と生への新たな関係が得られるからだ。そこでは生は勝利を得、死は克服されるのである」[3]。

このような死から生への復活は神と人との関係の中で生じており、霊における出来事として現在すでに起こっている。それは先に引用したパウロの言葉が述べていたものであり、イエスが神を「霊と真実」をもって拝すべきだと語った（ヨハネ四・二四）意味でもある。わたしたちは「霊」というと、異常な現象を考えやすい。そこで、ヘブライ人の思想におけるこの「霊」の理解についてトレモンタンが次のように述べているところを参照してみたい。「人間の霊、彼のプニューマは人間の中にあって神のプニューマとの出会いが可能なところであって、この部分のお蔭で神の〈霊〉の内在ということが異質な侵入とはならないで、異邦の地における大使館のように、準備され、欲せられているものとなっている」[4]。神と人との出会いはこの霊において生じ、神がそこで人に働きかけ、わたしたちはそれを受容するのである。この霊は旧約聖書以来説かれているようにわたしたちの最内奥なる心であり、心が神の働きに従うとき、霊化が生じ、肉のからだから霊のからだ（霊体）に復活する（Ⅰコリント一五・四四）。こうして霊は人間の本性上具わっているものでありながら、神の霊を受けて、新生することによって霊化されるといえよう。ルターもこのようなヘブライ的伝統に立って「霊」を捉えている。

「霊は人間の最高、最深、最貴の部分であり、人間はこれにより理解しがたく、目に見えない、永遠の事物を把握することができる。そして短くいえば、それは家であり、そこに信仰と神の言葉が内在する」[5]。

ルターはパウロのことばにしたがって人間を「霊」・「魂」・「身体」の三つに分け、その上で「霊」と「肉」という二区分でもって語っている。前者の三区分法は自然本性に具わったものであり、哲学的人間学に属している。それに対し後者の二区分法は前者の全体が神に対しどのような態度をとっているかによって、つまり、信仰か、それとも不信仰かによって決められるものであり、神学的人間学に属している。したがって続くルターの説明は前者の三区分法についてであって、人間の本性がこれらを具えていることが示されている。その中でも「霊」の理解に注目すべきである。彼は霊を人間の最内奥として捉えた上で、それは「永遠の事物」を理解する能力をもっていると説いている。つまり霊を最内奥の「場所」として捉えた上で、その認識機能を永遠の事物たる神的対象に向かうものとみなしている。さらにこの場所を「家」と置きかえ、認識機能を「信仰」に、永遠の事物を「神の言葉」に置き換えている。したがって霊において神の言葉が信仰により捉えられ、神と人との出会いが生じ、死から生への復活の出来事が生起すると説かれている。このような霊における出来事は「神の前に」(coram Deo)という神と人との出会いの領域で生じ、ルターはこの神の前に立つ心を「良心」(conscientia)という言葉により好んで語るようになる。そこから生と死が良心において生じるとみなされ、彼の思想世界が次のような構造をもっていることが明瞭になる。

このような思想世界の構造を最もよく示したルターのテキストを次に二つ引用しておきたい。というのは前者が二元的に対立している構成を示し、後者はそれが良心において生じ、死とその克服たる心の平和との関連をよく示しているからである。

「信仰は賜物であり、罪に対立して立てられた内的善である。……神の恩恵は怒りに対立して立てられた外的善であり、神の好意である。……だから、わたしたちは律法の二つの悪に敵対する福音の二つの善を所有している。すなわち、罪に対立している賜物（信仰）と怒りに対立している恩恵とを所有している」[6]。

「この恩恵は究極において実際心の平和をもたらし、人間は自己の壊敗から癒されて、恵みの神をもつと感じる。この恩恵は骨格を強くし、良心を歓ばしく確実にし戦慄しないようになし、すべてを敢行し、一切をなすことができ、神の恩恵へのこのような信頼によって死をも侮るほどになる。それゆえ、〔神の〕怒りが罪の壊敗よりもいっそう大きな悪であるように、〔神の〕恩恵は、わたしたちが信仰より来ると語った義の癒しよりも、いっそう大きな善である」[7]。

ルターの思想がこのような良心における死と生の経験において形成されてきたのは、彼自身の宗教生活の発端に死の恐怖の体験が存在しているからである。有名な落雷の経験についてはここで語る必要はないが、この死の経験死が修道院人りの直接的な動機となった点だけを注意しておきたい。その頃の状況を回顧して彼は父に「好んでまた憧れからではなく、突然に死の恐怖と苦悶に取り巻かれて、わたしは自発的ではない強制的な誓約を立てたのでした」[8]と語っている。また修道院に入ってからも、死の姿は消えず、罪の意識と共に彼の心を攻撃し、彼を絶望へと追いやる試練となっていった。この罪の意識と結びついた死の試練はもはや身体的な自然死でなく、罪の罰として蒙らざるを得ない死、神の怒りにより生じた霊的死を経験させている。初期の文章にすでに次のように自然死と霊的死とが明瞭に区別されている。

「そこで注意すべきことは、死が二重であること、すなわち、自然的な、あるいはむしろ、時間的な死と永遠的な死とがあることである。時間的な死というのは身体とたましいとの分離である。しかし、こういう死は比喩であり、似像であって、〔霊的である〕永遠的な死に対比すると、壁に描かれた死のようである。だから聖書では、しばしば眠り、憩い、まどろみともそれは呼ばれている」[9]。

このように死を区別することは大切であるが、成熟したルターは自然死とは異なる霊的死のみを扱わず――もしそうすれば霊性主義に近づくことになろう――、両者を結びつけて理解しようとしている。とりわけ旧約聖書の講解ではテキストに即してこの傾向をいっそう強めている。ここでは『詩編九〇篇の講解』によってこの点を明らかにしてみたい。

彼は身体的死を「人生の短かさ」から繰り返し論じている。彼はこう言っている。「この人生の短かさについてかつて如何なる人がかくも如実に描いたであろうか。〔この詩篇作者〕モーセは人生とは走路を意味せず、むしろ猛烈な一投げのようなものであって、これによりわたしたちば死へと拉し去られるという。……最大の不幸は、人が自己の悲運を、つまり神の怒りと人生の短かさを――目で見て経験してはいるけれども――真に自覚していないということである」[10]と。人生のこの短かさが神の怒りのあらわれだと彼は理解し、神と共に、永遠に生きるはずであった人類は罪により神の怒りを招来しており、これが人生を極端に短縮させ、死に向かわせていると考える。こうして人生にはその意味内容からいっても、時間上の広がりからいっても神の怒りが啓示されている。彼はこの状況を論理学の内包と外延により次のように説いている。

「したがってモーセは神の怒りをすべての人の意見と判断を越えて大きく見せている。〔周知の用法を使って言うならば）まず第一に内包的に彼はそれを示す。つまり彼は人間の死が他の生物の死にくらべていっそう悪しきものであり、耐え難いものである、と描くことによって内包的に示している。なぜなら死は神の怒りによって〔罰として〕科されているからである。次に彼は外延的に示す。なぜなら人生は一瞬のうちに過ぎ去るからである。人間が造られた最初から存在している全時間は、アダムがふたたび目覚めたときに、あたかもひと時の仮眠のようであったと思われるであろう。肉の眼は動物的である。それゆえ、ある人がもし百歳を生きるとすると、それは多くの歳月であると肉の眼は信じる。しかし、神の前では千年は、過ぎ去って何も残っていない昨日の一日のようである。ヨブが〈女から生まれた人は短い時間を生き、幾多の苦悩に満たされている〉（一四・一）と語ったとき、彼もこのことを思いめぐらしていた。わたしが前に述べたように、神の怒りは単に怒りであるのみならず、速やかに実行される怒りであり、不幸な出来事である。したがって神のペルソナが無限であるのに対応して、この人生の短かさもはなはだ有限的なのである」[11]。

生と死の問題にとって最大の問題点は人生が外延的に短いという点にあるのではなく、内包的に悪しく耐えがたいというところにある。ここから死の恐怖が生じてきているのであって、その原因は人間の罪に対する神の怒りである、とルターは言う。もちろん「罪の払う代価は死である」（ローマ六・二三）というパウロの言葉にそれは由来している。ルターはさらに神の怒りが動物の死、つまり自然死と全く相違した様相を帯びてきており、悲惨な極みとなっていると力説し、次のように語っている。

「人間の死は悲惨であり、まことに無限でかつ、永遠な怒りそのものである。そのわけは人間が神の御言葉に服従して生き、神に似たものとなるように造られた被造物だからである。人間は死ぬべく造られたのではない。そうではなく、死は罪の罰として定められたのである。……人間の死は動物の死に似ていない。動物は自然の法則にしたがって死ぬ。人間の死は偶然に生じたり、一時的であったりするのではなく、怒りかつよそよそしい神から脅かされて生じているのである」[12]。

だから、自然死はとくに彼の関心とはなっていない。自然死ではなく、自然の生命が著しく短くなっている不自然さこそ、人間の本性に反する罪に由来している。アブラハムが高齢に達し、人生に満ち足りて迎えた死は、やはり祝福なのであって、不満足な単なる長命はかえって呪われていると考えるべきである。実際、わたしたちにとって生きることは単なる生存を意味しない。ソクラテスも言っているように、「大切にしなければならないのは、ただ生きるということではなく、よく生きるということなのだ」[13]。ではよく生きるとはどういうことなのか。ルターのこのテキストによると、それは「人間が神の御言葉に服従して生き、神に似たものとなるように造られた被造物である」ことを自覚して生きることである。人間は神の被造物である。このことは今日人々が忘れている根本問題である。もし、神のことが分からないと言う人がいるなら、この短く悲惨な人生のことを考えて見るとよい。ルターは異教の詩人ヴェルギリウスの『農事詩』の一節を引用してこの事実を指摘している[14]。

人生の最良の日々はまず哀れな人間から逃れてゆき、
病める憂愁な老年と疲労とがそれに続き、
かくて厳しくも過酷な死が奪う。

このように悲惨な人生は、人が自己の有限性、つまり自分が限界をもっていることを知り、自己に頼ることをやめ、また同様に有限な他者に依存することを断念し、永遠者を求め、その意志に従って生きる以外に決して克服されることはない。真の神は永遠にして全能であり、無限である。この神に従うことによって人は無限に豊かな恩恵を経験することになる。すなわち、怒りが無限で死が審判として下ったように、神の恵みも無限であって、そこから測り知れない歓喜と希望が生まれてくる。怒りの無限は恵みの無限と逆対応的に相関している。ルターはこの経験を次のように述べている。

「神が永遠でありかつ全能であって、測り難く無限であるという、神についての叙述から次の二つのことが続いて生じる。すなわち、第一に神の住処もしくは神を畏れる者たちの上に臨む神の恩恵は無限であること、第二に、無頓着な者たちに向けられた神の憤怒もしくは怒りは測りがたく無限であることである。なぜなら、影響というものはつねに作用因の強度に等しいからである(15)」。

怒りと恵みとの絶対的に対立しているものがこのように現象しているのがルターの思想世界における最大の特色である。そしてこの矛盾的に対立しているものが人間において生と死の弁証法を形成している。弁証法というのは、まずそのままに認められ肯定された存在が次に否定を通して高次の肯定に発展する運動をいう。わたしたちは人生はこういうものだと一般の人々の考え方に従って素朴に認めている。しかし、様々な悲惨や恐怖を惹き起す事態に直面すると、人生の最初の肯定は否定せざるを得なくなる。だが、いつまでも悲惨や恐怖の中に止まり続けることはできない。そこで人生の超越者なる神によっていっそう高次の肯定に達したいと願うようになる。生の肯定は死の否定を通して高次の生に達するのではなかろうか。そしてこの高次の生は「より大きな生」(Mehr-Leben)ではなく、「生より以上」(Mehr als Leben)のものでありたいと願わざるを得ない。

このような死を媒介とする生の高揚と飛躍とは信仰により生じている。そして信仰するというのは自己に頼る生き方の徹底的な否定なしには生じ得ない。この否定は「生のさ中にあってわたしたちは死のうちにある」ことの自覚以上に徹底したものはない。そのような否定の極地たる絶望に導くものこそ律法の働きであり、反対に死のさ中に生を授けることこそ福音のわざである、とルターは言う。

「律法の声は〈生のさ中にあって私たちは死のうちにある〉（Media vita in morte sumus.）と安心しきった者たちに不吉な歌をうたって戦慄させる。しかし、他方、福音の声は〈死のさ中にあってわたしたちは生のうちにある〉（Media morte in vita sumus.）と歌って力づける[16]」。

こうしてわたしたちは生から死へ、死から生へと導かれる。はじめの生は自然的生であり、後の生は福音的で神的な生である。そこには二重の生が存在することになる。『ガラテヤ書講義』（一五三一年）でルターはこの二重の生についてこう語っている。「それゆえ、二重の生がある。つまりわたしの生である自然的、心霊的なものと、他なる生、したがってわたしの内なるキリストの生とがある。……だからパウロは自己のうちに生きて律法によりまったく死んだが、キリストのうちに、あるいはむしろ、パウロのうちに生きるキリストに従って他なる生を生きる。なぜなら、キリストが彼のうちに語り、すべてのわざをなしたもうから[17]」。この二重の生は単にばらばらに対立しているのではない。人間学的には身体と魂は二元的に構成されているから、二つの生は分離したものであるが、神学的人間学の区分である霊と肉との規定は、身体と魂との全体のあり方に関わっており、人は肉から霊へと移行する過程にある。つまり人は本質的に旅する人（homo viator）であって、移行するプロセスにおいて自己を完成させてゆく。ここに生と死は不断の移行において捉えられていることが示されている。したがってここでは自然的な死でなく、身体と魂の全体の生き方が肉といわれており、この肉という生き方の終焉としての死は、死の死であって、そこに新しい霊的な生への復活が起こっている。生と死のかかる弁証法の運動についてルターは同じ『ガラテヤ書講義』（一五三一年）の中で次のように語っている。

「いな、私は死んでいて、そして生きている、ともに十字架につけられている。どうしてそうなのか。驚嘆すべき説教である。わたしは死ぬことにより十字架につけられることにより生きるのである。つまり、このように死と罪とから解放されることにより、真にわたしは生きるのである。なぜなら、わたしが律法に死ぬ死はわたしにとり生命であるから。わたしが律法に死ぬかの十字架につけられるということは、キリストがわたしの死を殺し、悪魔を架刑にし、わたしの律法を縛り、かつわたしがこのことを信じるがゆえに、まさしく復活なのである」[18]。

このような生と死をルターは美しい詩で次のように歌っている。

畏きかな、キリスト、神の子
信実なる救主、
主よ、汝はわれをして仰ぎ見さしめ、
とうき悟識をあたえたまえり、
困苦と死の中にこそ彼は
わがいのち、救いにいますと。（石原　謙訳）

（1）M. Luther, Geistlicher Lieder, 1950, S. 20.
（2）それゆえ古代エジプトでは宴席に死者を運び入れて人々の自覚を促したと伝えられている。ヘロドトス『歴史』巻二、七八、松平千秋訳、岩波文庫、上巻、二〇九頁参照。
（3）E・ローゼ『死と生』吉田・鵜殿訳、ヨルダン社、一五七頁。

(4) トレモンタン『ヘブル思想の特質』西村俊昭訳、創文社、一七九頁以下。
(5) Weimarer Ausgabe=WA.7,550. Clemen, Lutherg Werke in Auswahl, =Cl.
(6) WA. 8,106, 20-22, 35-37.
(7) WA. 8,106, 11-17.
(8) WA. 8,573, 31-32. Cl. II, 189, 11ff.
(9) WA. 56,322, 11.
(10) WA. 40 III, 523f. 金子晴勇訳『生と死について—詩編九〇編講解—』創文社、五四—五五頁。
(11) WA. 40 III, 525f. 前掲訳書、五五—五六頁。
(12) WA. 40 III, 513. 前掲訳書、四一—四二頁。
(13) プラトン『ソクラテスの弁明』田中美知太郎訳、新潮文庫、八四頁。
(14) Vergilius, Georg. III, 66-68.
(15) WA. 40 III, 513. 『生と死について』四〇—四二頁。
(16) WA. 40 III, 496. 前掲訳書一一〇頁。
(17) WA. 40 I, 287, 28ff.
(18) WA. 40 I, 281, 8ff.

第八章　ルターからドイツ敬虔主義へ
――宗教改革の隠れた地下水脈――

はじめに

これまでのルター研究は主として教義の改革者としての側面に集中して研究が進められて来た。したがってルターと中世後期のスコラ神学との間の断絶面を強調してきている[1]。歴史の表面に現われているルターは確かにこうした教義の改革者としての姿であるが、これまで余り積極的に評価されて来なかったドイツ神秘主義の影響も同時に認められなければならない。

一般的にいって、キリスト教的な神秘主義者は内面性を強調しながらも、同時に隣人・社会・政治に対し積極的に関与し、外的な実践活動に携わっている。この点で東洋的な静寂神秘主義とは基本的に相違している。ベルナール、フランチェスコ、ボナヴェントゥラ、エックハルト、タウラー、ジェルソンがそのよい例であったし、ルターと激しく対決したミュンツアーや霊性主義者たちもこの系列に属している。ここではルターとその後の神秘主義について考察するが、予め結論を先取りして言うならば、「内面に深まることが同時に外に向かって活動する実践を生み出している」つまり内面性の深化が力強い実践への原動力となっているということである。これに対し、ルターの義認論に見られる第一の特質である「わたしたちの外」(extra nos) という契機、つまり歴史的なキリストの契機は、人間と分離されており、第二の契機である外から内へという「私たちのために」(pro nobis) という契機は、実存への関連を示しているけれども、そこにあるキリストとの「神秘的な合一」(unio mystica) という豊かな神秘的な経験が無視されるならば、真に実践的な力が生じてこないといえよう。事実、ルターには教義の改革者という側面と内面的な神秘思想家という側面とが同時に存在している。前者が歴史の表面に現われている宗教改革者の姿であり、後者が歴史には見えていない隠された姿である。つまり、前者が前景に現われてくるに反比例して、後者は内面に深く隠されていく。そして残念なことに、後者の神秘主義のゆえにルターに共鳴していた多くの協力者たちは、やがて彼から分離していく運命にあった。この神秘主義の流れは「宗教改革の隠れた地下水脈」をなしており、ルターからドイツ敬虔主義への思想史的な発展として解明できる。

(1) 信仰義認とその体験

そこで、わたしたちはまず、ルターの中心的な教説である信仰義認論の内に神秘主義的な側面がどのように厳存在しているかを、彼の代表作『キリスト者の自由』に基づいて考察して見たい。ここではその要点だけを次の三つのテキストによって考えてみよう。

㈠、「信仰は魂をして、あたかも花嫁をその花婿に娶あわすようにキリストと一つとならしめる (voreynigt)。この婚姻の結果として、聖パウロのいうように、キリストと魂とは一体 (eyn leyb) となり、したがって両者各々の所有も幸運も不運も、あらゆるものが共有され、キリストの所有したもうものは信仰ある魂のものとなり、魂の所有するものがキリストのものとなる」[2]。

信仰によって義とされるという彼の中心思想である義認論は、罪人のままで無罪放免される法廷的な「義認」と考えられているが、そこにはキリストと魂とが、花婿と花嫁とが結ばれるように、「一つとなる」神秘的なウニオ（合一）が説かれている。この花婿と花嫁との関連は、一二世紀の神秘主義者クレルヴォーのベルナール以来、人間のあいだの最も親密な関係を言い表してきている。しかもそこには「喜ばしい交換と奪い合い」(frölich Wechssel und streytt) が成立している。こういう働きをもたらす信仰は人格間の信頼において生じ、それは信仰による神との内面的な霊的一致において得られる。次いで決定的にこういわれる。

(二)、「かように富裕な高貴な義なる花婿キリストが貧しい卑しい娼婦を娶って、あらゆる悪からこれを解放し、あらゆる善きものをもってこれを飾りたもうのだとしたら、それは何とすばらしい取引ではないか」[3]。

ここでの花婿と花嫁との結婚はキリストが「富裕な高貴な義なる花婿」(der reyche edle, frummer breudgam Christus) であるのに対し魂のほうは「貧しい卑しい悪い賎婦」(das arm vorachte bösses hurlein) であると規定されている。それゆえ両者の結合関係は完全に「逆対応」となっている[4]。

(三)、「キリストがわたしのためになりたもうたように、わたしもまたわたしの隣人のために一人のキリストとなろう」[5]。

さらにキリストに対する信仰に生きる者は同時に「一人のキリスト」(ein Christen、ラテン語版では Christus となっている) として隣人愛に立ち向かう。ここに花嫁神秘主義がその本質においてキリストを模範とする実践を説いており、観想と活動との生活を統合していることが判明する。また、ここにある「キリスト」を「一人のキリスト者」と訳すと文意が弱まってしまう。というのは、キリストは贖罪者であるのみならず、「模範」であり「典型」

でもあるところに倫理的に強力な実践力が秘められているからである。

(2) ルターとドイツ神秘主義との共通項としての「根底」学説

ルターとドイツ神秘主義との関係は単に一四世紀の偉大な神秘主義者エックハルト、タウラー、『ドイツ神学』(作者不詳)のみならず、一五世紀のノミナリズムの神学者ジェルソン、ビール、トマス・ア・ケンピスにも及んでおり、さらには一六世紀の霊性主義者や一七世紀のルター派の神秘主義者、さらに一八世紀のドイツ敬虔主義にも及んでいる。しかもそれが明示的な教義においてではなく、一般的には知られていない隠された地下水脈として彼等の間を貫流しているといえよう。この点を解明するためにわたしたちは一つの手がかりとして「根底」(Grund)もしくは「魂の根底」(Seelengrund)という概念を選び、これによって隠された地下水脈の流れを探査してみたい。

㈠、Grund(根底)はエックハルトとタウラーとの共通した学説であり、魂の上級能力である「魂の閃光」(funklein)とか「神の像」(imago dei)また「諸力の根」(Wurzel)と等しく、理性より深い魂の上級の能力であって、身体と魂とから成る人間存在の最も高貴で深淵な部分を指している。「根底」は元来沃土の低地や谷を意味し、やがて泉の湧き出る低地、さらに土台や地盤を指していた。これがエックハルトやタウラーでは宗教的意味をもつようになり、感性や理性を超える霊性の次元を表現するために用いられ、「神の働く場」や「神の住い」を意味し、ここで神の子の誕生や合一と合致が生じると説かれるにいたった。したがって根底は人間学的概念であって、「霊・魂・身体」(spiritus, anima, corpus)という人間学的三区分法における「霊」と同次元に属している。なお、「根底」はタウラーにより「受動的能力」(capasitas passiva)として明確に規定され、神を受容する能力と考えられている。

(二)、このようなエックハルトとタウラーの「魂の根底」の思想はルターによってどのように受容され、新しい神秘思想を形成しているのであろうか。

『説教集』第五四にはタウラーの人間学的三区分が「第一は外的な感覚的動物的人間であり、第二は内的な理性的人間である。……第三の人間は魂の最上位の部分である心情（das gemüte）であり、これらすべてはひとりの人間である」と語られているが、ここにある「心情」は「根底」と同義語である。これに付記されたルターの「欄外覚え書き」には次の三区分が述べられている。

「使徒は
　┌感覚（sensus）┐
　├理性（ratio）　├に基づいている
　└信仰（fides）　┘
　┌感覚的（sensualis）┐
　├理性的（rationalis）├な人を
　└霊的（spiritualis）　┘
　┌肉的な（carnalis）┐
　├心霊的な（animalis）├人と呼んでいるように思われる」[6]。
　└霊的な（spiritualis）┘

ルターの三区分は三種類の人の特徴を示し、最上位の魂の作用は「信仰」によって導かれるもので、霊的人間は信仰による真のキリスト者と理解されている。この信仰に関して同じ覚え書きにおいて記されるところを見ると、信仰は神の働きを受けとる受動であって（nudi stamus in mera fide ...deus velit...agere in nobis）、自分の意志を放棄する（tota salus est resignatio voluntatis）[7]。ここでは自己を空しくする信仰の受動性が主張されている。

(三)、ルターがタウラーの「根底」概念を受容する過程の最終的局面は『マグニフィカト』（一五二一—二二年）により明らかに捉えられうる。

「第一の部分である霊（Geist）は人間の最高、最深、最貴の部分であり、人間はこれにより理解しがたく、目に見えない永遠の事物を把握することができる。そして短く言えば、それは家（Haus）であり、そこに信仰と神の言葉が内住する。これについてダビデは詩編五〇編で〈主よわたしの最も内なるところに正しい霊を造りたまえ〉

（五一・一〇）、すなわち直き真すぐな信仰を造りたまえと語っている」[8]。

「霊」についての記述の中で最初に注目すべきは、その在り方であり、まず「人間の最高、最深、最貴の部分」であると述べられ、次いでそれが「家」であると語られる。この「家」の表象は続く幕屋の比喩で語られるところでは「住い」（Wohnung）と言われている。これらの場所的表象は、人間の最内奥の「部分」とともにタウラー的「根底」を指し示している。

このような意義をもつ「根底」概念は最初のドイツ語の著作『七つの悔い改め詩編講解』（一五一七年）で用いられていたが、『マグニフィカト』以外ではあまり使用されていない。それはこの概念が聖書的でなかったことによるが、代わりに「霊」（spiritus）概念が多用されるに至っている。もちろん「霊」も神学的な「霊と肉」との対立を含意している場合のほうが使用頻度は高い。

（3）宗教改革時代の四つの救済方法と霊性主義の登場

一六世紀の宗教改革の時代には宗教による救済の解決は主として次ぎにあげる四つの方法が一般的に考えられていた。

㈠、カトリック的な悔い改めのサクラメントによる救済論。痛改・告白・償罪による悔い改めをなし、ミサを拝領し、教会が指定するわざを行うことによって救われる。これは「成義」（Gerechtmachung）としての義認である。

㈡、伝統的な神秘主義による救済説。魂の根底における永遠の神性と一つになることによって救われる。したがって、そこから私たちが流出してきた源泉に帰還することに救済は成り立つ。

㈢、信仰によってのみ救われるという信仰義認論。このような救済の法廷的な認定は「宣義」としての義認である。そうすると罪人は義人となることがないので、倫理への道がふさがれてしまい、義認は受け身的で怠慢な人によってのみ受け入れられるとの批判が当時のカトリック教会から出ていた。

㈣、ヒューマニズムの霊的な救済方法。これはエラスムスやフランクなどの宗教改革者の見解で、倫理的な人格形成を唱える立場である。つまり救済は初めから終わりまで道徳的なプロセスであり、道徳的な改造によって内的にキリストに似たものとなる。

だが、これらのいずれにも満足できなかった思想家たちがルターの協力者たちの中から輩出してきている。宗教改革の草創期に起こったこの分裂はキリスト教の歴史における最大の悲劇の一つである。ルターの同時代人の中には宗教改革に参加しながらも一五二〇年代にはいると、次第に過激な改革路線をとる改革者たちが登場してくる。それは「分離派」（Sekten）とか「霊性主義者たち」（Spiritualisten）と呼ばれる人たちであるが、これに対決して新しい教会はヴォルムスの国会を頂点としてルターを体制内に引き込んでいき、「教義の純粋さ」（pura doctrina）に向かかわせ、統一的な性格をもった教会組織を築き上げていった。しかし、この種の教義の確立は信仰の内実である霊性の喪失に繋がっており、そこで得たものは失ったものと等価であるという「一得一失」（志賀直哉）を結果する。そのさい霊性主義者たちはルターが世俗的な主権者と協力して新しい教会を形成していく点を批判して、宗教改革運動から分離し、当時有力な思想の潮流をなしていた神秘主義やヒューマニズムを受容しながら、新たに内面的で霊的な宗教に向かう傾向をとるようになってくる。ルターを批判して登場してくる、同時代の神秘主義的傾向の思想家たちは、「信仰のみ」や「聖書のみ」を強調するのではなく、むしろ「内面的で霊的な宗教」を確立しようと試みていた。その中でも文字としての聖書、聖職制、幼児洗礼、告悔などを否定したり廃棄したりして純粋な内面性に向かった同時代の思想家たちは、一般的に「霊性主義者」といわれている。彼らの多くは神もしくはキリストとの「神秘的な合一」(unio mystica)をめざす神秘主義的な思想傾向を顕著に示しており、同時にカトリックにも、プロテスタントにも所属しないで、「分離派」を形成している。このような分裂の悲劇は、対立する勢力への分化を通して、もし分裂という事態が起こらなかったならば明瞭になり得なかったような真理の局面が力説され、明らかにされたという事実によって、軽減されることになろう。(9)

この真理の局面というのが宗教改革の隠された地下水脈をなしており、先の「根底」学説によって次のように解明することができる。

(4) ルターと対決した霊性主義者たち

この分派には多様な傾向が認められるが、その中で過激な革命家たちは「熱狂主義者」(Schwämer)と称せられ、その代表はミュンツァーであった。

(一)、ミュンツァー(Thomas Müntzer, 1489-1525)は神秘主義と千年王国説とを結び付けてルターに対決し、革命路線を突き進んだ。彼の思想の核心は「十字架の神秘主義」であり、タウラーの神秘主義、とくにその「魂の根底」学説から多大の影響を受けている。彼によれば、十字架の苦難に耐えられるならば、啓示が聖書の知識と関係なく与えられるがゆえに、救済に必要なのは十字架なのであって、聖書ではなかった。ここに内面的な聖霊体験を強調する霊性主義の特質が明なかになる。こうして神秘主義が説く「放棄」は革命的な意義をもたされてくる。しかし、彼がドイツ神秘主義と決定的に異なる点は、根源の完全性への帰還という方法を神と人との関係だけに限定せず、人類の歴史にまで拡大して適用したことにある。つまり彼は神秘主義に終末論的な千年王国論を組み込んで、急進的な革命路線を選びとったのである。

再洗礼派も過激な運動をしたグループであったが、その中にはミュンツァーの神秘主義の影響を受けながらも、穏健で思索的であったハンス・デンク（Hans Denck, ca.1500-27）がいる。彼はルターの信仰義認論が「幻想」（Einbildung）つまり「人為的な構造」をもっており、聖書やサクラメントの概念が新しく生まれた信仰を鉄の枷で締め付けていると確信するようになった。こうして彼はルターの義認論を構成している要素の中で予定と奴隷意志の学説を批判し、意志の自由と道徳的にも宗教的にも責任を負いうる成人の信仰決断が洗礼には不可欠であることを強調した。さらに彼は無罪放免の判決に立つ法廷的義認論が倫理的に無力である点を批判し、キリストの模倣による聖化が必要なのを力説し、人間の内に働く聖霊を強調し、内的な宗教を説くにいたった。彼はミュンツァーから「根底」学説を学んだが、これをもって自説を確立する前に夭逝した。

㈡、セバスティアン・フランク（Sebastian Franck, 1499-ca.1543）は一五二五年にルター派に改宗し、ニュールンベルクの牧師となったが、神秘主義的な霊性主義者であるデンクやシュヴェンクフェルトと親しく交わり、「神の御霊による内的な照明」で充分であるから、外的な教会を決して設立すべきではないと説き、ルター派、ツヴィングリ派、再洗礼派に対抗する第四の立場を「御霊と信仰の一致における見えない、霊的な教会」として説き始め、一切の教会制度、教義に反対した。彼の主要な思想は、人間の魂が神の内なる言葉を聞く能力をもっており、魂の根底には最内奥の本質である神的なエレメントがあり、それこそ人間の尊厳の徴であって、宗教経験の真の源泉にして、魂の救済の永遠の基礎であるということである。この点で同じく霊性主義者であったシュヴェンクフェルトとの相違が際立っている。

㈢、シュヴェンクフェルト（Caspar Schwenckfeld, 1489-1561）はルターの宗教改革に参加し、思想的にも影響を受けながらも、聖餐で意見が合わず、急速に制度化したルター派教会に反対した。彼はルターとともに人間の堕罪による理性の暗さと自由意志の全き無力とを認めている。ここに彼の現実主義的な人間観があって、ヒューマニストのエラスムスやその影響を受けたデンクさらにフランクとも相違して、人間の魂が神的本性をもっているとは考えず、救済は自己の外からの神の行為によって生じる、と説いている。この驚くべき出来事がもっぱら神から直接魂に働きかけられて生じているため、救済は超自然的な出来事となり、あらゆる点で新しい創造となっている。しかもそれは一つの霊的な経験として魂の内で起こっており、創造のときの「光りあれ」と同じく大きな変動を起こす出来事であって、実にキリストにおいて歴史的に起こったことと同じである。神の言葉の受肉であるキリストは、新しいアダムとして「命を与える霊」であり、人間の本性を霊と生命でもって改造し、神的な実体となしたもう。彼は新しい人間性の創造者なのである。このようにキリストを媒介として魂は霊なる神との霊的な合一にいたる。それゆえ救済とは新しい創造の生に与ることであり、それにより高い霊的な世界の潮流が魂の内に流入してきて、霊的な力によって更生する経験が与えられる。この新生によって死すべき人間の「神化」（deificatio）に到達する。したがって彼は霊的な力としての神の言葉と並んで聖書をも尊重している。この点でミュンツアー、デンク、フランクなどの霊性主義とは一線を劃している。彼は宗教を内的に生かしている霊的な力を探求していって、ルターの信仰義認論がもっている問題点を摘出している。義認論において罪人の無罪を宣言する法廷的な義認が強調されると、決定的な作用は魂の外の領域にあって、信仰には何か魔術的な効果があるように彼には思われた。それゆえ現実にはどのように新生し、改造され、更新され、義とされるか（Gerechtmachung「義化」）ということが、彼の宗教生活の出発点を形成している。ドイツ神秘主義の影響は彼にはクラウトバルトを通して間接的に作用しているにすぎない[10]。したがって「根底」学説も明瞭には現われていない。

(5) ルター派の神秘主義者たちとドイツ敬虔主義

ルターと対決していた霊性主義の神秘主義について述べた後に、わたしたちはルター派教会の中に留まりながら神秘思想をさらに深め発展させた神秘主義者を取り上げて考察してみたい。

(一)、ヴァイゲル (Valentin Weigel, 1533-88) はライプツィヒ大学とヴィッテンベルク大学で学んだ後に、ザクセン選帝侯領の小都市チョパウ (Zschopau) の牧師となり、死にいたるまで司牧に従事する。一五七〇年からタウラーおよび『ドイツ神学』を研究する。その著作は死後二〇年経ってから出版される。初期の代表作『自己認識』の第一編は小宇宙としての人間を自然本性的に考察し、第二編は「キリストの教えにしたがって」もしくは超自然的に考察している。なかでも彼が究極において探究したのはキリスト者としての自己認識であり、次のように語られている。「わたしたちキリスト者はキリストにおいて哲学すべきである (Wir Christen sollen in Christus philosophieren.)。そうすればわたしたちは真理の根底 (Grund der Wahrheit) を認識し、かつ、わたしたちを誤らせる光ではなくて、わたしたちを自然から永遠の生へ導く光 (Licht) を見出だすのである。それはキリストにおいて智と認識のすべての宝が隠されているからである」[11]。こうして超自然的な真理認識は対象の側からの作用に由来するがゆえに、「受動的であり、「魂の根底」の作用によって把握される。こうしてタウラーにおいて「受容的な能力」を意味していたこの概念が積極的に採用されている。このことはその当時「一致信条」によって教義学的に形骸化したルター派教会に対する批判ともなっている。「真の信仰は人間の外にとどまるのではなく、心の内的な根底における、つまり人間の核心における、生きた活動的なものである。なぜなら心もしくは内なる人は人間の中心であって、そこにキリストは信仰によって宿っているから。ここの住人であるキリストは最善の場所、つまり霊あるいは心を選びたもう[12]」。さらに「したがって外的なキリストが、そのすべての歴史と業績とを携えても、紙上にとどまり、耳に聞こえ、舌の上に漂っていて、信仰によって心の根底に到達しないかぎり、彼はあなたを救いはしない。なぜなら、真の信仰は口や耳から出てくるのではなく、心の内的な根底から生じるからである[13]」。ここではルターが『ヘブル書講義』で説いた、神学の器官としての「耳」までも否定されている。

ところでヴァイゲルの著作は三つの時期に区別されている。第一の時期ではエックハルト、タウラー、『ドイツ神学』の神秘主義的な概念、とりわけ「放棄」(Gelassenheit) が無批判的に受容され、ルター派教会との義認論に関する論争の解決に用いられている。第二の時期は説教や教育に関する文書がでている一五七二年から七六年の期間である。第三の時期は彼の代表作である『キリスト教についての対話』(Dialogus de Christianismo, 1584) に示され、「単純な神秘主義に代わってパラケルススの自然哲学で教えられた観点と鋭い教会批判が入って来ている」期間である[14]。このような移行は「キリストの天的な肉体」つまりキリストの人性はアダムからではなく、彼の神性と同じく、神から来ているという教説および人間の身体的な再生もしくはキリストにおける新しい誕生という説に示されている。そこには当時の硬直化した義認論に対決してキリスト教的霊性の本質が徹底的に追及されている。この書は「聴聞者・説教者・死」という三人の対話によって構成されているように、「一般信徒・ルター派の聖職者・十字架で死んだキリスト」という三つの立場からキリスト教の真理が探究されている。そのさい「説教者」が当時のルター派教会の信仰義認論に立って信仰によって外から「転嫁される義」(justitia imputativa) を公認の教えとして説いているのに対し、「聴聞者」は次ぎのような主張をする者と考えられている。

「俗人である聴聞者は、人間はイエス・キリストにより、新たな被造物として神自身の内から生まれ出て、神と具身的に合一しなければならないということ、人間が創造されて救済されるその目的とは、すなわち、キリストにおける信仰によって、ただ単にあの世においてだけではなく、またこの時間の世においても、人間が神の内に宿り、そして神が人間の内に宿ることであるということが、聖霊の照明により聖書に基づいて、大いに分かったわけで、このことを聴聞者は、聖書の幾多の証しを挙げて裏付ける[15]」。

彼の主張の核心は「神との本質的で具身的な合一」(eine wesentliche und leibhaftige Vereinigung) によって明瞭に示されている。ここで言う「具身的」というのは、単に霊的な合一ではなく（それは次のテキストで示されているように「本質的合一」といわれている）、キリストの肉と合体したような、からだを伴った、生ける現実と活動を指し示している。こう語られている。

「ああ、父なる神は何たる愛を示されたことでしょうか、わたしたち人間が、御子イエス・キリストによって神と具身的 (somatikos, das ist : leibhaftig) に合一され、永遠に神が私たちの内に、そして私たちが神の内にあるべきである、とされるとは。……この不思議な合一のことを深く思えば思うほど、わたしはますますそのことを、心の奥底から (im Grunde meines Herzens) 大きな驚きの念をもって喜ぶ次第です。……それ故わたしたちも、皆一緒に神とただ単に霊によって本質的に合一されるだけではなく、またキリストの肉と血によって具身的に合一されるためには、わたしたちが聖餐においても記念として授かるキリストの肉と血を、わたしたち自身の内に持たなければなりません[16]」。

ここには神秘的な合一が「イエス・キリストによって神と具身的に合一する」として説かれている。そのさい霊的な合一は「本質的な合一」と規定されているのに対して、「具身的な合一」は自然的な「アダムの肉と血」ではなく、超自然的で霊的な「キリストの肉と血」との合一を指している。したがって、キリストの肉が「聖霊による働きで乙女からのものである」とあるように、霊的に再生した人はキリストのからだに合体されて具体的な実践を伴う生き方を身に付けている。

ルター派の聖職者である説教者は伝統的な信仰義認論の立場から批判を加え、この聴聞者の信仰を「イエス・キリストの内住」(Einwohnung Jesu Christi) として捉え、これに対立する仕方で「転嫁に依る信仰」を主張している。ここでいう「転嫁・帰属」(imputatio) というのは罪人がキリストの贖罪死によって無罪放免される判決をいうのであって、罪人の罪がキリストに転嫁される法廷的判断であるがゆえに、厳密には「非転嫁」(nonimputatio) もしくは「非帰属」を意味している。これが信仰義認論として定着してきており、この立場からすると先の聴聞者の主張は信仰のみの立場から逸脱しており、キリストを通していても、「神との合一」によって救われるというからには、キリストの死と功績を隠蔽し矮小化することになり、オジアンダーの異端に属し、ミュンツアーやシュヴエンクフルトの狂信家に組していることになる。

このような転嫁や帰属の判断は信仰者の外側において起こっていることであり、そこでのキリストは信仰者の霊に直接関係していない。そこで聴聞者は「わたしたちの外なる外的なキリストの生誕は、わたしたちを救いはしませんし、また真の信仰は決して、神からの新しい誕生を欠くもの、愛を欠くものではありません」と説いて、信仰に依る新生は霊における誕生と愛の実践とを生み出すと主張している。

㈡、ヨーハン・アルント (Johann Arndt, 1555-1621) は『真のキリスト教に関する四巻』を出版して一躍有名となったルター派の神学者であるが、神秘主義が説く「根底」学説を積極的に受容している。その思想の一部が正統派の教義を逸脱するとの理由で、ルター派牧師団との軋轢を生んでいる。

神秘的な合一に向かう第一歩は「悔い改め」という全面的な方向転換であって、「心の最内奥の根底を変えて改めることである」。彼はタウラーの全神学が「心の、もしくは魂の内的な根底」(innerer Grund des Herzens oder der Seele) に向けられている点を指摘し、「根底」学説を継承している。さらに彼はタウラーの受動的能力としての根底と、ルター派の信仰義認論にみられる「能動的義」と「受動的義」の基本的区別とを総合して、ルター派の神秘主義を具体的に発展させている。

「神は二つの方法で求められる。一つは外面的であり、他は内面的である。最初のは能動的方法において生じ、人間が神を探求する。もう一つは受動的方法で生じ、人間は神によって探求される。外面的探求は断食・祈り・沈黙・柔和を伴ったキリスト教的なわざの多様な訓錬によって生じる。ちょうどキリスト者が神から促されるか、あるいは敬虔な人々によって行なわれているように。もう一つの探求は人間が自己の心の根底に入ってゆき、そこにわたしたちのうちにある神の国(ルカ一七・二一)を認めるときに生じる」[17]。

アルントはまたタウラーに倣って万物を放棄して根底に帰り、そこにおいて神と合一することを勧め[18]、根底こそ神と出会う「場」(Statt) であって、神はそこに住いたもうと言う。こうして人間は堕罪により神と合致した生活を失ったが、神のあわれみによって神の像を更新し、神に再び結合し、聖霊の住いとも座ともなる、と説いている。このように福音主義的な神秘思想がタウラーの受容において起こっている。アルントにより語られているこのような思想は、ルターにより受容されたタウラーの根底の教説がルターと同じ精神によってさらに発展的に受け継がれていることを明瞭に示している。

(三)、パラケルスス (Paracelsus, 1493-1541) とヤコブ・ベーメ (Jacob Böhme, 1575-1624)。このように神秘主義の歴史に新しい傾向が生じたのであるが、それはルターの同時代人パラケルススによってドイツ神秘主義の中に自然哲学的思潮が起こったことによって始まっている。それまでの神秘主義的な宗教体験は一般的にいって世間や自然の万象から人間が離反することを前提としていたが、彼により初めて自然、つまり被造世界を通して神の存在の神秘的な認識に至りうると説かれ、宗教体験のうちへと自然を組み入れることが開始している。このことはヴァイゲルやアルントにおいてもすでに始まっていたが、ベーメのようなルター派の神秘主義者たちは、神秘主義的世界解釈を彼の世界像から導きだしている。ベーメは一六世紀の宗教改革から生まれてきた信仰的、霊的神秘主義から自然神秘主義に移行するプロセスの中で自然と神秘主義を体系的に総合しようと試みた。彼の究極の関心事は神および自然の認識であり、その哲学の主題は人間存在の霊的解明と結びついていた。したがって人間の観念が、自然の外にあって自然を超越しているだけでなく、神の生命によって全自然の「根底」にまで拡大深化され、独自の「根底」や「無底」(Ungrund) の学説が説かれるようになる。こうして宗教的な信仰をもって自然を神秘的に体験することが生じている。ここから「神のうちに一切を見、一切のうちに神を見る」という神と万有との総合的認識が試みられたのである。それゆえベーメは、自然・神・人間の三者を神の意志の三形態による生成として把握する。これが「三原理説」であり、人間は、本質的にこの三原理を胎蔵することによって、すべてを見、一切を知る。それゆえ、光の世界を自己のうちに見る人にとっては、外的世界が神秘となり、魂のうちに働く内的原理ともなって、万有の神秘の中に自分の本質が象徴されているのを自覚する。こうして自然神秘主義が霊的神秘主義の新しい形式となり、自然が宗教体験のうちに受容されている。ルネサンスにより発見された新しい世界と人間は、ベーメの自然神秘主義の下で、強烈な個人的な宗教体験に基づいて自然と世界とを霊性のうちに受容することによって、統一的に把握されるにいたった。もはや自然は主観性の外に立つ異質な世界ではなく、自然と自我とはその根底において同一の生命により原理的に生かされている。このような思想は科学的世界観により常に破壊される運命にさらされながらも、シェリングやヘーゲルによってやがて回復されてくる。この意味でベーメは真に最初の「ドイツ哲学者」(philosophus teutonicus) と呼ばれている。

(6) シュペーナーとドイツ敬虔主義

シュペーナー (P. J. Spener, 1635-1705) の『敬虔なる願望』はルター派教会の霊的な改革を提案したものであり、これによって敬虔主義が発足したといわれる。この書自体がアルントの『説教集』の序文として書かれており、アルントの信仰を継承していることが知られる。彼の敬虔主義では「再生」(Wiedergeburt) がその中核となる概念であって、この主題をめぐる六六編の説教が残っている。それはルターの宗教改革の理念的な根幹であった「義認」(Rechtfertigung) に代るものである。しかしながら、それは信仰による義を否認しているのではなく、義認を再生の内に組みいれ、再生の構成要素の一つとしている。ルターもアルントも再生を説いているが、ルターは「義認」を最も重視し、アルントは「改新」(Erneuerung) に力点を置いたのに対してシュペーナーは「再生」に最大の重点を置いたのである。彼は、再生によって人間が、来世においてのみならず、すでに現世においても救済される可能性を見いだした。彼の敬虔主義はまさにこの可能性を現実化する方法の探求と実践であった、と言うことができよう。

彼はルターの「『ローマ人への手紙』の序言」において生活の改善を実現する信仰が「心の根底」(Herzensgrund) から生じていると説かれている点を指摘している。しかし、彼によりこの言葉が使用されてはいても、その本来の意味ではもはや使われていない。というのは彼が『敬虔なる願望』の序文でも語っているように、ドイツ神秘主義の影響を人がそこに見て、異端であるとの批判を避けるためである。そこで彼は「われわれのキリスト教全体は、まったく〈内なる人あるいは新しい人〉(inner oder neuer Mensch) において成立し、このような人の魂こそが信仰であって、このような人の働きが生命の果実であるから、説教は総じてこのことを目ざしてなされるべきである」[19]と説いている。つまり異端の嫌疑を回避すべく彼は「心の根底」の内の「根底」を避けて「心」概念の方を使用している。たとえば次のように語られる。

「われわれは、みことばを外的な耳で聴くことだけでは充分でなく、それを心にも惨透させるべきである。心においてこそ、聖霊が語ることを聴くことができる。……外面的に口先で祈るのでは充分でなく、真の最上の祈りは、われわれの内なる人において生じる。祈りがことばで述べられようと、〔未だ〕心の中にとどめられようと、神はそれを見いだし、それに出会いたもうのである。外的会堂 (Aeusserlicher Tempel) で礼拝するのでは不充分で、われわれの内なる人が、そのとき彼が外的会堂にいようといまいと、彼自身の会堂 (sein eigener Tempel) において最上の礼拝を行なわねばならぬ[20]」。

したがってシュペーナーに始まるドイツ敬虔主義においては「根底」概念はあまり頻繁に用いられていないとしても、「内なる人」とか「心」概念によって内容的には表明されており、信仰の内的な再生力によって実践的な活動が強力に押し進められている。それは詩人テルステーゲン (G.Tersteegen, 1697-1769) が歌い続けた内面性の深みから出ているものであって、彼の詩集『親密なる魂の霊的な小さな花園』では「魂の根底」によって多くの詩が創作されている。たとえば「喜ばしい修道院生活」という題の詩では、次のように歌われている。

私の魂の根底は私の甘美な独房です。

そこで私はわが神と一緒に暮らします。
すると豊かな生命の泉が私に流れ出すのです。
ああ、いつもそこに閉じ籠っていることができますように。[21]

（1）金子晴勇『近代自由思想の源流』創文社、一三六―一四五頁がこの問題を扱っているので参照されたい。
（2）M. Luther, WA. 7, 25, 27-33.
（3）Ibid., 26, 4-7.
（4）一般的な「対応」では善い花婿と善い花嫁とが結ばれているが、ここでは善い花婿と悪い花嫁とが結ばれているがゆえに、その関係は逆対応となっている。この点の詳しい説明は金子晴勇『ルターとドイツ神秘主義』創文社、一四九―五〇、一五七頁参照。
（5）M. Luther, WA. 7, 35, 34.
（6）WA. 9, 103, 37ff.
（7）WA. 9, 103, 2ff.
（8）WA. 7, 550, 20ff.
（9）ルターの義認体験のなかに生きていた神秘的要素は、制度化によって外面化したために喪失するようになる。この要素はヴァイゲルも認めているように若いルターには明瞭に認められていたものであった。それは潜在的には彼の中になお生き続けてはいても、消え行く運命にあった。cf.Valentin Weigel, Ausgewälte Werke, hrsg.S.Wollgast,S.500.
（10）cf. J.Seyppel, Texte deutscher Mystik des 16.Jahrhunderts,1963,S.34-42.
（11）Valentin Weigel, op.cit., S.217.
（12）Valentin Weigel, Ein Büchlein vom wahren seligmachenden Glauben, wie Adam in uns untergehen und sterben müsse und Christus dagegen in uns solle auferstehen und leben, in : Sämtliche Schriften.1969, Bd.5, S.34.

（13）Valentin Weigel, op.cit., S.52.

（14）Winfried Zeller, Die Schrifften Valentin Weigels, 1940, S.52.

（15）Valentin Weigel, Ausgewälte Werke, hrsg.S.Wollgast, S.471-2.　邦訳『キリスト教についての対話』山内貞男訳、創文社、一一頁。

（16）Valentin Weigel, op.cit., S.475-7.　前掲訳書一六〜八頁（一部改訳）。

（17）Johann Arndts Sechs Bücher vom wahren Christentum,1765, III, 4, 1.

（18）Johann Arndt, op.cit., III, 4, 3.

（19）P.J.Spener, Pia Desideria.hrsg.v.K.Aland, 1964, S.79.　邦訳『敬虔なる願望』堀孝彦訳、玉川大学出版「世界教育宝典——キリスト教教育編」、一五一頁。

（20）P.J.Spener, op.cit., ibid., S.52.　前掲訳書一一六頁。

（21）Tersteegen, Geistiges Blumengärtlein inniger Seelen, Erstes Buchlein, 1931, Nr.339.

終章

第九章　近代の主体性の問題
——自律と神律——

近代にはいると個人がカトリックの教権から自由になって自立する運動が顕著に起こってくる。とくにルネサンスのヒューマニズムは人間の尊厳を説き、教権の下での他律的な生き方から開放され、自由に行動することを強調した。そのさい、人間が理性的に自律し、個人として行動の主人であり得るという信念は、近代人が一般にもつようになった観念である。この自由の観念の中には自己決定・自己創造・自己主権という中世においてすでに芽生えていた契機が含まれているが[1]、このような契機を秩序づけていた神学的な枠組みが近代に入ってから撤去されたため、自己の可能性を無限に発展させる衝動が起こり、自由の観念に近代的な特色が生じてきた。ここから近代的な主体性の問題が起こってくるのであるが、本論においてはこの点をディルタイ学説の検討からはじめて、自律と神律の関係として論じてみたい。

(1)　ディルタイのエラスムス解釈の問題

ではこのような近代的自由を生みだしている人間はいかなる存在であり、どこからこのような自由を体得したのであろうか。この問題を解明するにあたってまずヨーロッパ精神史家ディルタイの学説をわたしたちは検討することが適切であろう。というのは精神史の全体的潮流の中から彼が『一五・六世紀における人間の把握と分析』(Auffassung und Analyse des Menschen im 15 und 16 Jahrhundert, 1891-2) において近代初頭の人間学の特質を考察して、優れた成果を収めているからである。彼はヒューマニズムと宗教改革の運動を単なる教会史や教義史の観点から見るのではなく、この時代の精神的過程の連鎖における最も重要な契機として把握しようとしている。これらの運動は中世の神学的形而上学から分離し、やがて一七世紀に実現する人間の自律という思想に発展してゆく過程をなしている。そのさい、彼はこれまで一般的に行われてきたように、「キリスト教世界」(corpus christianum) の崩壊という観点からこの過程を解明しようとはしないし、また新しい学派であるオッカム主義の台頭と自律的意志の確立という視点から考察するのでもなく、「宗教的普遍主義的有神論」(religiös-universalistischer Theismus) がルターの対抗にもかかわらず、エラスムスをとおして勝利を収め、カントやシュライアーマッハーによって完成したと主張している。彼はこの有神論について次のようにいう。

「私はこの宗教的普遍主義的有神論を、神性はさまざまな宗教や哲学のなかで同じように働いており、今日もなお働いているという確信であると解する。……これは神性が全自然をつうじて、またあらゆる人間の意識の中で全く普遍的に作用しているという理念を前提する命題である。こうしてこの命題は、通例は世界秩序に関する汎神論的もしくは万有内在神的把握に結びつけられている。こうした把握は、当時、唯名論とならんで、プラトン主義やキリスト教神秘主義に依存して非常に弘布されていた(2)」。

ディルタイは一六世紀の思想の全体像をこのように捉え、この有神論はエラスムスの『エンキリディオン』における「キリストの哲学」に具現しているという。この哲学はキケロ、セネカ、プラトンの哲学とも一致し、これらの哲学者の著作には神の啓示と霊感が下っている。さらにこの有神論はフィチーノやピコの新プラトン主義の影響を受けたエルフルトのヒューマニストであるムティアヌス・ルフス（Mutianus Rufus, 1471-1526）の手紙にも明らかに表現されていて、キリスト、ユピテル、アポロン、モーセなどは同じ神性の現われであると説かれている[3]。人間のうちなる等しい神性の自覚から生じるこの有神論から近代の主観性の根源を把握できるとディルタイは主張する。つまり、人間の内なる神性の自覚が、他律を退けて自らによって立つ自律の精神を生みだしているという。その例としてエラスムスの神学的合理主義をあげ、これにより神に対しても独立した自律的精神が自覚されるようになったと次のように主張している。

「エラスムスが神学的合理主義の創始者である。神学的合理主義を私は信仰内容に対する悟性の優越した反省というように理解する。そして、こうした反省によって信仰内容は、神・キリスト・人間の関係、自由意志と神の影響との関係、すなわち全く相互に没交渉な独立した存在の関係に分解される[4]」。

ディルタイによるとエラスムスはこの立場に立ってルターを批判したのであるが、ルターのほうは信仰のみによる人格的神関係に立ち、儀式的な古代の犠牲の観念を拒否しながらも、贖罪思想を復活させ、エラスムスの有神論に対決したのである。このようなディルタイの解釈は、ハルナックやトレルチ等の宗教史学派に大きな影響を与えているだけでなく、近代精神史の深層に向けての分析でもある。そこにはヒューマニズムこそ近代思想の源泉であって、共通の事態である「人間の神性」の自覚にこそ近代精神発生の地盤を見ると主張されている。彼がエラスムスの中に有神論や神人関係の相互的独立性をとらえているのは正しい[5]。ただ問題になるのは、彼が人間の内なる神性を近代の主観性の根源として解釈しながらも、その神性や主観性自体のもっている問題性を無視したため、エラスムスの理解が表面的であり、その宗教性を真に内在的に把握していないという点である[6]。

次にディルタイの精神史の立場を継承しながら、いっそう歴史的発展を考慮にいれて一六世紀の思想史を人間学的に分析したグレートゥイゼンの見解を述べてみよう。

グレートゥイゼンはその著名な著作『哲学的人間学』(Philosophische Anthropologie, 1931, 2Auf. 1969) においてプラトンからモンテーニュにいたる多様な人間学的類型、および人間についての多岐にわたる解釈の歴史的発展を叙述し、人間の自覚の変化を辿って精神史を解明している。人間の本性や本質と呼ばれているものは、たしかに時間的変化を超えた常に等しい基本的性質を備えてはいても、それでも人間が自己をいかに理解しているかは、歴史的状況の変化に応じて多彩な形態をとっているし、そこに自己理解の様式の統一的発展を跡付けることはできよう。

さて、グレートゥイゼンは近代初頭の人間学的類型を三つに分け、①ルネサンスにおける「神話的人間」、②ルターにおける「宗教的人間」、③エラスムスにおける「ヒューマニズム的人間」に分類している。ルネサンスの人間学は人間とは何かと主題的に追求はしたものの、人間が世界に対してもっている役割をなお神話と宇宙論の中に求めている。それに反し「ルターの信仰の中にはもはや神話的宇宙論的思考の入る余地がなく、すべては人間的生の現実の枠内において生じている」[7]。すなわち、人間はもはや自己を超えた、一般化された概念や価値から考えられず、信仰している「わたし」に立って神をも所有している。「人間からわたしへの道が通じているのではなく、わたしが最初のものであり、このわたしを補完するものを、人間を世界に結びつけている本質規定のなかに見いだすのではなくて、宗教的汝との関係のなかに見いだしている」[8]。だから信仰によって把握された人間としての「わたし」の根本性格は、物体のように対象的に認識されず、「純粋に宗教的なわたし」(rein religiöses Ich) として「神的汝」(das göttliche Du) 関係に立っていて、神に対する人格的信仰関係のなかで形成されている。[9]

実際、ルターの人間学においては神との人格的関係のなかで自己認識は徹底的に遂行されている。したがってグレートゥイゼンの主張はルターの宗教的生に即したものといえよう。他方、彼によるとエラスムスによって代表されるヒューマニズムの人間学は、人間をそのあるがままの姿で理解しようとし、自己自身にとどまり、自己自身から人間の固有なものに価値を与えようとしている。したがって、ルネサンスの宇宙論的人間やルターの神学的人間が、何らかの仕方で自己を超えたものとの関係により自己認識を行なっているのに対し、エラスムス的人間はあくまでも人間に内在する立場にもとづいていることになる。[10] この主張は基本的には正当であっても、エラスムス自身はというと、ヒューマニストにとどまらず同時に聖書文献学に立つ神学者であろうと努めており、古代の哲学者プラトンと聖書、とくにパウロとを総合して自己の神学を形成したのである。[11] 哲学とキリスト教とを総合し、両者の一致のうちに真理を把握していこうとするところにエラスムスの特質がある。この総合がディルタイのいうような普遍主義的有神論から行なわれているか否かはやはり問題となろう。また、グレートゥイゼンの解釈のようにエラスムスを純粋に人間内在主義的にとらえることも間違っているといわなければならない。

近代的自由の理念、あるいは近代人のいだいた自由の信念についてのディルタイとグレートゥイゼンの解釈をあげて紹介してみたが、いくつかの問題点がこれにより浮び上ってきた。グレートゥイゼンがディルタイ学説を批判的に修正し、ルネサンス、宗教改革、ヒューマニズムの三者の人間学的発展を述べたことは、ルターとエラスムスとの対立契機よりも近代における人間的自由の意識の発展として同一の方向性を捉えている点で正しいといえよう。ところがエラスムスは神学者としても発言し、そのことによりルターとの対決に向かわざるを得なかったのであるから、ディルタイが捉えた両者の対立契機をも明らかにしなければならない。彼がエラスムスのうちに捉えた「宗教的普遍主義的有神論」と「神学的合理主義」は前述のように正しいのであるが、エラスムスにみられる異教的傾向と本来のキリスト教的精神との関係を正しく捉えてはいないといえよう。エラスムスは異教の哲学者プラトンとパウロとの思想の一致において真理を把握しようとしているのであるが、その真意はキリスト教的人間性のもつ真理を明確にするところにあって、異教的要素はあくまでもその補助手段にすぎない。したがってエラスムスにおける精神史上の最大問題はディルタイが捉えた先の有神論と合理主義の根底にある自律的人間の自覚にあるといわなければならない。

ディルタイはエラスムスの合理主義によって「信仰内容は、神・キリスト・人間の関係、自由意志と神の影響との関係、すなわち全く相互に没交渉な独立した存在の関係に分解される」と先の引用文でいう。つまり神との関係から自由となった自律的人間がエラスムスの中に認められ、これが近代的自由の理念の源泉になっているというのである。このディルタイの主張は基本的には正しいとしても、それでも近代人の自由についての信念つまり自由に対する理念的信仰は決して本来の信仰を排除するものではない。ディルタイは彼自身のいだく近代的自由の概念をもってエラスムスを見ているがゆえに、そのエラスムス理解が一面的になっているといえよう。

(2) 意志規定の三類型

意志規定には「他律」(Heteronomie) と「神律」(Theonomie) と「自律」(Autonomie) という三つの類型があると考えられる。この類型によってヨーロッパ精神史が解明されるのではなかろうか。この神に従う生き方という神律は自律と対立しているのであろうか。一般的には神律は他からの命令によって行動する他律と同義に理解されている。神が自己にとり他者であるなら、そう考えられるのも当然であろう。だが、神はわたしたちにとり異質であっても、よそよそしい他者であろうか。神が律法をもってわたしたちを脅かしたり、刑罰の恐れを惹き起こしたり、わたしたちが律法の外面的遵守により神に対して合法性を主張しようとするなら、その時には神律は他律となっている。他方、神の恩恵により新生し、自発的に善い行為をなそうと励むような場合はどうであろうか。そのとき神律は自律を内に含んでいることにならないであろうか。エレミヤの「新しい契約」（エレミヤ三一・三一―三四参照）のように心の内に神の法が刻み込まれている場合や神の愛に応答するイエスの愛の教えのごとく、神律は自律の契機を内に含んでいるといえよう。こうして神律には外面化して他律となる方向と、内的な変革による自律の方向とが存在することになる。

このように神律が他律に向かう方向と自律に向かう方向とをもっているという観点からわたしはヨーロッパ近代初期の自由思想の歴史を解明できるのではなかろうかと考えるようになった。この観点は、『ルターの人間学』に続いて考究すべき課題として残しておいた「自由意志」の問題に取り組んでいるあいだに、次第に明らかになってきた。この「自由意志」（liberum arbitrium）の概念はアウグスティヌス以来、中世を通して哲学と神学の主題となり、とくに一六世紀においては最大の論争点となっている。今日では自由意志は選択意志として意志の自発性のもとに生じていることが自明のことことなっている。この自発性についてはすでにアリストテレスにより説かれており、「その原理が行為者のうちにあるものが自発的である」との一般的命題により知られている。[12] そして実際、この選択意志としての自由意志の機能を否定する人はだれもいないのであって、「奴隷意志」（servum arbitrium）を説いたルターでもそれを否定してはいない。[13]

では、なぜペラギウスとアウグスティヌス、エラスムスとルター、ジェズイットとポール・ロワイヤルの思想家たち、さらにピエール・ベールとライプニッツといった人々の間で自由意志をめぐって激烈な論争が起こったのであろうか。そこでは自由意志が本性上もっている選択機能に関して争われたのではなく、自由意志がキリスト教の恩恵と対立的に措定され、かつ恩恵を排除してまでもそれ自身だけで立つという「自律」の思想がこの概念により強力に説かれたからである。こうして自由意志の概念はほぼ自律の意味をもつものとして理解され、一般には一七世紀まで用いられたが、やがてカントの時代から「自律」に取って替えられたのである。

近代初頭の一六世紀ではこの自律の概念は、いまだ用語としては登場しなくとも、内容的には「恩恵なしに」(sine gratia) という表現の下で述べられていた。たとえば初期ルターの討論集の標題には「恩恵なしに人間の力と意志について論じられた問題」(Quaestio de viribus et voluntate hominis sine gratia disputata, 1516.) とあって、そこでは自由意志の力がそれ自身でいかなるものかが論じられている。[14] ところで、このように恩恵を排除した上で自由意志の自律性を主張したのはペラギウスが最初であったと思われる。それも彼によりやや複雑な仕方で説かれ始めている。彼は「自由意志」が神の恩恵であるという。その意味は人が創造されたとき、自由意志と律法が授けられ、律法は自由意志により実現されるというのである。こうして自由意志という人間の自然は恩恵であると説かれたので、外見上恩恵が説かれているように見えても、実際は排除されていたことになる。アウグスティヌスがこの偽装をあばき、「創造者の恩恵」から区別された「救済者の恩恵」をキリスト教独自の恩恵として説いた。[15]

自由意志が救済問題で神の恩恵を排斥して説かれた場合、それは批判の対象となったとしても、一般の道徳の領域では自由意志は認められていた。ペラギウスの協力者であったカエレスティウスの『定義集』には、義務の意識がある以上自由意志は前提されていると次のように説かれている。「人間は罪なしに存在すべきであるか否かが問われなければならない。疑いの余地なく、人はそうあらねばならない。もしそうあらねばならないなら、そうあり得る」[16]と。同様にエラスムスも「それゆえ、人間はこれらのことをなし得る。さもなければ命じられていても空しいことであろう」[17]と合理主義的に論じている。またカントの「なすべきである、ゆえになし得る」(Du kannst, denn du sollst.)[18]も道徳法則の意識には当為実現能力としての自由意志が前提されていることを示している。

一般道徳の領域で認められる自由意志は道徳の普遍的原理となる場合に、カントにおいては傾向性に立つ他律を排除することによって「自律」に達している。宗教の領域で恩恵を排除した自由意志の自律が問題となっていたのに、カントの場合には他律の排除により自律に達している。このことは意志の自律の規定にも明らかである。「意志の自律とは意志が（意志作用の対象のあらゆる性質から独立に）かれ自身に対して法則となるという、意志のあり方のことである[19]」。つまり自己以外のすべての外的対象や自然必然性も排除され、自己立法的になっているのが自律の立場である。この自律が成立する最終的根拠は感性的表象のすべてから全く自由で自発的である理性に求められている。こうして「理性的自律」において近代的自律は完成するにいたっている。

しかし、同時にわたしたちが考えなければならないのは、このようなラディカルな自律の主張は、現実には稀であって、どこまでも貫徹しうる性質のものではなかったということである。カントはその『宗教論』の中で「根本悪」を説かざるを得なかったし、エラスムスも「わたしには多少のものを自由意志に帰し、恩恵に多大のものを帰している人々の見解が好ましいように思われる[20]」といって、恩恵を排除するどころか、自由意志を最小限のところにまで後退させている。すでに考察したように自律と他律とは全く排他的な矛盾関係に立っていても、自律と神律の方は相互に深くかかわり合っている。そのさい、神律は自律との関係を通してわたしたちに開かれてくるといえよう。そこでパウル・ティリッヒの次の考えを参照してみよう。

「神律とは、他律とは反対に、超越的内実をもって、それ自身法にかなった諸形式を実現することである。それはカトリック的権威思想のような意味で、自律を放棄することによって成立するのではなく、自律が自己を超出する地点まで達することによって成立する[21]」。

この文章の前半は神律文化の形成について語っており、「神的霊の現前」たる神の愛という超越的内実は相対的文化の形式を通して実現される。これがいわゆる「世俗化」であって、「信仰の合法的結果」（ゴーガルテン）といえよう。[22] その後半は自律の深化と自己超越により神律が成立すると主張している。この自律を放棄すると他律となるが、自律を徹底させて自己を超越することにより神律に達すると述べられている点が重要である。ティリッヒは自律と神律との関連について「その神的根拠を知っている自律が神律である。しかし、神律的次元なき自律は単なるヒューマニズムに堕落する」[23] とも説いている。わたしたちの意志は、キルケゴールが鋭く指摘しているように、自らの力によって立とうとすると目眩いを起こして倒れざるを得ない。[24] このように有限な意志は神の力によってのみ再起しうるのであって、神の恩恵によって内的に新生した意志の在り方こそ神律であるといえよう。

このような神律の観点から近代の自由思想の歴史的発展が考察できるのではなかろうか。そこには次のような注目すべきプロセスが見られよう。

(一)、後期スコラ神学の発展とともに自由意志の役割が次第に拡大され、自律性が高められてきている。トマスの場合、自由意志の働きは、目的達成にいたる手段の選択に制限されていたが、オッカム主義にいたると自由意志の未決定性や偶然性の強調によりその自由の度合いが高められ、意志の自律性を主張することになり、さらにこれが神学に適用されたため、恩恵は排除されていないとしても、それ自身の力により恩恵にいたるように準備しうると説かれるようになった。

(二)、オッカム主義により教育を受け求道し続けたルターは、恩恵を得る準備をなそうと試みるが挫折する。彼は律法により自律的に立ち得ない自己の無力を神の前に自覚し、「自律が自己を超出し」（ティリッヒ）、神の恩恵の働きにより信仰によってのみ義とされるという信仰義認に到達する。彼はこの信仰により神律の立場を確立し、スコラ神学と対決するに至っている。ルターの体験と思想とは自律から神律への方向を明らかに提示している。

㈢、イタリア・ルネサンスの自由意志論の発展も神律と自律との関係から解明することができる。ペトラルカの神律的ヒューマニズムはヴァッラにおいて神律が強まる方向へ発展し、他方ピコ・デッラ・ミランドラにおいては自律が強調される。エラスムスにおいては、権威主義化し、信仰が儀式によって形骸化した他律的信仰が批判され、キリストとの主体的関わりにより自律性が強調されるに至っている。

㈣、こうして神律のうちなる自律の契機を力説するエラスムスと、神律のうちなる信仰による新生の契機を力説するルターとの間に自由意志をめぐって激烈なる対決が一六世紀の初めに生じている。この論争は調停不能な矛盾的対立に終始しているように見えるが、そこには一つの合意が成立している。それは自由意志が恩恵を受容する能力をもっている点を認めることである。この受容において神律的な意志は実現するのであるから、両者とも神律に立っている点で合意に達しているといえよう。

近代初期における自由思想は中世と同じく神律的であっても、神律における自律の意義が明らかに説かれ、自律と神律との弁証法的関係が問われている。エラスムスは「自由意志が恩恵によって何をなしうるか」とそれを肯定的に問い、ルターの方は「恩恵なしに自由意志は何をなしえないか」と否定的に問うている。前者により神律の中の自律の契機が、後者において神律の中の非自律の契機が力説されている。しかし、信仰の生命を喪失した現代の自由論は、神律から分離した単なる自律を説いているにすぎないのではなかろうか。

（3）試練と自己超越

それゆえ、わたしたちの問題は、恩恵なしに人は自律できるであろうか、ということになろう。カント以来一般的には道徳的に自律できると信じられてきた。この近代人に特有な信念もしくは信仰は、観念的には信じられても、現実に貫徹できるであろうか。実は、この自律的な生き方を根底から震撼させているのが「試練」の経験である。しかも信仰に立っているキリスト者の生活でさえ不断の試練に見舞われ、安定した自律が失われ、現世においては旅する者、もしくは寄留者にとどまらざるをえないのではなかろうか。信仰の模範と讃えられるアブラハムやヨブ、さらにイエスも神にきびしく試みられた生涯を送ったのである。わたしたちも信仰を震撼される試練に直面すると、ヨブとともに次のように問わざるをえないであろう。「人は何者なので、あなたはこれを大きなものとし、これにみ心をとめ、朝ごとにこれを尋ね、絶え間なく、これを試みられるのか」（ヨブ記七・一七―一八）と。

このような神からくる試練のみならず、わたしたちが過度の欲望や情念に煽られて、みずから招来する破滅も含めて、さまざまな試練にわたしたちは見舞われるのである。しかし、この試練によって神に対する信仰が厳しく問い返されているように思われる。

このような試練と信仰との関係をアウグスティヌス、ルター、キルケゴールの思想をとおして明らかにしてみたい。試練はこれらの思想家たちの基礎経験となっていて、そこから信仰による救済が求められているのみならず、さまざまな試練を通して自律的な主体性が挫折し、信仰により自己超越に導かれ、信仰の勇気と力が彼らを支えている。そこで、これらの思想家たちに共通する試練の現象をいくつかの局面からとりあげてみよう。

（1）試練と生活

「試練」の概念は教養や学説にかかわるものではなく、わたしたちの「生活」にかかわっている。『告白』第一〇巻でアウグスティヌスは自分が恩恵によって救われていながらも、実際の生活においては救いを完うすることなく、再び悪しき諸々の欲望のとりこになり、破滅に瀕していることをヨブを引き合いにして告白している[25]。

人間の生が根底に秘めている悲劇的現実をわたしたちは「ヨブ記的脈絡」（ワインシュトック）と呼ぶことができよう[26]。そのさいアウグスティヌスが問題にしている試練は、肉欲・食欲・嗅覚欲・聴覚欲・視覚欲・好奇心・驕慢な生活・名誉欲・虚栄心と自惚によって「邪悪なものから善良なものにされた人が、今度は反対に善良なものから邪悪なものにされる[27]」転落であった。つまり試練は人間に内在するもろもろの欲望のゆえに信仰者といえども邪悪な生に転落する経験であって、その本質において「誘惑」であるといえよう。

ルターも青年時代以来たえず試練の状況の中に立ち続けている。『卓上語録』にはこれについての多くの発言が記されている。そのうちの一つをあげてみよう。

「わたしがシュタウピッツ博士にしばしば告白したのは、女性のことではなく、真の葛藤であった。そのとき彼は〈わたしにはそれは分らない〉と語った。つまり諦めなさいということだ。……そこでわたしは〈お前以外の誰もこうした試練と葛藤をもっていないのだ〉と考えた。そのときわたしは死骸のようになった。このようにわたしが悲しみ打ち沈んでいたので、ついにシュタウピッツ博士が食事のとき、わたしのところにきて語った。〈兄弟マルティン、あなたはどうしてそんなに悲しむのか〉と。わたしは〈どこへ行ったらよいのでしょうか〉と尋ねた。〈ああ、そのような試練はあなたにとって良いことで必要であるのを、あなたは知っていない。もしそうでないとしたら、あなたから良いことは生じないでしょう〉と彼は答えた[28]」。

ここで語られているようにルターの師シュタウピッツは試練がないとルターが博学のゆえに高慢になるだろうと考えていたようである。ルターもアウグスティヌスと同様に人間の生がさまざまな試練から成り立っていることを知っている。ところが同じ身体的な試練でもルターの場合にはアウグスティヌスと相違して、試練には外側から攻撃する力が感じとられている。ルター自身青年時代に悩まなかったという異性問題について彼が論じているところを見るならば、この点が明らかになる。

「同様に敬虔深い青年や若い婦人たちでも、自分の意志に相反して、燃えるような性欲の想念により捉えられることがしばしば起こった。人は情念によって捕えられると、彼の全体が奪い取られ、情念が刺激的に駆りたてることのほか、何も見たり聞いたり考えたりできなくなる。こうして心は怒り、心配、憎悪、その他類似の情念により支配される。……若者たちが激しく性欲に燃えたり、心が怒りや他のもろもろの邪悪な情念に駆られるということは、必ずしも情欲と邪悪とに帰せられるものではない。そうではなくて、サタンが彼らの心を刺激して煽り立て、彼らの意志に相反して肉に情火を点じることにより、結果としてこのような情念が生じるのである[29]」。

ここに試練が激しい情念において感得されると、単なる欲望（性欲・名誉欲・食欲）から内発的に生じるのではなく、試練を生起させている外力としてサタンが「誘惑者」として働きかけているとみなされている。日常生活で異性・金銭・名誉を異常と思われるほどに追求している人たちをみると、その人の上にドン・ファンやマモン（財神）また虚栄の霊がのり移っているように想われる。ドイツ語の「試練」（Anfechtung）はこの種の外力の攻撃を意味している[30]。それゆえ、自分の力でコントロールできない外力の玩弄物となっているとしか考えられない。試練においてわたしたちが学ばなければならないのは、このように外から攻撃してくる力に対決することであるが、どうしたらこれを克服できるであろうか。こうした試練はわたしたちを実存的な問の前に立たせ、現実には自律が与えられていないことを自覚させる。というのは、試練を受けた人は自分の存在が自律せず、安定しておらず、むしろ破滅に瀕した危機の中にあることを自覚し、そこから脱出しようと試みざるをえないからである。

(2) 試練と超越

「試練」の概念はわたしたちが現に在る状態をのり越えようとする「超越」を表わしている。この点をはじめて明瞭に説いたのはキルケゴールであった。彼は最愛の婚約者レギーネとの関係を破棄する行為によって、アブラハムがイサクを犠牲にささげ、ヨブが全財産と健康との一切を放棄するのと同質の実存的体験をもったのである。この行為は道徳的には赦されがたいものであったが、道徳の普遍性を越えた、神の前に立つ単独者の道において決断された。それゆえ倫理の普遍性を「超越」することをこの試練は教えている。彼は『反復』の中で次のように語っている。

「〈試練〉というこの範疇は美的でも倫理的でも、また教義的でもありません。それは全く超越的です。これが教義に取り容れられるには、試練であるという試練についての知識が必要です。しかしこの知識ができ上がるやいなや、試練の弾力性は弱められて、この範疇は実に迷ったものになります。この範疇は絶対的に超越的であって、人間を神との純粋に個人的な対立関係に、受け売りの説明などでは満足できぬような関係に置くものです[31]」。

試練が超越的であるというのは、日常的な安定した世界が崩壊し、自律が徹底的に震憾させられて、神との絶対的関係に単独者として入ってゆくことが生じるからである。この新しい関係は信仰であって、『おそれとおののき』の中でキルケゴールが「信仰の騎士アブラハム」について次のように述べている点にはっきりと示されている。「かの騎士は神の腹心に、王の友になるということを、まったく人間的にいえば、悲劇的英雄でさえ神を第三人称でしか呼びかけないのに、彼は神に〈あなた〉と呼びかけるということを、予感するであろう[32]」。試練はこのように神人関係を「我と汝」の対話的関係にまで導き、こうしてわたしたちは現在の生を超越した信仰の生活に至るのである。

ルターもキルケゴールと同様に試練を超越の範疇でとらえている。初期の『ヘブル書講義』の中で人間は「三つの部屋」をもち、感覚的人間・理性的人間・霊的人間の三種類に分けられ、試練によってこれらの人間類型のあいだに超越的な移行が生じている。そのさいルターはこれらの人間類型を二重の仕方で観察し、「外から」と「内から」とから考察し、かつ「肯定的方法」と「否定的方法」によって安息をもったり不安や試練に陥る現象を解明している。

「第一に、感覚的人間は感覚的対象を歓んでいるとき外から安息をもつ。これは肯定的方法による安息である。反対に感覚的対象が混乱に陥るか除去されるときには、困惑させられ、悲嘆する。だが、彼は否定的方法によって安息をもっとき、すなわち思索する人々や哲学者たちに明らかなように理性的人間としてのわざのために手仕事や感覚的対象から身を引く場合には、内から実際安息をもっている。他方、憂愁やメランコリーの場合に見られるように人間の理性が錯乱するほど転倒しているときは内から安息は乱される。

第二に、理性的人間は彼が思索し考察している対象がもし快適なものであるなら、それらの対象において外からまた肯定的に安息をもっている。だが、それらの対象が悲しむべきものであるなら、外から不安に陥る。彼が自分のわざを止めても霊的人間が信仰とみ言葉に依存するときは、内から否定的であるが安息をもつ。だが、霊的人間が困窮するほどに、つまり信仰とみ言葉が試練に陥り、彼自身が困惑させられるときには、内から乱れて平安を失う。この困窮は最も底深く地獄に最も近いがゆえに、全く戦標すべきものである。

第三に、霊的人間は外から信仰とみ言葉の中に安息をもつ、つまり信仰の対象であるみ言葉が彼に付着して存続するかぎり、彼は肯定的方法で安息をもっている。だが、すでに述べたように信仰が危機に陥り、み言葉が取り去られると、信仰・希望・愛の試練の場合に生じるように、彼は外から平安が乱される。これは〈神のみ言葉によって生きる〉（マタイ四・四）人間である。他方、彼は否定的方法によって安息をもっとき、内から安息をもつ。つまり信仰とみ言葉とによって、造られたのではない神の言葉の誕生そのものである神の本質的なるわざに高められたとき、内から安息をもっ。これが父なる神からの御子の発出の真の意味である。そしてこの第七日は次の日に移りうるための夜をもたないから内からの困窮はない[33]」。

ここに語られている三種類の人間は一人の存在の中に見られる三様のあり方であり、感覚的人間から理性的人間へ、さらに霊的人間へと超越してゆくことが見事に記述されている。そのさい、この超越の契機となっているものが、他でもない「試練」であることに注目すべきである。三種類の人間のそれぞれはまず「外から」考察され、対象との肯定的関わりにおいて安息を保っているものとみなされている。人間は感覚・理性・霊という三つの能力に応じてそれぞれにふさわしい対象に関係している。「肯定的方法」でこれを見ると、たとえば感覚は現世の幸福な状況に満足し、安息を見いだしていると考えられる。しかし、この状況への関係はさまざまな「試練」によって破壊されてしまう。そうするとわたしたちは「内から」見るように導かれる。すなわち、外的な肯定的関係に立つ安息が破られると、心は自己の内面に向かい、感覚による外的関係が欠如していても、したがって現世的なものに対する否定的関係においても、それを克服して安息を見いだすことができる。この内面化が感覚的人間から理性的人間へ、さらに霊的人間への「超越」となっており、この超越によって人間は感覚的世界・理念的世界・神の内なる世界へと高揚していって、もはや試練によって内から破壊されることのない神の永遠の救いに達するのである。

ルターが捉えた感覚的・理性的・霊的人間の「試練」による「超越」の姿は、自律が外側から崩壊し、内側から再生していく現象を的確に捉えている。こうして自律は自己超越的に神律に導かれている。

（3）試練と信仰

終りに試練と信仰との内的関係について考えてみたい。これまでキリスト教思想史を代表する思想家たちを通して試練の意味を解明してきたのであるが、共通する事態として明らかになっていることは、試練がキリスト教思想を形成させた基礎経験の重要な契機となっているということである。なぜならば、試練のないところ人は現状に満足し、自己の存在への問も、神への問も生じてこないし、救いも思想も不要であるから。だからルターは「試練を何ももっていないことが最大の試練である」[34]と告げることができたのである。

しかし、試練そのものは人間を破滅させる恐るべき性格をもっている。だから、試練そのものではなく、試練により何を学ぶかということに、この否定的経験は意義をもっている。ルターは言う。

「試練を受けたことのない者はいったい何を知っているというのか。経験していない者が何を知っているというのか。経験により試練の本性を認識していない者は、知識ではなく、聞いたり見たりしたこと、あるいはもっと危険なことである自己の幻想を伝達している。だから確実であること、および他者に確信をもって忠告することを願う者は、まずみずから経験し、みずから最初の十字架を負い、模範として先行し、他者に役立ちうるように確証されるのでなければならない。だから、神は朝の明けそめるころ、教会の中にひそかに人を訪ね、突如として人を試み、他者に伝達すべきことをみずから親しく学ぶようになされる」[35]。

この試練の経験によりわたしたちの自己肯定の一切は否定され、全く無と成ることが生じる。そこにはもはや自己主張も弁解や弁明も止み、ただ言葉に言いあらわせない「呻き」のみが発せられる。呻く人は自己の全体に絶望し破滅に瀕しているのであるが、この呻きにおいて「神がわたしたちと共演するドラマのクライマックス」が展開するとルターは考えている。[36] だから「この呻きにもとづいてあなたの生を確立しかつ治めるように試みるべきである」という。呻きに基く生の確立というのは、神に対して徹底した受容的態度、つまり信仰に生きることを言うのである。実際、無とされ破滅した心にしてはじめて「神に何も与えず、ただ神から受け取るだけである。神がまことに神たるために、神はこうした関係をもとうとされる。なぜなら、神にふさわしいことは受け取るのではなく、授与することであるから」[37] と語ることができる。

次に試練によりいかなる信仰が求められているかを考えてみよう。エレミヤは「わたしはあなたの若い時の純情、花嫁の時の愛、荒野なる、種まかぬ地でわたしに従ったことを覚えている」（エレミヤ記二・二）と語って、不毛の荒野という試練の場において神に対する純粋な愛が保たれていたことを述べている。ルターはこれを「坩堝の中の黄金」という表現であらわしている。「義人が試練に会って戦うとき、彼は勝者よりも敗者にいっそう似ている。主なる神は彼が坩堝の中の黄金のように、その力の極限にまでも試みられ、攻撃しかけられるのを許したもう」[38]。だが、この試練により信仰と生活は治められるので「試練はきわめて有益である」とも言われる。わたしたちは健康・富・名誉といった現世的財の一切が試練によってふるい落とされてはじめて、神との純粋な愛の関係にまで導き返されるのではなかろうか。というのは健康・富・名誉といったものがいつのまにかわたしたちの中心的な関心事となり、これらがわたしたちの神々ともなって愛を不純なものにとしているからである。これらはわたしたちの付属物にすぎない。わたしたち自身はこれらからも自由になって神に対する絶対的信頼のうちに生きるべきであるのに、この心の信頼としての信仰から絶えず転落している。

さらに信仰そのものが試みられる「霊的試練」についても考えてみなければならない。人間のうちにある欲望や情念にかられて生じる身体的試練また貧困や不名誉などの無価値感による低次の試練のほかに、キリスト者の中に働く御霊に対し疑いをもち、絶望して不信仰に陥る場合、それは霊的試練と呼ばれ、神に対する人格関係が危機に陥り、最深の苦悩が表明されている。たとえばゲッセマネのイエスが経験したような苦悩である。弟子たちが身体的試みに負けて眠り込んでいるのに、イエスは神に見捨てられる苦難の杯が避けがたいことを知って霊的試練に陥っている。道徳的にも宗教的にも正しい義人が、神との霊的交わりを絶たれるというのは、外から攻撃し破壊する力によって生じている。この力は神に敵対する勢力の化身としてサタンと呼ばれることができよう。こうしてわたしたちがサタンの罠にたやすく陥ると、キリストから救い主の慰めにみちた姿が消え去り、キリスト自身がルターが言うように「審判者・試みる者・糾弾者」の相貌を帯びてわたしたちを攻撃してくるように感じる。このような霊的試練に会っているとき、自分の信仰にさからっても、あえて信じる信仰の勇気と冒険こそわたしたちを再び救うのである。この信仰こそわたしたち自身を依りどころとしない、単なる自律を超越した神律であり、真実の信頼としての信仰である。

(4) 自律から神律への弁証法的発展

現代は実存主義の次に来る時代である。この意味は実存主義が生命を失ったというのではなく、その新しい展開をはじめてゆくべき時に来ているということである。実存主義は主体性の哲学であり、自己となることを主題としている。しかし、この自己となる実存的な自律が試練によって挫折すると、信仰による主体性の回復が力説され、そこに神律が再度問題となってこざるを得ない。この点をとくにキルケゴールの受容の仕方に焦点をあわせて考えてみたい。そのさい、ヨーロッパ精神史の文脈のなかで解釈することに当然なるであろう。

（1）キルケゴールの「単独者」（der Einzelne）の思想は近代の主体性の哲学が達した極致であるといえよう。おそらくもう一つの極端な姿はマックス・シュティルナーの「唯一者」（der Einige）の思想であろう。この単独者と唯一者はヘーゲルの概念によって把握される「一般者」（das Allgemeine）に対決して主張されたものであるが、個別者を説く点で一致していても、その到達した帰結はまったく相違していた。つまり単独者が愛の殉教者になるのに対し、唯一者はエゴイストにしてニヒリストに終焉するのである。これを見てもわかるようにキルケゴールの「単独者」の思想は、彼の実存思想の一面を強調して主張されたものであって、決して自己目的ではなかった。『わが著作活動の視点』に覚え書として加えられた文書には、「単独者とは宗教的見地からいえば、時間・歴史・人類がそれを通過すべきカテゴリーである[39]」と述べられている。したがって単独者は一つの通過点であり、実存にいたる道、あるいは途上としての実存であるといえよう。ただキルケゴールは当時の精神的状況からみて、大衆人としての世俗的生活と訣別し、各人が単独者になることを強調せざるを得なかったのである。というのはキルケゴールの前には、彼が「公衆」と呼んだ大衆が悪としてしか現われなかったからである。「大衆」という言葉は実存哲学の伝統においては「実存を欠いた現存在」（ヤスパース）とか「世人」（ハイデガー）とか言われるような悪しき意味で用いられている。これはオルテガの名著『大衆の反逆』以来用いられている暴徒としての大衆の意味である。キルケゴール自身も『現代の批判』のなかで「公衆」を「水平化」現象の張本人とみて、次のように言う、「公衆はなにかある巨大なもの、すべての人々であってなんびとでもない抽象的な、住む人もない、荒涼として空虚な原野なのだ[40]」と。

しかし、このような大衆の理解はあまりにも偏ったものであるといわざるを得ないでろう。大衆は民主主義の担い手であり、現代社会の真の基礎となっている。それは民衆として幾世紀もの長い歴史を支えてきた主体となっているものである。

ところで、キルケゴールは宗教的信仰の立場から大衆をも積極的にとらえ直そうとしている。つまり神の前における実存はすべての人に平等である普遍性をもっていて、一般的な目立たない実存にいたることを目がけている。それゆえ大衆化は肯定的意義をもち、実存は大衆のなかで目立たないものとして獲得される。ここに単独者はひるがえって大衆に奉仕する愛の主体として甦ってくる。これに反し、シュティルナーの説く「唯一者」は本質的にエゴイストであり、すべての権力を自己一身に集め、大衆を気ままに制圧する独裁者となって現われている。

(2) 近代哲学は「自我」の哲学といわれるほど理性によってのみ立つ自律的な主体が強調されてきた。しかし、この自我はシュティルナーにおいて説かれているように「唯一者」としてのエゴイストであり、世界をすべて自己の「所有」とみなすものにまで変質している。ここに近代的な個人主義が自己本位の個我主義(エゴイズム)に変質している事実に注目すべきである。「自我」の主張は当然のことながら、「他者」を押しのけ、その自己主張欲のゆえに、あるいは自我の圧倒的優越性の下に「他者」を、他者との「共同」を、そして人間の本源的「共同性」をも、覆い隠してしまったといえよう。他者を問題にしているような場合でも、他者を「他我」つまり「もう一つの自我」(alter ego) として自我と同質なものとみなし、平均化しており、他者のもつ根源的異他性を無視している。この点は他我の知覚理論としてあげられる「類推説」(ディルタイ)、「感情移入説」(リップス、フッサール)、「一体感説」(シェーラー) を検討してみればただちに明らかになろう。[41]

他方、実存哲学は自己存在の平均化できない独自性を強調して来たのであるから、自己と同じく他者の根源的異他性を認めるべきであった。しかるにキルケゴールからハイデガーにいたる展開は他者を「公衆」や「世人」としてとらえ、実存に敵対するものとして敵視している。そこで実存哲学が他者を問題とするとき共通の傾向となっている点は、自己を他者との共同関係から分離させることによって、「実存的変様」（ハイデガー）を起こし、実存を取り戻そうということである。このような形で実存を獲得した上で他者にかかわってゆこうとするため、他者関係は消極的にして二次的意義しかもたされていない。だから、キルケゴールの「隣人」も、ハイデガーの「共存在」も、ヤスパースの「交わり」も、またサルトルの「対他存在」や「相互的主体性」も、たとえ共同性や社会性を説いたにしても、それがもっている日常性と問題性のゆえに、実存の下に従属し、結局、実存と他者の二段構成になっている。したがって実存哲学では他者の異質性を認めざるを得ないがゆえに、これを問題にしたものの、実存に従属させたところに近代の主観性を超克できなかったといえよう。

キルケゴールの生活に即して言うなら、彼はレギーネとの関係を断ち切って、単独者として神信仰に至るのではなくて、むしろ彼女との関係をたずさえて神に向かうべきであった。なぜならキリスト教の神は三位一体の「交わりの神」であり、神と人、人と人々の「関係」を創造する存在なのであるから。彼は信仰においてこのように他者に関わることができたのである。それは先に『おそれとおののき』で「信仰の騎士」を介して彼自身述べているとおりである。[42]

（3）次にキルケゴールが捉えた実存の規定が「関係」である点に目を向けてみよう。彼は人間を「関係としての自己」として捉え、次のように定義する。「人間は精神である。しかし、精神とは何であるか。精神とは自己である。しかし、自己とは何であるか。自己とは、ひとつの関係、その関係それ自身に関係する関係である」[43]と。彼は「関係」と「関係する」つまり「関係行為」とをここに厳密に峻別している。さらに読んでゆくと分かることは関係の内容が自己の「無限性」と「有限性」等であること、また自己内関係のみならず、このような関係に人間をおいた第三者なる神との関係が問題になっていることである。

ところで、彼は人間が物や他者と直接関係し交渉していることを、意識のうちに反省的に捉えなおし、物や他者に関係している仕方を主体的に問題にしているがゆえに、意識の内なる心理的側面のみを扱っている。これは主観的反省の哲学に立つならば当然のことであるが、こうした超越論的思考はいつのまにか超越的に関わっている対象や実在を無視し、自分の内面性においてのみ完結しやすい。それゆえ、わたしたちはこれを本来の関係にもどして考察し直す必要があろう。そうすると「関係」は具体的な人間、および人間の世界との「間」において成立し、この「間柄」世界のなかに人間が原初的に置かれていることが知られる。わたしたちはこうした関係を「原関係」と呼ぶことができ、この関係の只中で相互的な「関係行為」を実践していることが判明する。

人間をこのような「間柄存在」として捉えようとする傾向は実存哲学の内部から今日起こってきている。たとえばレーヴィットの『共同的人間の役割における個人』における共同存在と個性の概念に、マルセルの『存在と所有』における他者への「忠実」と「捕捉」の思想に、『希望の現象学』における「絶対的汝」の思想に、またブーバーの名著『我と汝』における「関係存在」と対話的思考にこのような新しい実存の理解が表明されている。(44)

（4） 実存を「単独者」として捉える立場と、自己を開いて他者に向かう「間柄存在」として捉える立場とは一見すると対立しているように思われるかも知れない。しかし、もし単独者のみに終始し、社会から遊離するならば、そこには異常生活者しか残らないであろう。キルケゴールのソクラテス的実存理解は初めから社会に対する積極的関与を示している。それゆえ、わたしたちはここで「単独者」と「間柄存在」の結びつきを捉え直すべきであろう。わたしはこれを「原関係と関係行為の弁証法」として解明できると思う。

「原関係」は人間存在の始源的所与である。わたしたちはみずから欲したのではない間柄のなかに生を享け、ここから出発しなければならない。しかし、始源の「正」は内に「反」の契機をもつがゆえに、この関係は固定的ではありえない。したがって、この原関係の外に立ち、単独者となるのが実存の第一の行為でなければならない。しかし、単独者となるのは自覚的に関係行為をとるためであって、自己は他者に向かって積極的に関わりをもつにいたる。この関係行為は実存の第二の行為というべきであろう。また、原関係からの分離が反逆的性格をもち、自己を確立するために他者を傷つけざるを得ないところに人間の有限性があるにしても、他者を傷つけた痛みはかえって他者に関わる反省を生み、関係行為のなかに償いと愛を生ぜしめ、これにより実存は成熟し、他者との共同世界を担う主体となることができる。

キルケゴールにみられる実存弁証法は美的・倫理的・宗教的三段階を飛躍的に上昇発展するものであるが、単独者が開かれて他者に向かうように、翻って再度下降的に他者と社会に向かって発展するものでなければならない。ちょうど青年が主体的な自己を目ざして歩みながらも、やがて社会に出て、共同の生を担いながら成年へと成熟してゆくのと同じ事態である。

このように考えてみると単なる自律から共同的な実存に至る弁証法の発展というのも各人の実存の歩みと重なっていることが明らかになった。それゆえ、自律的な主体性が試練を受けて挫折するとき、信仰によって神との関係に歩み入ることは、実存の単なる自己内超越ではなくて、信仰によって他者なる神との関係を通して宗教的な自己を創造することを意味している。こうした自己は神律的な自己であって、もはや自己のために生きるのではなく、他者に進んで奉仕する主体となっている。

ルターは『キリスト者の自由』の冒頭でキリスト者を相対立する二命題でもって規定し、第一命題では「キリスト者はすべての者の上に立つ自由な主人であり、だれにも従属しない」と述べ、第二命題では「キリスト者はすべての者に奉仕する僕〔つまり奴隷〕であり、だれにも従属する」と語っている。この二つの命題により「自由な主人」と「奉仕する僕」との矛盾した存在を同時にキリスト者は生きていることが示されている。ルターはこの矛盾を内的な信仰と外的な愛のわざとに分けて論じてゆき、この書物の終わりのところで、キリスト者は信仰により神から自由を授けられており、もはや「自己自身において生きるのではなく、キリストと自己の隣人とにおいて、すなわちキリストにおいては信仰を通して、隣人においては愛を通して生きる」と説いている。[45] こうしてキリスト教的な自由とは結局「自己自身において生きない」(lebt nit ynn yhm selb) ような、単なる自律ではない生き方、つまり「自己からの自由」となった自己超越的で神律的な生であることが明かとなっている。

(1) Thomas Aquinas, Summa Theologiae, I, q. 83, a. 1参照。
(2) ディルタイ『ルネサンスと宗教改革』西村貞二訳、創文社、八六頁。
(3) 前掲訳書、九一頁。
(4) 前掲訳書、一四二—四三頁。
(5) 金子晴勇『近代自由思想の源流』創文社、二八六—八八頁参照。
(6) 本書第二章、第五節参照。
(7) B. Groethuysen, Philosophische Anthropologie, 1931, 2Auf. 1969, S. 178.
(8) B. Groethuysen, op. cit., S. 177.
(9) B. Groethuysen, op. cit., S. 177.
(10) B. Groethuysen, op. cit., S. 181.
(11) 金子晴勇、前掲書、二九二—九八頁参照。

(12) アリストテレス『ニコマコス倫理学』(上)高田三郎訳、岩波文庫、八四頁。
(13) 金子晴勇、前掲書、三六二―六六頁参照。
(14) 金子晴勇、前掲書、一八三―八五頁参照。
(15) 金子晴勇編『アウグスティヌスを学ぶ人のために』世界思想社、八七―八頁参照。
(16) アウグスティヌス『人間の義の完成』第三章、五節、金子晴勇訳、「アウグスティヌス著作集9」教文館、二五三頁。
(17) M. Luther, WA. 18, 678, 12f. この引用はルターによるエラスムスの考えの要約である。
(18) カント『実践理性批判』波多野精一、宮本和吉訳、岩波文庫、五〇頁。
(19) カント『人倫の形而上学の基礎づけ』野田又夫訳、世界の名著「カント」、中央公論社、二七八頁。
(20) D. Erasmus, Ausgewählte Schriften, Bd. IV, De libero arbitrio, diatribe sive collatio, IV, 16.
(21) P. Tillich, Theonomie, RGG. 2 Auf. Bd. 5, 1931, Sp. 1128.
(22) F. Gogarten, Der Mensch zwischen Gott und Welt, 1956, S. 108. ゴーガルテンの世俗化論について詳しくは金子晴勇『近代人の宿命とキリスト教信仰――世俗化の人間学的考察』聖学院大学出版会、二〇〇一年、一五一―六五頁を参照。
(23) ティリッヒ『キリスト教思想史II』佐藤敏夫訳「ティリッヒ著作集」別巻3、白水社、四二頁。
(24) キルケゴール『不安の概念』桝田啓三郎訳、世界の名著「キルケゴール」二五九頁。
(25) アウグスティヌス『告白』第一〇巻二八章三九節。「〈人間の地上における生は試練なのではなかろうか〉(ヨブ七・一)。誰が苦労や困難を欲するであろうか。汝は、それらのものを耐え忍べと命じるが、愛せよとは命じたまわない。何人も、たとい耐え忍ぶことを愛しても、耐え忍ぶものを愛しない。耐え忍ぶことを喜ぶけれども、それよりも耐え忍ぶべきものが存在しないことを欲するのであるから。わたしは、逆境にあって繁栄を希い、繁栄にあって逆境を恐れる。これらの両者の間に、〈人間の生が試練である〉ことのないような、中間の位置を占めるものがあるであろうか。この世の繁栄は禍いである。逆境の恐怖と喜悦の壊敗とのゆえに二重に禍いである。この世の逆境は禍いである。繁栄の願望と逆境そのものの苦難と忍耐の破壊とのゆえに禍いである。〈人間の地上における生は〉間断のない〈試練なのではなかろうか〉」(服部英次郎訳)。

(26) ワインシュトック『ヒューマニズムの悲劇』樫山欽四郎・小西邦雄訳、創文社、四四四—四七頁参照。
(27) アウグスティヌス『告白』第一〇巻、三二章、四八節。
(28) M. Luther, WA. TR. I, 122.
(29) ルター『生と死について』詩編九〇編講解、金子晴勇訳、七三頁。
(30) ルターにより「試練」(tentatio, Anfechtung) は「試誘」(temptatio) と区別されている。この区別は重要である。元来、ラテン語で両者は同義語であり、英語では temptation の語があるだけだが、ドイツ語で Anfechtung と Versuchung とが使い分けられている。前者は「霊的な攻撃」という意味をもち、「試練」と訳すことができるが、後者は人間の欲望を刺激し、破滅に導く「誘惑」の意味で「試誘」と訳すことができよう。ゲーテの『ファウスト』を例にとって説明すると、あのメフィストなる悪魔は本質的に誘惑者であって、ファウストのような激しい欲望と野心に燃える者を誘惑し、そそのかして自分の責任で破滅するようにしかけている。しかし、この悪魔は純真なグレーチェンには誘惑の手がかりを見いだすことができす、ただファウストを動かして誘惑することしかできない。だから、悪魔の力はファウストには内からいざなう「誘惑」となっているのに、グレーチェンには外から不意打ちとなって予想もしていなかった罪に陥らせる破滅的な「試練」となって襲いかかっている。
(31) キルケゴール『反復』桝田啓三郎訳、岩波文庫、一三四頁。
(32) キルケゴール『おそれとおののき』桝田啓三郎訳、世界の大思想「キルケゴール」河出書房、七〇頁。
(33) M. Luther, WA. 57, HS. 158, 21ff.
(34) M. Luther, WA. 3, 420, 17ff.
(35) M. Luther, WA. 4, 95, 7ff.
(36) M. Luther, WA. 40 III, 524, 29f.
(37) M. Luther, WA. 1, 193, 30ff.
(38) M. Luther, WA. 56, 330, 23f.
(39) キルケゴール『わが著作活動の視点』田淵義三郎訳、「キルケゴール選集」第八巻、創元社、一四四頁。
(40) キルケゴール『現代の批判』桝田啓三郎訳、世界の名著「キルケゴール」四二一頁。

(41) 金子晴勇『マックス・シェーラーの人間学』創文社、一二三—二八頁参照。
(42) 第九章の注(28)を参照。
(43) キルケゴール『死にいたる病』桝田啓三郎訳、世界の名著「キルケゴール」四三五—三六頁。
(44) 詳しくは金子晴勇『人間と歴史』日本YMCA同盟出版部、二七二—八一頁の叙述を参照。
(45) ルター『キリスト者の自由』三〇節、石原謙訳、岩波文庫、四九頁。

〈付録　三つの短編〉

信仰のコペルニクス的転回——ルターと宗教改革の精神——

教会では一〇月三一日を宗教改革の記念日として礼拝をもつ慣例になっている。今年はこの日が日曜日と重なったため、ルターの信仰に立ち返る願いをこめて聖日礼拝を守りたい。彼はわたしたちプロテスタント教会の創立者であり、その信仰を想起することは、同時に自らの信仰の源泉に立ち返ることを意味している。彼自身も「前進するとは常に新たに開始することである」と語っているように、信仰の前進はわたしたちにとっても信仰の出発点に帰って、新しく初めから開始するものでなければならない。したがって信仰の前進は目に見える成果をあげること、たとえば教勢を伸ばしたり、教会における活動を拡大したりすることではなく、わたしたちが本来立つべき場に立ち、神のわざに身を委ねるという信仰の根源に立ち返ることを意味しているといえよう。

こうしてルターの信仰に立ち返ってみて、今日とくにわたしたちが自分の信仰を全面的に方向転換しなければならないこと明らかにしてみたい。このような全面的方向転換のことを一般には「コペルニクス的転回」という。天動説から地動説への転回は常識的な物の見方を打破するものであった。わたしたちは自分を中心にして星群が自分らの周りを巡っていると錯覚しているが、宗教においても同じ事態が生じている。というのは神によって生きる信仰が、いつの間にか自分が中心となり、神も教会も家族も友人も自分のためにあると考える傾向に変わりがちであるから。神中心のキリスト教信仰が自己中心に陥りやすいのは、コペルニクスによって地球が太陽の周りを運動していると説かれながらも、いつの間にかわたしたちの周りを太陽が巡っているように錯覚するのと同じである。したがって、わたしたちがルターに帰るということは、彼の信仰に倣って、徹底的に神中心の生活に立ち返り、もはや自己を中心にして生きないことを学ぶためである。

ルターは自分の信仰を「福音主義的」という言葉で特徴づけている。ところで彼は当時の「教会主義的」な教義を改革するに至り、そこから「プロテスタント」(抗議者)の名称が後に与えられることになった。この名称は第二回シュパイエル国会以来用いられている政治的なものであって、これをルターの宗教に当てはめて、宗教改革は単なる抗議運動にすぎなかったとみなすのは、余りにも一面的であるのみならず、事実とも一致していない。ルターの福音的信仰は彼自身の求道の歩みの中から学びとられたのであり、信仰の福音的理解に立って、カトリックの教義を批判する結果となったのであって、初めから政治的な体制批判をめざす抗議運動とは全く異質であるといわなければならない。むしろ本質において内面的な福音信仰が外面にほとばしり出て批判を生んだのであって、彼の信仰は神との人格的関係に立つ福音主義的なものであった。この点をはっきりさせるために彼自身の求道生活と救済経験についてすこし述べてみたい。

ルターは大学生の頃から内向的性質を顕著に示しており、魂の苦悩を強く感じていたが、落雷の経験を通してそれが表面化し、修道院に入る決心をした。彼はこの経験で死の恐怖に襲われたことを修道院入りの動機としてあげている。しかしそれも地獄が怖いとか、天国に行きたいといった幸福の願望が彼を導いていたのでは決してない。彼は現世的栄達を願っていた父の強い反対をも押し切り、ただ魂の救済のみを追い求めて、オッカム主義の伝統にしたがって修道士となる道を歩み続けた。オッカムおよびその思想を体系化したガブリエル・ビールは聖礼典による神の恩恵を強調したのであるが、この恩恵を受けるための準備をたえず説き、自由意志によって罪を避け、神に向かい、純粋な心で神を愛し、自己の罪を悔い改めるに至らねばならないと教えた。こういう準備を整えるならば、神は憐れみ深い方であるから、悔い改めのサクラメントを授け、恩恵を注いで下さるというのであった。ルターはこの考えに従って一般の信徒よりもいっそう厳しい戒律の下に苦業を重ねた。それでも内心の不安と罪の意識は深まるばかりであった。神の前に義しい人間となろうと努力する彼の心はいぜんとして自己愛と自己追求心に囚われたままであり、個々の罪は犯していないとしても、彼の存在そのものは貪りに満ち、高慢や怒りの情念にかり立てられていることを知り、ただ自己の罪を自覚するばかりであった。彼は普通の人たちの犯しやすい罪や過ち、たとえば異性に対する過失など一つも聴罪師の前で告白する必要がなかった。それにもかかわらず彼は自分が貪りの罪に陥っていると自己を告発し追求し続けたので、彼の師や友人たちは、神がルターに対しすこしも怒っていないのに、ルターのほうが神に対し怒っている、と考えざるを得なかった。

このようにルターが歩んだ求道生活は行為によって義とされるという道徳主義に他ならなかった。道徳主義に立って考えると「神の義」という言葉は、神の審判の正義を意味し、キリストでさえ、わたしたちに罪の復讐をなさんとする審判者と映った。ルターはこの求道生活の途上で自己の努力精進による救いの達成に絶望し、生命を失った死骸のようになったと告白している。しかし、やがて大学の教師になり、聖書を講義し、アウグスティヌスの書物を学ぶことによって「神の義」を律法としてではなく、福音として理解するようになり、道徳主義から福音主義に転換するようになる。この転換が前に述べたコペルニクス的転回であってルター自身の宗教的認識の開眼に基いて生じたものである。

ローマ人への手紙一・一七には「神の義は、その福音の内に啓示され、信仰に始まり信仰に至らせる」と書かれている。パウロによると神の義は律法の中にではなく福音の中に啓示され、信仰によりて受け取られている。ルターはここで初めて「神の義」とは神がもっている正義ではなく、福音により信仰を通して神からわたしたちに授与される義、つまり恩恵であることを知った。そしてアウグスティヌスが、この二つの「神の義」の理解の仕方をその著作『霊と文字』で明らかにしていることをルターは見いだし、自分の考えの正しさを確証するに至ったのである。「神の義」は「文字」通りに、つまり字義的理解によれば、それは律法により人を殺すものであるが、同じ言葉を「霊」として、生命の恩恵として理解するなら、それは人を生かすものである。アウグスティヌスによるとパウロの言葉「文字は殺し、霊は生かす」（Ⅱコリント三・六）は、同じ「神の義」という言葉でも、もしそこに「この恩恵の御霊がないなら、あの教えは殺す文字である」。恩恵は福音であって、これを欠くと「神の義」は律法による審判の義となり、恩恵の御霊がそこにあると命を授ける福音となる。こうしてルターは福音的義と律法主義的な義との相違を知り、罪人を義人とみなしたもう神の義の理解にまで達する。この義は法廷において罪人が無罪放免を宣言される神の「宣義」を意味している。したがって人間は罪に傷つき血を流したままで神が与えたもう清い白衣を着せられて、神の恩恵に寄りすがって生きるようになる。このようにして自分自身は無力で醜くとも、神の愛に感激して生きるのが信仰に他ならない。

それゆえ、ルターの信仰がわたしたちを魅了する第一の点は、罪人のままで義人とみなされるという義認の理解にある。そのさい彼は自分の罪や欠点をいつも目前に見、決して偽らなかった。この徹底的な自己認識が私たちを強く動かすのである。だから彼の行動や外見が一見すると粗野で怒りっぽく、野蛮とさえ思われても、彼は人を決して欺くことがないのみならず、罪人の内に独占的に活動する聖なる神の働きが彼自身の生活と行動とを通して明白に見えてきている。それに反し洗練された上品な態度は現実を覆って隠蔽し、人を欺くことが多い。その結果、真実を覆う虚偽が至る所に生じてくる。

さらにルターがわたしたちを魅了する第二の点は、律法から福音を区別することの中に、つまり道徳主義から信仰への転換そのものの中に、したがって人間中心から神中心へと向かうコペルニクス的転回の中に彼がつねにとどまり生き続けているということである。この転換は聖書が説いている「悔い改め」の意味でもあって、これこそ彼によると「心を入れ替える」（メタノイア）という一八〇度の方向転換を意味する。当時のカトリック教会において「悔い改め」は聖礼典として執行されていたものであった。それは罪を犯した信者に教会が科した贖罪であって、痛悔・告白・償罪の三つの行為から成っており、最後の償罪の行為の一つに「免罪符」の購入も入っていた。しかし、エラスムスが「悔い改め」の意味を「心を入れ替える」転換であることを説いた点をルターは継承し、宗教改革の運動を起こした。実際、この転換としての「悔い改め」こそイエスの宣教の第一声であり、ルターも「九五箇条の提題」の冒頭に言明していることでもある。すなわち「私たちの主であり教師であるイエス・キリストが、〈悔い改めよ……〉と語ったとき、彼は信仰者の全生涯が悔い改めであることを望みたもうたのである」と。

わたしたちの生きている社会は資本主義社会であり、利害関係に立ってすべての行動が生じていると言っても言い過ぎではない。そこでは利害関係は応報的、計算的正義によって成立し、自己中心的生き方こそ自由として考えられている。したがってわたしたちが神中心の信仰を学んでも、自己中心的に生きる習慣にたえず転落する必然性があるといえよう。それに反しルターの信仰はこういうわたしたちに対し転換を迫るものとして今日も語りかけている。もちろん、この転換は自力によって行なえるものではない。ほかでもない自力によってこの転換を行なおうとしたのが、信仰以前のルターの生き方なのであった。人間の力を超えた神のわざによってのみ、人間は生き方の全面的転換をなすことができる。神のわざは高慢を打ちくだいて、謙虚にされた者を信仰によって生かす働きをなしている。彼は『マグニフィカト』の中で次のように言う。「聖霊はマリアに教えて、神が、ただ卑しい者を高くし、高い者を卑くし、要約すれば、成就されたものを破壊し、破壊されたものを成就する創造主にいましたもうという」と。聖書も「主は殺し、また生かし、陰府に下し、また上げられる」（サムエル上二・六）と語っているように、自分の作った「自家製の義」を破壊し、神からの「全く他なる義」に導くのが神のわざであり、人間中心の生き方から全面的に方向転換をなすこと、つまり信仰のコペルニクス的転回の中に生き続けることこそ、ルターの信仰の核心である。ルター自身は「わたしはどうしたら恵み深い神を見いだすことができようか」と探究していった。ここにある「わたし」がこの救済を探求した主体であったが、それが挫折したとき、「神」が授ける恵みが見いだされ、神中心的生へと転換したのであった。救いを求めたのは「わたし」であったが、答えたのは「神」であった。主語と述語が入れ替った。ここにコペルニクス的転回の事実がある。

内村鑑三のルター像

内村鑑三の『ルーテル伝講演集』はヴォルムスの国会四百年記念として一九二一年六月に刊行された。この著作は「ルーテル伝講話」と「ルーテル論叢」から成り、前者が一九一〇年に七回にわたり講演され、後者は一九一七年に主として発表されたものである。一九一七年という年にはドイツにおいてもルターに関する注目すべき著作が刊行されている。すなわち、オットー・シェールの大作『マルティン・ルター――カトリック主義から宗教改革へ』二巻が現われ、伝記の上で画期的成果をもたらし、カール・ホルの有名な講演「ルターは宗教において何を理解したか」が宗教改革記念日に行なわれ、ルター・ルネサンスが開始している。したがって内村がルターについて論じ始めた頃、ドイツにおいてもルターへの学問的、信仰的な関心が高まっていたのであるが、内村には第一次世界大戦にさいし激烈となったドイツ批判に対し、ルターを弁護する意図が働いていた（「ルーテルの為に弁ず」を参照）。

今回この書物を読み返してみて、わたしは伝記として生彩にとんだ好著であると感じた。これも内村の信仰の深さと強さによって造りだされたものである。彼のルターへの愛着は強く、ルター自身が彼の生涯の転機にたえず身近に立っていると感じられた。アマスト大学での回心の時期にも、再臨運動の開始の際にも、ルターが彼の信仰の決断に先きがけている。ルターとの連帯の意識から彼は自己の道を切り拓いていったといえよう。それゆえ内村は次のように語ることができたのである。

「殊に私自身に取りましては、ルーテルは深い直接の関係ある者であります、私に取りましてはルーテルは歴史的人物ではありません、個人的友人であります、主イエスキリストを除いて私の心に最も近い者は使徒パウロと聖アウガスチンとルーテルとであります、是等の三人が無くして私は今日あるを得ませんでした、私の霊の生涯は彼等に倣って始つた者であります、殊に三人の中でルーテルは時代的に最も近い者でありますが故に、私は彼に対し特別の親密を感ずるのであります」(『ルーテル伝講演集』一一頁)。

さらに内村は自分が「ルーテル信者」であるとまで言う。その理由として「ルーテルに由て余輩はキリストを発見することが出来たからである、……ルーテルは余輩に信仰の絶対的価値を教へて呉れたからである」(同右八〇頁)と述べている。内村のルターに対するこのような関係は、彼の信仰のみならず、キリスト論や信仰論、教会論にも反映していると思われるが、『ルーテル伝講演集』に限ってみても、彼が刻んだルター像の特質は明かに看取することができる。

「侍僕に英雄なし」というドイツの諺がある。召使の目から見るなら英雄であっても俗人に変わりがないというのである。ヘーゲルはその理由をのべて、それは英雄が英雄でないからではなく、侍僕が侍僕にすぎないからだと言う。内村のルター像はまさに内村の信仰なしには浮き彫りにし得ない特質をもっている。それは学問的なルター研究者のそれとは比較すべき性質のものではない。そこで彼のルター像の特質を二、三指摘してみよう。

まず内村の歴史観の支柱となっている英雄の伝記について触れておきたい。彼は言う、「人類の歴史は英雄の伝記であると言ひます、然し、深く之を究めますれば人類の歴史は神の行為の記録であります」(同右二六頁)と。つまり、「英雄の伝記」の奥底には神の摂理が働いているというのであり、ルターの宗教改革もこの観点から解釈されている。たとえばルターの「改信」について次のように語っている。

「ルーテルは誠に偉大の人物であった、乍然、彼の偉大は此世の偉大ではなかった、彼は彼の人格を以て彼の偉業を遂げたのではない、学者としては彼の友人メランクトンは彼より遥かに勝っていた、信仰の人としては彼の師父スタウピッツは彼の長者であり又先達であった、人としてのルーテルに特に著しい所はなかった、彼が欧洲を一変したその理由は彼の学問や人格に於て在ったのではない、彼に「或者」が入ったからである、而してその結果として彼が神に就き人生に就いて見る所が一変したからである」（同右三六、三七頁）。

内村はルターの偉大さを現世の尺度で見ない。彼は神の働きに応ずる信仰の内にルターの偉大さ、その使命による偉大さを見ている。使命による偉大さとは使徒の価値であって英雄のそれではない。ここに使徒と英雄との相違がある。それゆえ宗教改革に対する逆説的評価が次のように下される。「ルーテルは不幸にして改革事業に成功した、而して成功その事がその中に失敗の意味を含むのである、真の成功は失敗である、キリストの御事業がその善き実例である」（同右一〇〇頁）。このような評価は学問的には不可能であるが、内村の信仰から下されたものであって、深い洞察が認められる。

次に内村はルターのなかに信仰の英雄よりも「良心の人」を終始一貫して見ている。筆者自身にとってこの点を彼のルター像の中心に見いだしたことは大きな驚きであり、かつ喜びであった。

「ルーテルはエルフルト大学の卒業生であった、然し彼は所謂学問の人ではなかった、彼は鋭い良心の人であった、〈如何にして楽しく此一生を送らん乎〉とか、又は〈如何にして満足に宇宙を解釈せん乎〉とは彼の頭脳を悩ました問題ではなかった、如何にして清き良心を以て神の前に立たん乎、是れが幼時より彼を苦しめた問題であった」（同右三七頁）。

良心の人の姿は回心、赦罪券批判、ライプチッヒ討論等についての叙述に繰り返し登場してくる。そして結論として「十六世紀の大改革は文学者に由て起されし思想の改革ではない、信仰に由て興されし良心の改革である」（同右九八頁）と語られている。内村がこのように「宗教改革の精神」と題する講演で語った、その同じ日にカール・ホルはドイツで前述の講演をなし、ルターの宗教を「良心宗教」と規定し、新しいルター解釈を提起している。このような一致は決して偶然生じたことではない。同じ精神状況に立つ二人の思想家が同じルターを信仰の核心をもって見たのであるから当然の帰結なのである。それにしてもルターの信仰の核心を二人ともよく捉えたものである。

最後に内村によるルター批判について私見を述べておきたい。ルターが国家の保護の下に教会を再建したことに関して、「此世の王公貴族をして宗教事業に携はらしめてルーテルは四百年後の今日まで拭ひ難き大なる害毒を遺したのである」（同右一〇二頁）と彼は言い、聖書を重んじるあまり聖書崇拝に陥り、聖書により自由をうるも、同じ聖書で他人を縛ったと批判し、信仰があっても愛のない宗教改革を論難している。かくて「ルーテルの行ひし以上の改革を要するのである、信仰の上に愛を加ふる改革を要するのである。加拉太書ならで約翰書に由る改革を要するのである。勿論信仰抜きの改革ではない、信仰を経過して然る後に愛に到達せる改革である、ルーテルの改革を改革する改革である、我等はルーテル以上の改革者たるべきである」（同右一一三頁）と語って「第二の宗教改革」を日本に起こそうと呼びかけている。たしかに「信仰によるのみ」という主張は宗教改革の原理であり、愛を退けている。しかし愛のわざが功績とみなされ、「愛のよって形成された信仰」が説かれていた世界に対し、信仰を純化することが意図されたのであって、ルターの著作の一つでも終わりまで目を通すならば、信仰に続く愛のわざが終始力説されているのが見いだされるであろう。したがって内村のルター批判は真の内在的な批判ではない。なぜなら彼がルターの著作を読んでいるのかどうかは全く不明であるくらい原典からの引用も著作そのものへの言及も見あたらない。僅かに自伝的文章からの引用があるにすぎないからである。

一六世紀の宗教改革が内村の言うように信仰から愛を引き抜いて誤ったのは、改革者たちの思想よりも、現実の行動においてなのである。偏狭な教派主義、セルベート事件に象徴される正統主義の非寛容が間違っているのである。このような結果になったのは愛が欠如していたからというよりも、宗教改革がヒューマニズムと分離したからではなかろうか。教皇派もルター派も共にこの教派に中立で寛容な精神に立つヒューマニストたちを政治的に利用しようとした点が最大の誤りであったといえよう。ヴォルムスの国会にいたる頃までは宗教改革はヒューマニズムと協力して発展して来たのである。両者が統合されることは実際不可能であるとしても、相互に批判し合いながらもともに歩むことのうちに宗教の健全な姿が求められるであろう。そしてこのことは今日においても言えることである。

ルターの『ローマ書講義』との出会い

わたしが初めてルターの『ローマ書講義』（Luthers Vorlesung über den Römerbrief 1515/16）に出会ったのは大学の三年生のときであった。この書物はフィッカーの手によって一九〇九年に初めて出版されたものであった。これを契機としてルター・ルネサンスがカール・ホルなどの研究によって起こってきたのであるが、わが国のルター研究家である佐藤繁彦はホルの下で研究に従事し、『ローマ書講解に現われしルッターの根本問題』（初版一九三三年第二版一九六一年）を発表している。これをきっかけに日本におけるルター研究も新しい段階に入ったといえよう。

わたしがこの書物を静岡の古書店で発見し、当時としては相当高額の値段で買い求めたのも、高校生のときから『キリスト者の自由』などの作品を読んですっかり心酔していたルターを卒業論文の研究テーマとして選びたかったからである。だから、そのころ同時にカルヴァー版全六巻の著作集も入手している。ルターのローマ書の講義はラテン語でなされており、大学の三年生には、まだやっとラテン語の初歩を学びはじめていた時期であったから、この書物は、実際、わたしの手におえる代物ではなかった。また、そのころはルターを研究するには適切に指導する先生がいなかったので、わたしは哲学を専攻してアウグスティヌスを研究することにした。そんなわけで、ルターの研究は大学院に入ってから、しかも博士課程に進学したのちに初めて本格的に開始することになった。

書物というのは不思議なものであって、読めない本でも本箱に入れて時折ページをめくったりして忘れないでいると、いつしか本格的に付き合うような運命にめぐり合うことになってくる。この夏にはルターの神秘思想が彼以後のルター派教会とくにドイツ敬虔主義にどのように反映しているか調べているが、前から収集していたシュペーナー、アルノルト、ツィンツェンドルフなどの著作を少し読む機会をもつことができ、念願がかなえられたように感じた。

さて、ルターの『ローマ書講義』であるが、これは実に三二歳という若いときの著作である。だから、思想的にはどうしても未熟さが感じられるのであるが、青年らしい生き生きとした思索が息づいており、大変魅力的な著作となっている。彼の新しい神学は一五一八年の『ハイデルベルク討論』になって初めて完成された形を整えてくる。だから、そこに至る思想の形成過程としてこの書を理解する必要があって、この書から彼の思想の全体像を取り出すことは無理であるが、この書を読むと彼がパウロによって救済の道を探求している様子が目のあたりに見られよう。この意味ではきわめて実存的な思索が展開していて興味が尽きない。

とくに彼が論敵として激しく対決しているのは、オッカム主義の後期スコラ神学であり、道徳的な行為によって義とされることを求める当時支配的であった救いの道との対決が至る所で展開している。彼は行為義認を主張する神学者を「豚のような神学者」と決め付けている。しかし、このように対決している相手は実際にはだれであろうか。彼がエルフルト大学および修道院で教えを受けた教師たちはすべてオッカム主義者であったことを考えると、彼の批判がどれほど厳しいものであったか想像に難くない。彼は他者に優ってオッカム主義による求道を厳守し続けてきたのに、どうしても救済の確信をえることができなかった。ところがオッカム主義以外に救いの道があることをアウグスティヌスの『文字と霊』の助けによって確信し、信仰による義認の説に到達し、そこから自分の教師たちの思想と対決している。ここにわたしたちはヨーロッパにおける信仰と学問の真実な姿を捉えることができる。すなわち、自分の経験に忠実に従いながら、教えを受けた教師といえども真理の前にはその教えを相対化し、対決をも回避しないで真理を探求していく基本姿勢である。

ところが、『ローマ書講義』には大学の上司に当たるシュタウピッツの指導によってドイツ神秘主義が積極的に取り入れられ始めている。この神秘主義はスコラ神学やヒューマニズムと並んで当時流行していた時代の世界観であって、どうやらルターも流行の世界観を次々に受容していったようである。とはいえ理性的な推論を重ねていくスコラ神学の方法は、彼には馴染めなかったようであって、「神秘的な合一」を説く直観的な神秘主義の方が親しみやすかったと思われる。今日の研究では論理的なオッカム主義のノミナリズムにおいても神秘主義の影響が認められるようになった。したがって、ルターがこのローマ書の講義中にタウラーの名前を挙げて自説を展開したり、『ドイツ神学』という作者不祥の神秘主義の本を出版したりしたことも、それほど不自然ではないことが明らかになった。

おわりにルターの講義から神秘思想を現わしている一節を引用してみたい。

「神に接近するためにはただキリストによって十分備えられている、とわたしたちは確信すべきである。……ここでは神秘神学にしたがって内なる暗闇の中に向かうように努め、キリストの受肉した姿を見捨てる人々に関係している。この人々はまず受肉した御言により義とされ、心の目を清められていないのに、造られたのではない御言自体に聞き、それを観照しようとする。〔それは間違っている〕なぜなら、まず心を清めるために受肉した御言が必要なのであって、清めをえてから初めて受肉した御言を通して造られたのではない御言の方に拉し去られる

（rapi）のであるから。だが、もし神から呼ばれており、パウロとともに神によって拉致されていないとしたら、だれが一体そこへ向かって近づこうとするほどに自分が清いと思っているであろうか。……要するに、この拉致（raptus）は〈接近〉（accessus）とは呼ばれることができない」（WA 56, 299, 23-4 ; 299, 27-300, 7）。

ここに挙げられている「神秘神学」はディオニシウス・アレオパギタの著作を指しており、ルターはキリストへの信仰によらないで、神秘主義的「否定の道」によって神に直接触れようとする「接近」を批判し、拒絶している。否定の道は人間の精神と知性を超えた「暗闇」の中にいる神に向かって、直接、無媒介に触れようとする。このように「接近」が人間の能動的な作用であるのに対し、神によって捉えられる「拉致・奪魂」という最高の神秘体験は神の側からの働きかけによって生じ、信仰によって受容されるがゆえに、受動的である。ここに「受動的な義」という特質をもつ彼の信仰義認論の最深の根底には神秘思想が隠れた地下水脈のように流れていることが知られる。それゆえ彼の神秘思想は「義認の神秘主義」という性格を帯びている。

『エラスムスとルター』の初出一覧

第一章　宗教改革の二つの道――原題「ルネサンスと宗教改革の思想」山下太郎編『西洋哲学思想史』北樹出版、一九八九年、および「ルネサンスと宗教改革」小熊勢記他編『西洋倫理思想の形成』上巻、晃洋書房、一九八五年。
第二章　エラスムスと宗教改革の精神――『エラスムス』「宗教改革著作集2」教文館、「総説論文」一九八九年。
第三章　エラスムス『エンキリディオン』の研究――『エラスムス』同右、「解説論文」。
第四章　エラスムス『エピクロス派』の研究――日本ルター学会編『ルターと宗教改革』第三号、二〇〇二年。
第五章　ルターの宗教的基礎経験と新しい神学――原題「ルターとヨーロッパ精神史」小塩節編『ヨーロッパ精神とドイツ』三修社、一九九二年。
第六章　ルターの人間学と教育思想――原題「ルター」上智大学中世思想研究所編集『ルネサンスの教育思想』下巻、「教育思想史」Ⅵ、東洋館、一九八六年。
第七章　ルターの死生観――岡山大学倫理学会編『邂逅』一九八九年。
第八章　ルターからドイツ敬虔主義へ――宗教改革の隠れた地下水脈――近藤勝彦他編『宗教改革の世界史的影響』教文館、一九九八年。
第九章　近代主体性の問題――自律と神律――(1)原題「近代的自由の理念――ディルタイ学説の批判的検討」岡山大学倫理学会編『邂逅』創刊号、一九八三年。(2)原題「自律と神律」創文社編『創文』、一九八七年。(3)原題「試練とキリスト教信仰」日本キリスト教団編『聖書と教会』一九八四年。(4)静岡大学哲学会編「会報」

一九七九年。

付録の短文

（1）信仰のコペルニクス的転回、井草教会編「井草だより」一九八二年。（2）「内村鑑三のルター像」『内村鑑三全集』第一七巻、岩波書店「月報」一七、一九八二年。（3）「ルター『ローマ書講義』との出会い」滝野川教会椎の木会編『形成』三三四・三三五合併号、一九九八年。

ラ

ワ

タ

ハ

マ

ヤ

人名索引

◆著作紹介

金子晴勇（かねこ・はるお）

1932年、静岡県に生まれる

1962年、京都大学大学院文学研究科博士課程修了

現在　聖学院大学教授。文学博士（京都大学）

主要著書　『ルターの人間学』、『アウグスティヌスの人間学』、『近代自由思想の源流』、『マックス・シェーラーの人間学』、『ルターとドイツ神秘主義』、『近代人の宿命とキリスト教』ほか

訳書　エラスムス『エンキリディオン』、ルター『生と死について――詩篇90篇講解』、アウグスティヌス『ペラギウス派駁論集(1)、(2)、(3)、(4)』、『ドナティスト駁論集』、『ヨハネによる福音書講解説教(2)』ほか

エラスムスとルター

2002年３月26日　初版第１刷発行

著　者　金　子　晴　勇

発行者　大　木　英　夫

〒362-8585　埼玉県上尾市戸崎1-1

発行所　聖学院大学出版会

電　話　048-725-9801　FAX048(725)0324

E-mail : press@seigakuin-univ.ac.jp

望月印刷㈱

ISBN4-915832-50-3　C3010

聖学院大学研究叢書

①「文明日本」と「市民的主体」
福沢諭吉・徳富蘇峰・内村鑑三

梅津順一 著

開国と明治維新は、近代日本の為政者と人民に思想的に大きな課題を突きつけた。それは日本の目指す政治体制、為政者の役割、人民の生き方、あるいは国際社会における自国の位置付けを、世界に向かって「理解されるもの」として語る必要からであった。本書では、西洋に向かって語られた新しい日本の構想を「文明日本」と呼び、またそれを担う新しい人間的資質として想定されたものを「市民的主体」と呼び、その構想を、諭吉・蘇峰・鑑三の思想を通して明らかにする。

A5判 二八八頁 五八〇〇円

②歴史と探求
レッシング・トレルチ・ニーバー

安酸敏眞 著

中間時における真理の多形性をとく「真理の愛好者」レッシング、「徹底的歴史性」の立場でキリスト教的真理の普遍妥当性と格闘したトレルチ、歴史の有意味性を弁証しつづけたニーバーのそれぞれの思想的連関を考察し、著者の神学的・宗教哲学的立場から偶然的な歴史的真理と必然的な規範的心理の関係性を明らかにする。

A5判 二〇五頁 五〇〇〇円

③エラスムスとルター
一六世紀宗教改革の二つの道

金子晴勇 著

一六世紀の宗教改革は、ルネサンスの影響をうけたキリスト教ヒューマニズムによる改革の流れとアルプス以北の神中心の改革の流れと二つの道があった。前者を代表するエラスムスと後者を代表するルターは、ともに宗教改革運動を推進したが、ある時点から、相互に批判し、それぞれの歩みをするようになった。本書では、両者の思想的対立と問いの立て方の違いに注目し、宗教改革のヨーロッパ思想における意義を論ずる。

A5判 二八〇頁 五八〇〇円